DES PROBLÈMES

MM. J. F. A. DUMOUCHEL

PARIS

V

SOLUTIONS RAISONNÉES

DE

PROBLÈMES D'ARITHMÉTIQUE

ET

EXERCICES DE CALCUL.

Toutes nos éditions sont revêtues de notre griffe.

Paris. — Imprimerie Bonaventure et Ducessois,
55, quai des Grands Augustins.

SOLUTIONS RAISONNÉES

DE

PROBLÈMES D'ARITHMÉTIQUE

ET

EXERCICES DE CALCUL.

Toutes nos éditions sont revêtues de notre griffe.

Paris. — Imprimerie Bonaventure et Ducessois,
55, quai des Grands Augustins.

COURS DE MATHÉMATIQUES
THÉORIQUE ET PRATIQUE

A l'usage des Écoles primaires supérieures, des Écoles normales primaires et des classes de philosophie des Colléges et des Lycées.

DEUXIÈME PARTIE.

SOLUTIONS RAISONNÉES
DES PROBLÈMES

ET

RÉPONSES AUX EXERCICES DE CALCUL

Contenus dans le Traité d'Arithmétique

PAR

MM. J. F. A. DUMOUCHEL,
Recteur de l'Académie de la Haute-Saône,
Chevalier de la Légion-d'Honneur,

ET

J. DUPUIS,
Licencié ès-sciences physiques de la Faculté de Paris,
Professeur de Mathématiques.

PARIS
DEZOBRY ET E. MAGDELEINE, LIBR.-ÉDITEURS,
RUE DES MAÇONS-SORBONNE, 1.

1852

SOLUTIONS RAISONNÉES
DE
PROBLÈMES D'ARITHMÉTIQUE
ET
EXERCICES DE CALCUL.

CHAPITRE Ier.

NOMBRES ENTIERS.

Exercices sur la numération.

Écrire en chiffres les nombres suivants :

		Résultats.
1)	*Cinquante-quatre*	54
	Soixante-deux	62
2)	*Soixante-cinq*	65
	Soixante-douze	72
3)	*Soixante-seize*	76
	Quatre-vingt-un	81
4)	*Quatre-vingt-quatorze*	94
	Quatre-vingt-quinze	95
	Quatre-vingt-dix-sept	97
	Cent vingt-cinq	125
6)	*Cent quarante-huit*	148
	Deux cent vingt	220
7)	*Deux cent cinquante-trois*	253
	Trois cent trente	330
8)	*Quatre cent quatre-vingts*	480
	Cinq cent huit	508
9)	*Cinq cent soixante-quatre*	564
	Six cent treize	613
10)	*Huit cent quatre-vingt-un*	881
	Neuf cent cinquante	950

	Résultats.
11) MILLE *deux cent quatre-vingt-dix-sept.*	1 297
12) *Quarante-cinq* MILLE *trente-huit.*	45 038
13) *Deux cent neuf* MILLE *trois cent quarante.*	209 340
14) *Cinq cent* MILLE *soixante-treize.*	500 073
15) *Huit cent quatre vingt-seize* MILLE *trente-cinq*	896 035
16) *Quarante-sept* MILLIONS *cinq cent vingt-neuf* MILLE.	47 529 000
17) *Sept cent* MILLIONS *dix-huit* MILLE *quatre.*	700 018 004
18) *Trois* BILLIONS *deux* MILLIONS MILLE *trente-et-un.*	3 002 001 031
19) *Cinquante-quatre* BILLIONS *soixante-dix-huit* MILLIONS *trois cent soixante-cinq* MILLE *quatre cent vingt-huit.*	54 078 365 428
20) *Sept cent quatre-vingt-dix-neuf* BILLIONS *soixante-quinze* MILLE *cent quatre-vingt-dix-sept.*	799 000 075 197
21) *Neuf cent quatre* BILLIONS *huit* MILLIONS *vingt-sept* MILLE *deux cent soixante-seize.*	904 008 027 276
22) *Quatre* TRILLIONS *cinquante-neuf* BILLIONS *deux* MILLIONS *sept cent trente* MILLE *quatre cents.*	4 059 002 730 400
23) *Soixante-deux* TRILLIONS *onze* BILLIONS *neuf cent quatre-vingt-dix-huit* MILLE *sept cent quarante-huit.*	62 011 000 998 748
24) *Cinq cent soixante-douz* TRILLIONS *quatre cent huit* MILLIONS *six cent dix-neuf* MILLE *cinq.*	572 000 408 619 005
25) *Neuf cent trois* TRILLIONS *sept* BILLIONS *trente-neuf* MILLIONS *seize* MILLE *soixante-dix.*	903 007 039 016 070

Énoncer et écrire en toutes lettres les nombres suivants :

Résultats.

26) 28. Vingt-huit.
35. Trente-cinq.
27) 58. Cinquante-huit.
71. Soixante-et-onze.
28) 296. Deux cent quatre-vingt-seize.
365. Trois cent soixante-cinq.
29) 547. Cinq cent quarante-sept.
906. Neuf cent six.
30) 3 754. Trois MILLE sept cent cinquante-quatre.
5 873. Cinq MILLE huit cent soixante-treize.

31) 6 459. Six MILLE quatre cent cinquante-neuf.
8 495. Huit MILLE quatre cent quatre-vingt-quinze.
32) 25 048. Vingt-cinq MILLE quarante-huit.
49 387. Quarante-neuf MILLE trois cent quatre-vingt-sept.
33) 56 758. Cinquante-six MILLE sept cent cinquante-huit.
90 872. Quatre-vingt-dix-MILLE huit cent soixante-douze.
34) 136 407. Cent trente-six MILLE quatre cent sept.
350 498. Trois cent cinquante MILLE quatre cent quatre-vingt-dix-huit.
35) 735 091. Sept cent trente-cinq MILLE quatre-vingt-onze.
841 938. Huit cent quarante-et-un MILLE neuf cent trente-huit.

36) 2 875 749. Deux MILLIONS huit cent soixante-quinze MILLE sept cent quarante-neuf.
37) 4 948 676. Quatre MILLIONS neuf cent quarante-huit MILLE six cent soixante-seize.
38) 76 951 846. Soixante-seize MILLIONS neuf cent cinquante-et-un MILLE huit cent quarante-six.

Résultats.

39) 98 040 592. Quatre-vingt-dix-huit MILLIONS quarante MILLE cinq cent quatre-vingt-douze.

40) 540 784 650. Cinq cent quarante MILLIONS sept cent quatre-vingt-quatre MILLE six cent cinquante.

41) 876 457 036. Huit cent soixante-seize MILLIONS quatre cent cinquante-sept MILLE trente-six.

42) 3 438 070 471. Trois BILLIONS quatre cent trente-huit MILLIONS soixante-dix MILLE quatre cent soixante-et-onze.

43) 7 039 008 987. Sept BILLIONS trente-neuf MILLIONS huit MILLE neuf cent quatre-vingt-sept.

44) 97 000 856 750. Quatre-vingt-dix-sept BILLIONS huit cent cinquante-six MILLE sept cent cinquante.

45) 249 358 756 470. Deux cent quarante-neuf BILLIONS trois cent cinquante-huit MILLIONS sept cent cinquante-six MILLE quatre cent soixante-dix.

46) *Quel est le plus grand nombre de 2, 3, 4, 5, 6... chiffres?*

Le plus grand nombre de 2 chiffres est 99, celui de 3 est 999, celui de 4 est 9999......, etc.

47) *Quel est le plus petit nombre de 2, 3, 4, 5, 6... chiffres?*

Le plus petit nombre de 2 chiffres est 10, celui de 3 est 100, celui de 4 est 1 000..., etc.

48) *Rendre* 10, 100, 1000 *fois plus grands les nombres* 34, 718, 1 849 *et* 36 512.

Ces nombres rendus 10, 100, 1000 fois plus grands,

sont : 340,	7 180,	18 490,	365 120,
3 400,	71 800,	184 900,	3 651 200,
et 34 000,	718 000,	1 849 000,	36 512 000.

---

49) *Rendre* 100 *fois plus petits les nombres* 25 000 *et* 360 000.

Ces nombres rendus 100 fois plus petits, sont 250 et 3 600.

---

50) *Un ouvrier a fait deux cent huit mètres d'ouvrage pour lesquels on lui a donné un franc par mètre Ecrire en chiffres ce qu'il a gagné.*

Il a évidemment gagné 208 francs.

Exercices sur l'addition.

Faire les additions suivantes :

	51)	52)	53)	54)
	5	32	73	158
	7	48	95	247
	25	89	158	876
Sommes.	37	169	326	1281

	55)	56)	57)	58)
	49	534	789	348
	76	658	1 849	956
	149	947	5 634	8 649
	785	6 884	7 856	9 876
Sommes.	1 059	9 023	16 128	19 829

	59)	60)	61)	62)
	696	3 549	2 635	29 758
	957	5 678	3 458	48 546
	1 789	6 097	25 247	54 267
	4 658	8 125	36 589	68 645
	6 247	9 436	95 158	90 762
Sommes.	14 347	32 885	163 087	291 978

	63)	64)	65)	66)
	5 748	8 547	35 468	364 936
	6 876	29 798	58 987	495 654
	17 548	47 536	254 768	578 948
	64 957	78 956	396 876	789 458
	98 936	86 375	648 959	836 542
Sommes.	194 065	251 212	1395 058	3 065 538

	67)	68)
	648 512 784	745 875 946
	375 879 659	372 754 378
	497 654 976	547 938 548
	548 397 858	846 784 975
	634 468 972	437 548 632
	872 545 397	948 654 348
Sommes.	3 577 459 646	3 899 556 827

	69)	70)
	2 346 784 528	38 459 784 658
	7 645 873 946	76 648 578 967
	6 573 468 758	84 567 365 429
	5 436 789 879	75 654 837 948
	8 516 472 865	96 389 857 639
	6 472 345 789	48 765 695 956
	9 587 968 548	89 587 654 725
Sommes.	46 579 704 313	510 073 775 322

Problèmes sur l'addition.

71) *La différence de deux nombres est* 25 *et le plus petit est* 56. *Quel est le plus grand ?*

Le plus grand nombre égale évidemment le plus petit plus la différence, c'est-à-dire, 56 + 25 ou 81.

72) *Un père a* 29 *ans de plus que son fils qui a* 18 *ans. Quel âge a-t-il ?*

Son âge égale évidemment l'âge de son fils plus la différence, c'est-à-dire, 29 ans + 18 ans ou 47 ans.

73) *A quelle époque une personne née en 1818 a-t-elle eu 28 ans ?*

C'est évidemment 28 ans après 1818, c'est-à-dire, en l'an 1818 + 28 ou en 1846.

74) *Un ouvrier, qui a travaillé 6 mois, a économisé le premier mois 6 francs, le second 13 francs, le troisième 16 francs, le quatrième 19 francs, le cinquième 21 francs, et le sixième 27 francs. Combien a-t-il économisé en tout ?*

Il a évidemment économisé 6 f. + 13 f. + 16 f. + 19 f. + 21 f. + 27 f. ou 102 f.

Opération [1].	6
	13
	16
	19
	21
	27
Somme...	102

75) *Un ouvrier gagne chez son maître 1 200 francs par an; on l'augmentera de 50 francs tous les ans. Combien gagnera-t-il au bout de six ans?*

La 2ᵉ année, il gagnera	1 200 f. + 50 f. ou 1 250 f.
La 3ᵉ.	1 250 f. + 50 f. ou 1 300 f.
La 4ᵉ.	1 300 f. + 50 f. ou 1 350 f.
La 5ᵉ.	1 350 f. + 50 f. ou 1 400 f.
La 6ᵉ.	1 400 f. + 50 f. ou 1 450 f.
Et la 7ᵉ, c.-à-d. au bout de 6 ans, il gagnera.	1 450 f. + 50 f. ou 1 500 f.

76) *Un ouvrier dépense 240 francs par an pour son logement, 600 francs pour sa nourriture, et 250 francs*

[1] Nous ne donnerons en général le tableau des opérations que de l'un des premiers problèmes de chaque série.

pour son habillement. Il lui reste au bout de l'année 300 francs. Combien gagne-t-il par an?

Il gagne évidemment ce qu'il dépense, plus ce qui lui reste, c'est-à-d. 240 f. + 600 f. + 250 f. + 300 f. ou 1 390 f.

---

77) *Un ouvrier a placé à la caisse d'épargne d'abord* 218 *francs, puis* 340 *francs, puis* 415 *francs, et enfin* 540 *francs. Combien a-t-il à la caisse d'épargne?*

Il a évidemment 218 f. + 340 f. + 415 f. + 540 f. ou 1 513 f.

---

78) *Janvier a* 31 *jours, février* 28 *ou* 29, *mars* 31, *avril* 30, *mai* 31, *juin* 30, *juillet* 31, *août* 31, *septembre* 30, *octobre* 31, *novembre* 30 *et décembre* 31. *De combien de jours se compose l'année?*

Quand février a 28 jours, elle se compose évidemment de 31 + 28 + 31 + 30 + 31 + 30 + 31 + 31 + 30 + 31 + 30 + 31 ou de 365 jours. Quand février a un jour de plus ou 29 jours, l'année se compose aussi d'un jour de plus ou de 366 jours.

Opération.

Janvier	31	Juillet	31		
Février	28	Août	31		
Mars	31	Septembre	30		
Avril	30	Octobre	31		
Mai	31	Novembre	30	1er semestre	181
Juin	30	Décembre	31	2e . . .	184
Somme	181	*Somme*	184	*Somme*	365

---

79) *On perd* 764 *francs en vendant une marchandise* 5 648 *francs. Combien a-t-elle coûté?*

Elle a évidemment coûté ce qu'on la vend, plus ce qu'on perd, c'est-à-dire 5 648 f. + 764 f. ou 6 412 f.

---

80) *Trois frères ont fait un héritage. L'aîné a eu* 3 976 *francs, le* 2e 675 *francs de plus, et le* 3e 846 *francs*

de plus que le second. Quelle est la part des deux plus jeunes frères et quelle est la valeur de l'héritage?

La part du 2ᵉ est évidemment 3 976 f. + 675 f. ou 4 651 f.
Celle du 3ᵉ est alors 4 651 f. + 846 f. ou 5 497 f.
Et l'héritage vaut 3 976 f. + 4 651 f. + 5 497 f. ou 14 124 f.

---

81) *Une maison de campagne a coûté 25 400 francs. Combien faut-il la vendre pour gagner 4 500 francs?*

Il faut évidemment la vendre ce qu'elle a coûté, plus ce qu'on veut gagner, c.-à-d. 25 400 f. + 4 500 f. ou 29 900 f.

---

82) *Un marchand a vendu 3 mètres de drap pour 75 francs, puis 9 mètres pour 162 francs et 8 mètres pour 168 francs. Combien a-t-il vendu de mètres de drap et combien a-t-il reçu?*

Il a évidemment vendu 3 m. + 9 m. + 8 m. ou 20 m., et il a reçu 75 f. + 162 f. + 168 f. ou 405 f.

---

83) *Une personne qui a payé à une autre 3 450 francs, puis 849 francs, lui doit encore 276 francs. Combien lui devait-elle?*

Elle lui devait évidemment ce qu'elle lui a payé, plus ce qu'elle lui doit encore, c.-à-d. 3 450 f. + 849 f. + 276 f. ou 4 575 f.

---

84) *Un propriétaire fait faire un puits à un maçon. Il doit lui donner 5 francs pour le premier mètre de profondeur, 8 francs pour le second, 11 francs pour le troisième, et ainsi de suite en augmentant de 3 francs à chaque mètre. Combien le maçon recevra-t-il, si le puits a 10 mètres de profondeur?*

Pour le 1ᵉʳ mètre, le maçon reçoit . . . . 5 f.
Pour le 2ᵉ. . . il reçoit 5 f. + 3 f. ou 8 f.
Pour le 3ᵉ. . . . . . . 8 f. + 3 f. ou 11 f.
Pour le 4ᵉ. . . . . . . 11 f. + 3 f. ou 14 f.
Pour le 5ᵉ. . . . . . . 14 f. + 3 f. ou 17 f.
Pour le 6ᵉ. . . . . . . 17 f. + 3 f. ou 20 f.
Pour le 7ᵉ. . . . . . . 20 f. + 3 f. ou 23 f.

Pour le 8e. . . . . 23 f. + 3 f. ou 26 f.
Pour le 9e. . . . . 26 f. + 3 f. ou 29 f.
Pour le 10e. . . . . 29 f. + 3 f. ou 32 f.
Donc, pour les 10 mètres il recevra 5 f. + etc. ou 185 f.

85) *On a 10 fagots en ligne droite à 8 mètres de distance les uns des autres. Quel chemin a-t-on à parcourir, en partant du premier fagot, pour réunir les autres un à un au premier ?*

Pour réunir le 2e fagot au 1er dont il est distant de 8 m., le chemin à parcourir sera 8 m. + 8 m. ou.	16 m.
Pour le 3e, distant du 1er de 8 m. + 8 m. ou 16 m., le chemin est 16 m. + 16 m. ou. . .	32 m.
Pour le 4e, distant du 1er de 16 m. + 8 m. ou 24 m., le chemin est 24 m. + 24 m. ou.	48 m.
Pour le 5e, distant du 1er de 24 m. + 8 m. ou 32 m., le chemin est 32 m. + 32 m. ou. .	64 m.
Pour le 6e, distant du 1er de 32 m. + 8 m. ou 40 m., le chemin est 40 m. + 40 m. ou. .	80 m.
Pour le 7e, distant du 1er de 40 m. + 8 m. ou 48 m., le chemin est 48 m. + 48 m. ou. .	96 m.
Pour le 8e, distant du 1er de 48 m. + 8 m. ou 56 m., le chemin est 56 m. + 56 m. ou. .	112 m.
Pour le 9e, distant du 1er de 56 m. + 8 m. ou 64 m., le chemin est 64 m. + 64 m. ou. .	128 m.
Et pour le 10e, distant du 1er de 64 m. + 8 m. ou 72 m., le chemin est 72 m. + 72 m. ou. .	144 m.
Le chemin à parcourir égale donc 16 m. + 32 m. + etc. . . . . ou	720 m.

Exercices sur la soustraction.

Faire les soustractions suivantes :

	86)	87)	88)	89)
	61	812	1 524	36 042
	29	365	659	12 458
Différ.	32	447	865	23 584

90)	7 154	91)	10 245	92)	36 405	93)	650 243
	2 365		5 487		18 496		235 795
Diff.	4 789		4 758		17 909		414 448

94)	636 502 402	95)	615 000 370
	47 274 836		137 456 916
Différences.	589 227 566		477 543 454
96)	5 015 004 512	97)	8 000 415 710
	1 342 549 265		1 354 873 958
Différenc.	3 672 455 247		6 645 541 752
98)	49 548 015 052	99)	70 450 360 041
	10 754 936 508		25 138 754 925
Differ.	38 793 078 544		45 311 605 116

100)	360 456 000 728 012
	138 918 527 932 438
Différ.	221 537 472 795 574

101)	84 360 016	102)	90 400 320
	17 289 361		64 154 236
Différences.	67 070 655		26 246 084
103)	150 316 450	104)	246 800 306
	79 135 268		152 414 038
Différences.	71 181 182		94 386 268
105)	712 050 432	106)	648 050 320
	435 318 514		259 368 156
Différences.	276 731 918		388 682 164
107)	725 000 548	108)	850 361 041
	367 125 279		289 754 624
Différences.	357 875 269		560 606 417

109)	17 000 024 305	110)	70 325 450 614
	8 510 436 518		26 364 519 236
Différenc.	8 489 587 787		43 960 931 378

Problèmes sur la soustraction.

111) *Quelle est la différence entre le plus petit nombre de deux chiffres et le plus grand nombre d'un seul chiffre, entre le plus petit nombre de trois chiffres et le plus grand nombre de deux chiffres, etc. ?*

Le plus petit nombre de deux chiffres est 10, et le plus grand nombre d'un seul chiffre est 9; leur différence est donc 10—9 ou 1.

De même le plus petit nombre de trois chiffres est 100 et le plus grand nombre de deux chiffres est 99; leur différence est donc 100—99 ou 1.

112) *Les Anglais nous ont enlevé* 63 *navires en* 1793; 88 *en* 1794; 47 *en* 1795; 63 *en* 1796, *et* 114 *en* 1797; *de notre côté, nous avons enlevé aux Anglais* 261 *navires en* 1793; 527 *en* 1794; 502 *en* 1795; 414 *en* 1796 *et* 562 *en* 1797. *Quelle est la différence à notre avantage?*

Les Anglais nous ont évidemment enlevé 63 + 88 + 47 + 63 + 114 ou 375 navires; de notre côté, nous leur avons pris 261 + 527 + 502 + 414 + 562 ou 2266 navires. Il y a donc à notre avantage une différence de 2 266—375 ou de 1891 navires.

Opérations.	63		261		
	88		527		
	47		502		
	63		414		2266
	114		562		375
Somme.	375	*Somme.*	2266	*Reste.*	1891

113) *On a acheté une maison* 37 000 *francs, et on l'a vendue* 45 000 *francs. Qu'a-t-on gagné?*

On a évidemment gagné ce qu'on l'a vendue, moins ce qu'elle a coûté, c.-à-d. 45 000 f. — 37 000 f. ou 8 000 f.

114) *On a acheté une pièce de drap* 250 *francs, et on l'a vendue* 196 *francs. Qu'a-t-on perdu ?*

On a évidemment perdu ce qu'elle a coûté, moins ce qu'on l'a vendue, c.-à-d. 250 f. — 196 f. ou 54 f.

115) *On a emprunté* 2 050 *francs; on paye une première fois* 860 *francs, et une seconde fois* 520 *francs. Que doit-on encore ?*

On a payé en tout 860 f. + 520 f. ou 1 380 f.; on doit évidemment encore ce qu'on devait d'abord, moins ce qu'on a payé, c.-à-d. 2 050 f. — 1 380 f. ou 670.

116) *On achète une propriété* 120 000 *francs; on y dépense* 24 000 *francs et on la vend en trois lots : le premier, de* 44 000 *francs; le second de* 64 000 *francs, et le troisième de* 56,000 *francs. Que gagne-t-on?*

On achète la propriété 120 000 f., on y dépense 24 000 f., elle coûte donc 120 000 f. + 24 000 f. ou 144 000 f. On la vend ensuite 44 000 f. + 64 000 f. + 56 000 f. ou 164 000 f. On gagne évidemment ce qu'on la vend, moins ce qu'elle a coûté, c'est-à-dire 164 000 f. — 144 000 f. ou 20 000 f.

117) *En vendant une maison* 124 000 *francs, on gagne* 36 000 *francs. Combien a-t-elle coûté?*

Elle a évidemment coûté ce qu'on la vend, moins ce qu'on gagne, c.-à-d. 124 000 f. — 36 000 f. ou 88 000 f.

118) *Un flacon plein d'eau pèse* 540 *grammes; ce flacon vide pèse* 160 *grammes. Quel est le poids de l'eau qu'il contient?*

Le poids de l'eau contenue dans le flacon égale évidemment le poids du flacon plein, moins le poids du flacon vide, c'est-à-dire 540 g. — 160 g. ou 380 g.

119) *Napoléon est né en 1769 et mort en 1821. A quel âge est-il mort ?*

Il a vécu autant d'années qu'il s'en est écoulé de 1769 à 1821, c.-à-d. 1821 — 1769 ans ou 52 ans. Il est donc mort à l'âge de 52 ans.

120) *Un père avait 32 ans quand son fils vint au monde. Quel sera l'âge du fils quand le père aura 60 ans ?*

Le fils aura 32 ans de moins que son père, c'est-à-dire, 60 ans moins 32 ans ou 28 ans.

121) *Une personne a eu 30 ans en 1848. En quelle année aura-t-elle 67 ans ?*

Puisqu'elle a eu 30 ans en 1848, elle aura 67 ans 67 — 30 ou 37 années après 1848, c'est-à-dire, en l'an 1848 + 37 ou en 1885.

122) *Une personne interrogée sur son revenu répond : Si j'avais 1 500 francs de plus, j'aurais 4 200 francs. Quel est son revenu ?*

Son revenu égale évidemment 4 200 f. — 1 500 f. ou 2 700 f.

123) *Un oncle laisse en mourant 24 000 francs à partager entre deux nièces et un neveu ; il veut que chaque nièce ait 8 500 francs. Combien chaque nièce a-t-elle de plus que le neveu ?*

Les deux nièces auront à elles deux 8 500 f. + 8 500 f. ou 17 000 f.

Il restera donc pour le neveu 24 000 f. — 17 000 f. ou 7 000 f.

Chaque nièce a donc de plus que le neveu 8 500 f. — 7 000 f. ou 1 500 f.

124) *Une personne qui devait* 3 540 *francs doit encore* 825 *francs. Combien a-t-elle payé ?*
Elle a évidemment payé ce qu'elle devait d'abord, moins ce qu'elle doit encore, c'est-à-dire, 3 540 f. — 825 f. ou 2 715 f.

125) *Une personne dépense dans un magasin* 128 *francs et donne en payement deux billets de* 100 *francs. Combien doit-on lui rendre ?*
Cette personne donne en payement 100 f. + 100 f. ou 200 f. On doit évidemment lui rendre ce qu'elle donne moins ce qu'elle doit, c'est-à-dire, 200 f. — 128 f. ou 72 f.

126) *La différence de deux nombres est* 154 *et le plus grand est* 340. *Quel est le plus petit ?*
Le plus petit égale évidemment le plus grand moins la différence, c'est-à-dire, 340 — 154 ou 186.

127) *Une personne se met au jeu avec* 25 *francs, elle le quitte avec* 18 *francs. Qu'a-t-elle perdu ?*
Elle a évidemment perdu ce qu'elle avait moins ce qui lui reste, c'est-à-dire, 25 f. — 18 f. ou 7 f.

128) *On achète un terrain divisé en trois lots ; on paye le* 1er 6 450 *francs, le* 2e 4 800 *francs et le* 3e 3 650 *francs. On le vend en deux lots : le* 1er *de* 9 800 *francs et le* 2e *de* 10 050 *francs. Que gagne-t-on ?*
Le terrain entier coûte 6 450 f. + 4 800 f. + 3 650 f. ou 14 900 f. On le vend 9 800 f. + 10 050 f. ou 19 850 f. On gagne évidemment ce qu'on le vend moins ce qu'il a coûté, c'est-à-dire, 19 850 f. — 14 900 f. ou 4 950 f.

129) *Trois frères ont hérité de* 45 000 *francs ; l'aîné a*

eu 12 480 francs et le second 15 860 francs. Combien le plus jeune a-t-il eu de plus que l'aîné?

Cherchons d'abord la part du plus jeune. Les deux premiers frères ont eu ensemble 12 480 f. + 15 860 f. ou 28 340 f.; le plus jeune a donc eu 45 000 f. — 28 340 f. ou 16 660 f.; et, par conséquent, il a eu de plus que l'aîné 16 660 f. — 12 480 f. ou 4 180 f.

130) *Une personne doit 1 475 francs; si elle avait 850 francs de plus, elle pourrait payer sa dette et il lui resterait 160 francs. Combien a-t-elle?*

Si elle avait 850 f. de plus, elle pourrait payer 1 475 f. et il lui resterait 160 f.; si donc elle n'avait que 850 f. — 160 f. ou 690 f. de plus, elle pourrait payer 1 475 f. et il ne lui resterait rien; donc elle a 1 475 f. — 690 f. ou 785 f.

Exercices sur la soustraction à l'aide des compléments.

Faire, à l'aide des compléments, les soustractions suivantes :

131)	50 481	132)	451 870
	18 514		34 652
Restes	31 967		417 218
133)	450 170	134)	63 456 703
	194 428		8 164 958
Restes	255 742		55 291 745

135) Du nombre	745 362	136) Du nombre	1 347 924
ôter la somme des 2 nombres	187 538	ôter la somme des 2 nombres	648 365
	243 635		95 937
Reste	314 189	*Reste*	603 622

137) De la somme des 2 nombres { 4 548 716 ; 237 829 }
ôter la somme des 3 nombres { 754 352 ; 1 325 264 ; 2 643 738 }
Reste 63 191

138) De la somme des 2 nombres { 8 753 428 ; 9 346 051 }
ôter la somme des 3 nombres { 527 840 ; 739 452 ; 3 345 678 }
Reste 13 486 509

139) De la somme des 3 nombres { 36 541 873 ; 72 754 649 ; 87 341 834 }
ôter la somme des 3 nombres { 9 543 812 ; 17 340 645 ; 23 579 024 }
Reste 146 174 875

140) De la somme des 3 nombres { 81 720 346 ; 96 638 512 ; 5 641 287 }
ôter la somme des 3 nombres { 37 643 651 ; 2 550 723 ; 4 934 610 }
Reste 138 871 161

Exercices sur la multiplication.

Faire les multiplications suivantes :

	141)	142)	143)
	78	364	136
	2	5	3
Produits.	156	1 820	408

	144)	145)	146)
	978	387	1 849
	7	5	9
Produits.	6 846	1 935	16 641

	147)	148)	149)
	678	2 847	957
	4	8	6
Produits.	2 712	22 776	5 742

	150)
	86 596
	9
Produit.	779 364

	151)	152)	153)
	738	5 467	8 697
	20	40	50
Produits.	14 760	218 680	434 850

	154)	155)	156)
	9 705	35 476	75 846
	90	600	800
Prod.	873 450	21 285 600	60 676 800

	157)	158)	159)
	78 659	87 968	947 876
	7 000	7 000	90 000
Pr.	550 613 000	615 776 000	85 308 840 000

	160)
	639 547
	60 000
Produit.	38 372 820 000

	161)	162)	163)
	76	753	987
	25	48	96
	380	6 024	5 922
	1 52	30 12	88 83
Produits.	1 900	36 144	94 752

	164)	165)	166)
	896	6 579	5 734
	349	648	896
	8 064	52 632	34 404
	35 84	263 16	516 06
	268 8	3 947 4	4 587 2
Produits.	312 704	4 263 192	5 137 664

	167)	168)	169)
	95 836	76 387	369 487
	1 789	6 549	3 548
	862 524	687 483	2 955 896
	7 666 88	3 055 48	14 779 48
	67 085 2	38 193 5	184 745 5
	95 836	458 322	1 108 461
Pr.	171 450 604	500 258 463	1 310 939 876

170) 847 975
8 976
5 087 850
59 358 25
764 077 5
6 783 800
Produit. 7 612 323 600

171) 504
36
3 024
15 12
Prod. 18 144

172) 607
75
3 035
42 49
45 525

173) 4 056
63
12 168
243 36
255 528

174) 7 509
97
52 563
675 81
Prod. 728 373

175) 85 069
308
680 552
25 520 7
26 201 252

176) 90 807
708
726 456
63 564 9
64 291 356

177) 549 308
6 049
4 943 772
21 972 32
3 295 848
3 322 764 092

178) 360 709
8 705
1 803 545
252 496 3
2 885 672
3 139 971 845

179) 6 704 069
80 706
40 224 414
4 692 848 3
536 325 52
541 058 592 714

180) 9 057 089
90 078
72 456 712
633 996 23
815 138 01
Produit. 815 844 462 942

	181)	182)	183)
	360	700	7 800
	16	47	79
	2 16	4 9	70 2
	3 6	28	546
Produits.	5 760	32 900	616 200

	184)	185)	186)
	5 679	68 950	34 700
	800	3 000	6 000
Prod.	4 543 200	206 850 000	208 200 000

187)	188)	189)
784 900	548 300	4 546 000
7 600	7 900	54 000
470 94	493 47	18 184
5 494 3	3 838 1	227 30
5 965 240 000	4 331 570 000	245 484 000 000

	190)
	7 890 000
	96 000
	47 34
	710 1
Produit.	757 440 000 000

Problèmes sur la multiplication.

191) *Un ouvrier laborieux a travaillé 26 jours en un mois, un autre ouvrier n'a travaillé que 14 jours ; le prix de la journée est 3 francs. Combien le premier ouvrier a-t-il gagné de plus que le second ?*

Le premier ouvrier a travaillé 26 jours moins 14 jours ou 12 jours de plus que le second ; or, il gagne 3 f. par jour, donc il a gagné 12 fois 3 f. ou 36 f. de plus que le second.

192) *Un ouvrier gagne 1 300 francs par an ; il dépense*

40 francs par mois pour sa nourriture, 130 francs par an pour son logement, 180 francs par an pour son entretien et 10 francs par mois pour ses menus plaisirs. Combien économise-t-il par an?

Il dépense par an pour sa nourriture 12 fois 40 f. ou 480 f.
pour son logement. . . . . 130 f.
pour son entretien. . . . . 180 f.
et pour ses menus plaisirs 12 fois 10 f. ou. . . 120 f.
Donc, il dépense en tout 480 f. + 130 f. + 180 f.
+ 120 f. ou. . . . . 910 f.
et, par conséquent, il économise ce qu'il gagne moins ce qu'il dépense, c'est-à-dire, 1300 f. — 910 f. ou 390 f.

---

193) *Que coûtent 15 mètres de soie à 8 francs le mètre?*

Un mètre coûte 8 f., donc 15 mètres coûtent 15 fois 8 f. ou 120 f.

---

194) *On a acheté 20 pièces de drap de 18 mètres chacune, à raison de 25 fr. le mètre; on les vend 12 500 fr. Combien gagne-t-on?*

Puisqu'un mètre coûte 25 f. et que chaque pièce contient 18 mètres, chaque pièce coûte 18 fois 25 f. ou 450 f. Par conséquent, les 20 pièces coûtent 20 fois 450 f. ou 9 000 f. En les vendant 12 500 f., on gagne évidemment ce qu'on les vend moins ce qu'elles ont coûté, c'est-à-dire, 12 500 f. — 9 000 f. ou 3 500 f.

rations.	25		450		12 500
	18		20		9 000
Produit.	450	*Produit.*	9 000	*Reste.*	3 500

---

195) *Une personne a acheté 15 mètres de drap à 26 fr. le mètre, et 50 mètres de toile à 3 fr. le mètre; elle a donné en payement deux billets de 500 fr. Combien doit-on lui rendre?*

Un mètre de drap coûte 26 f., donc 15 mètres coûtent 15 fois 26 f. ou 390 f.

Et un mètre de toile coûte 3 f., donc 50 m. coûtent 50 fois 3 f. ou 150 f.

Donc, l'acheteur doit 390 f. + 150 f. ou 540 f. Si donc il donne en payement deux billets de 500 f. ou 1 000 f., on doit évidemment lui rendre ce qu'il donne moins ce qu'il doit, c'est-à-dire, 1 000 f. — 540 f. ou 460 f.

---

196) *Un oncle qui a 3 neveux et 5 nièces laisse en mourant 12 000 fr. à chacun de ses neveux et 18 000 fr. à chacune de ses nièces. Quelle était sa fortune ?*

Il laisse à ses 3 neveux 3 fois 12 000 f. ou. 36 000 f.
et à ses nièces 5 fois 18 000 f. ou. . . . . . 90 000 f.
Donc, sa fortune = 36 000 f. + 90 000 f. ou. 126 000 f.

---

197) *Un ouvrier fait chaque jour 3 mètres d'étoffe et reçoit 1 fr. par mètre. Combien gagne-t-il en 25 jours ?*

Cet ouvrier fait chaque jour 3 mètres d'ouvrage et il reçoit 1 f. par mètre ; donc il gagne 3 f. par jour ; et en 25 jours il gagne 25 fois 3 f. ou 75 f.

---

198) *Deux courriers partent en même temps de Paris pour Bordeaux ; l'un fait* 11 *kilomètres à l'heure* (le kilomètre vaut 1 000 mètres), *et l'autre en fait* 8. *A quelle distance seront-ils l'un de l'autre* 12 *heures après le départ ?*

Le premier courrier fait 11 kilomètres à l'heure et le deuxième en fait 8 ; donc, après une heure, le premier courrier est éloigné du deuxième de 11 kilomètres, moins 8 kilomètres ou de 3 kilomètres, et après 12 heures, ils seront éloignés l'un de l'autre de 12 fois 3 kilomètres ou de 36 kilomètres.

---

199) *Une rame de papier contient* 20 *mains et une main*

25 *feuilles. Combien 10 rames de papier contiennent-elles de feuilles ?*

Une main de papier contient 25 feuilles, donc 20 mains ou une rame contiennent 20 fois 25 ou 500 feuilles, et 10 rames en contiennent 10 fois 500 ou 5.000.

200) *Un marchand de vins achète 60 feuillettes de vin, à raison de 300 fr. la feuillette ; chaque feuillette contient 160 litres de vin, qu'il vend 2 francs le litre. Combien gagne-t-il ?*

Chaque feuillette, qui contient 160 litres de vin, à 2 f. le litre, rapporte au marchand 160 fois 2 f. ou 320 f. Comme elle lui coûte 300 f., il gagne sur chaque feuillette ce qu'il la vend moins ce qu'elle lui coûte, c'est-à-dire, 320 f. — 300 f. ou 20 f.

Il gagne donc sur les 60 feuillettes, 60 fois 20 f. ou 1.200 f.

201) *Un jour vaut 24 heures, une heure vaut 60 minutes et 1 minute 60 secondes. Que valent en secondes 8 jours, 6 heures, 15 minutes et 25 secondes ?*

Un jour vaut 24 heures, donc 8 jours valent 8 fois 24 ou 192 heures; 192 heures + 6 heures donnent 198 heures. Mais une heure vaut 60 minutes, donc 198 heures valent 198 fois 60 ou 11 880 minutes; 11 880 minutes + 15 minutes donnent 11 895 minutes. Mais une minute vaut 60 secondes, donc 11 895 minutes valent 11 895 fois 60 secondes ou 713 700 secondes; 713 700 secondes + 25 secondes donnent 713 725 secondes. Donc, 8 jours, 6 heures, 15 minutes et 25 secondes valent 713 725 secondes.

202) *Une personne interrogée sur son revenu annuel répond que si elle avait 365 fr. de plus, elle aurait 160 fr. à dépenser par mois. Quel est son revenu annuel ?*

Si elle avait 365 f. de plus, elle aurait 160 f. à dépenser par mois, c'est-à-dire, 12 fois 160 f. ou 1 920 f. à dépenser par an ; donc son revenu annuel égale 1 920 f. — 365 f. ou 1 555 f.

203) *Un marchand achète 18 pièces de vin à 150 fr. la pièce et 15 pièces à 180 fr. la pièce ; il lui reste 4 500 fr. après les avoir payées. Combien avait-il avant cet achat ?*

18 pièces de vin, à 150 f. la pièce, lui coûtent 18 fois 150 f. ou . . . . 2 700 f.

15 pièces de vin, à 180 f. la pièce, lui coûtent 15 fois 180 f. ou . . . . 2 700 f.

et il lui reste. . . . . 4 500 f.

Or, il avait évidemment avant cet achat ce qu'il a payé plus ce qui lui reste, donc il avait 2 700 f. + 2 700 f. + 4 500 f. ou . . . . . . 9 900 f.

204) *Un marchand échange 15 mètres de drap à 24 fr. le mètre contre 8 pièces de toile de 18 mètres chacune à 3 fr. le mètre. Combien doit-il encore ?*

15 m. de drap, à 24 f. le mètre, coûtent 15 fois 24 f. ou 360 f.

Et 18 m. de toile, à 3 f. le mètre, coûtent 18 fois 3 f. ou 54 f.; donc 8 pièces de 18 m. chacune coûtent 8 fois 54 f. ou 432 f.

Le marchand a donc donné une valeur de 360 f. pour une valeur de 432 f., il doit donc encore ce qu'il a reçu moins ce qu'il a donné, c'est-à-dire, 432 f. — 360 f. ou 72 f.

205) *Un marchand de vin doit payer 4 billets de 1 800 fr. chacun ; il vend pour les payer 60 pièces de vin à 150 fr. la pièce. Combien lui restera-t-il ?*

60 pièces de vin, à 150 f. la pièce, valent 60 fois 150 f. ou 9 000 f.

Et 4 billets de 1 800 f. chacun valent 4 fois 1 800 f. ou 7 200 f.

Or, il restera évidemment au marchand ce qu'il recevra moins ce qu'il payera, donc il aura encore 9 000 f. — 7 200 f. ou 1 800 f.

206) *Un atelier occupe 45 ouvriers qui gagnent chacun 3 fr. par jour. Quelle est la dépense des 6 jours de la semaine ?*

Un ouvrier gagne 3 f. par jour, donc 45 ouvriers gagnent 45 fois 3 f. ou 135 f. par jour ; donc, en 6 jours, ils gagnent 6 fois 135 f. ou 810 f.

---

207) *Un père qui a 4 fils et 6 filles donne 12 000 fr. à chacun de ses fils et 2 400 fr. de plus à chacune de ses filles. Il lui reste 32 000 fr. Quelle était sa fortune ?*

Chaque fils reçoit 12 000 f., donc les 4 fils reçoivent 4 fois 12 000 f. ou 48 000 f. Chaque fille reçoit 2 400 f. de plus qu'un fils, c'est-à-dire, 12 000 f. + 2 400 f. ou 14 400 f. ; donc, les 6 filles reçoivent 6 fois 14 400 f. ou 86 400 f. Or, la fortune du père se composait évidemment de ce qu'il a donné et de ce qui lui reste, donc il avait 48 000 f. + 86 400 f. + 32 000 f. ou 166 400 f.

---

208) *Une personne qui gagne 5 000 fr. par an dépense 300 fr. par mois. Combien économisera-t-elle en 20 ans?*

Elle dépense 300 f. par mois, donc elle dépense 12 fois 300 f. ou 3 600 f. par an.

Or, elle économise, en un an, ce qu'elle gagne moins ce qu'elle dépense, c'est-à-dire, 5 000 f. — 3 600 f. ou 1 400 f. ; donc, elle économisera en 20 ans 20 fois 1 400 f. ou 28 000 f.

---

209) *Un régiment se compose de 3 bataillons de 750 hommes chacun ; chaque homme a reçu 4 douzaines de cartouches. Combien tout le régiment a-t-il reçu de cartouches ?*

Le régiment se compose de 3 fois 750 hommes ou de 2 250 hommes. Si donc chaque homme a reçu 4 douzaines de cartouches, 2 250 hommes ont reçu 2 250 fois 4 douzaines ou 9 000 douzaines de cartouches, c'est-à-dire, 108 000 cartouches.

---

210) *Un imbécile qui a la manie de plaider dépense pendant 20 ans 300 fr. par an en procès. Ils ne lui ont rapporté que 1 850 fr. Combien aurait-il gagné à rester tranquille ?*

Il dépense 300 f. par an en procès, donc il dépense en 20 ans 20 fois 300 f. ou 6 000 f. Or il a évidemment perdu à ces procès ce qu'il y a dépensé, moins ce qu'ils lui ont rapporté ; donc il aurait gagné 6 000 f. — 1 850 f. ou 4 150 f. à rester tranquille.

Exercices sur la multiplication.

(Méthode abrégée).

211)	25	11	275
212)	45	16	720
213)	36	12	432
214)	64	23	1 472
215)	84	15	1 260
216)	96	24	2 304
217)	152	35	5 320
218)	136	25	3 400
219)	512	63	32 256
220)	784	95	74 480
221)	753	204	153 612
222)	846	235	198 810
223)	2 304	512	1 179 648
224)	3 651	342	1 248 642
225)	4 563	435	1 984 905
226)	5 384	236	1 270 624
227)	6 045	347	2 097 615
228)	6 312	418	2 638 416
229)	7 157	654	4 680 678
230)	8 714	824	7 180 336
231)	12 345	1 304	16 097 880
232)	23 456	5 082	119 203 392
233)	34 567	2 153	74 422 751
234)	45 678	3 416	156 036 048

	235)	236)	237)
	56 078	76 134	63 407
	3 215	5 024	4 056
	180 290 770	382 497 216	257 178 792

	238)	239)	240)
	95 372	745 236	876 534
	6 207	7 135	9 125
	591 974 004	5 317 258 860	7 998 372 750

Exercices sur la division.

241)

35	5
0	7

242)

45	9
0	5

243)

45	7
3	6

244)

60	8
4	7

245)

436	2
3	218
16	
0	

246)

785	5
28	157
35	
0	

247)

5847	3
28	1949
14	
27	
0	

248)

8643	6
26	1440
24	
03	

249)

6796	4
27	1699
39	
36	
0	

250)

9758	7
27	1394
65	
28	
0	

251)

85935	5
35	17187
09	
43	
35	
0	

252)

72647	8
064	9080
07	

253)

254872	6
14	42478
28	
47	
52	
4	

254)

850904	9
40	94544
49	
40	
44	
8	

255)

96	25
21	3

256)

365	48
29	7

257)

154	36
10	4

258)

749	125
124	5

259)

278	45
8	6

260)

1852	374
356	4

261)

3547	527
385	6

262)

3741	846
357	4

263)

6754	876
622	7

264)

32768	9652
3812	3

265)

3456	12
105	288
096	
0	

266)

1850	45
50	41
5	

267)

6549	15
54	436
99	
9	

268)

9781	72
258	135
421	
61	

```
269)  37852 | 24            270) 64736 | 96
      138   |-----               713   |----
       185  | 1577                416  | 674
        172                        32
          4

271)  72936 | 25            272) 96951 | 27
      229   |-----               159   |-----
       43   | 2917                245  | 3590
       186                         21
         11

273) 548750 | 36            274) 365428 | 75
     188    |------               654   |-----
       87   | 15243                542  | 4872
       155                          178
        110                          28
          2

275)   4567 | 123           276)   5432 | 178
        877 |----                    92 |----
         16 | 37                        | 30

277)  34581 | 234           278)  75319 | 789
      1118  |----                  4309 |----
       1821 | 147                   364 | 95
        183

279) 987654 | 345           280) 864204 | 895
     2976   |-----                5870  |----
      2165  | 2862                 5004 | 965
        954                         529
        264

281) 6543210 | 456          282)  1357928 | 196
     1983    |------               1819   |-----
      1592   | 14349                552   | 6928
       2241                         1608
        4170                          40
          66
```

283) 12345678	567
1005	21773
4386	
4177	
2088	
387	

284) 54729364	285
2622	192032
579	
936	
814	
244	

285) 759715	1392
6371	545
8035	
1075	

286) 641253	4825
15875	132
14003	
4353	

287) 1891627	1476
4156	1281
12042	
2347	
871	

288) 3435127	5789
54062	593
19617	
2250	

289) 34163784	4852
19978	7041
5704	
852	

290) 72943649	7986
10696	9133
27104	
31469	
7511	

Problèmes sur la division des nombres entiers.

291) *Partager également 5 724 francs entre 9 personnes ?*

Chaque personne aura évidemment la 9e partie de 5 724 f. ou 636 f.

292) *On a partagé également 1 875 francs entre plusieurs personnes ; chaque personne a reçu 75 francs. Combien y avait-il de personnes ?*

Il y avait évidemment autant de personnes que 75 f. sont contenus de fois dans 1 875 f., c'est-à-dire, 25 personnes.

Opération. 1875 | 75
375 | 25
0

---

293) *10 pièces de drap, contenant 18 mètres chacune, ont coûté 4 500 francs. Quel est le prix d'un mètre ?*

10 pièces de drap ont coûté 4 500 f., donc une pièce a coûté le 10e de 4 500 f. ou 450 f.; et puisqu'elle contient 18 mètres, un mètre a coûté le 18e de 450 f. ou 25 f.

---

294) *On a payé à des ouvriers 2 475 francs pour 45 journées de travail, à 5 francs par journée d'ouvrier. Combien y avait-il d'ouvriers ?*

45 journées de travail coûtent 2 475 f, donc une journée coûte le 45e de 2 475 f. ou 55 f.; donc il y avait autant d'ouvriers que 5 f. sont contenus de fois dans 55 f., c'est-à-dire, 11 ouvriers.

---

295) *Un entrepreneur qui occupe 50 ouvriers leur paye 900 francs pour 6 journées de travail. Combien chaque ouvrier gagne-t-il par jour ?*

50 ouvriers ont gagné 900 f. en 6 jours, donc un ouvrier a gagné dans le même temps le 50e de 900 f. ou 18 f.; et en un jour, il a gagné le 6e de 18 f. ou 3 f.

---

296) *Deux courriers ont parcouru l'un 288 kilomètres en 8 jours, et l'autre 350 kilomètres en 10 jours. Lequel des deux va le plus vite ?*

Le premier courrier fait 288 kilomètres en 8 jours, donc en un jour il fait le 8e de 288 kilomètres ou 36 kilomètres.

Le second fait 350 kilomètres en 10 jours, donc en un jour il fait le 10e de 350 kilomètres ou 35 kilomètres.

Donc le premier courrier va plus vite que le second.

---

297) *On veut échanger 40 mètres de toile à 4 francs le mètre contre du drap à 20 francs le mètre. Combien aura-t-on de mètres de drap?*

Un mètre de toile coûte 4 f., donc 40 mètres coûtent 40 fois 4 f. ou 160 f. Or, un mètre de drap coûte 20 f., donc autant de fois 20 f. sont contenus dans 160 f., autant on aura de mètres de drap pour 160 f., c'est-à-dire, pour 40 mètres de toile à 4 f. Comme 160 contient 8 fois 20, on en aura 8 mètres.

298) *Deux ouvriers travaillent chez le même entrepreneur, qui leur donne une première fois 190 francs pour 20 journées du premier et 30 du second; et une autre fois 130 francs pour 20 journées du premier et 10 du second. Combien gagnent-ils chacun par jour?*

Ils ont travaillé chez l'entrepreneur à deux reprises différentes. Il est évident que pour la différence entre le travail fait la première fois et le travail fait la seconde fois, ils ont dû recevoir la différence des deux payes, c'est-à-dire, 190 f. moins 130 f. ou 60 f.; mais le premier ouvrier a travaillé 20 jours chaque fois, la différence de leurs travaux ne se compose donc que de la différence des journées de travail du second ouvrier, c'est-à-dire, de 30 journées moins 10 journées ou de 20 journées; de sorte que 20 journées de travail du second ouvrier ont été payées 60 f., donc le prix d'une journée est le 20e de 60 f. ou 3 f.

Or, 20 journées de travail du premier ouvrier et 10 journées du second ont été payées 130 f.; donc 2 journées de travail du premier et une journée du second ont été payées le 10e de 130 f. ou 13 f.; de sorte que 2 journées de travail du premier ont été payées 13 f. moins 3 f. ou 10 f.; le prix d'une seule journée est donc la moitié de 10 f. ou 5 f. On peut vérifier:

20 fois 5 f. ou 100 f. + 10 fois 3 f. ou 90 f. = 190 f.
et 20 fois 5 f. ou 100 f. + 10 fois 3 f. ou 30 f. = 130 f.

299) *Une personne veut faire relier 1 200 volumes; un ouvrier peut les relier en 20 jours, un autre en 24 jours et un troisième en 30 jours. Combien de jours les 3 ouvriers mettront-ils à relier les 1 200 volumes en travaillant ensemble, et combien chaque ouvrier en reliera-t-il?*

Le 1er ouvrier peut relier les 1 200 volumes en 20 jours, donc il peut relier par jour le 20e de 1 200 volumes ou. . . . . 60 vol.

Le 2e ouvrier peut relier les 1 200 volumes en 24 jours, donc il peut relier par jour le 24e de 1 200 volumes ou. . . . . 50 vol.

Le 3e ouvrier peut relier les 1 200 volumes en 30 jours, donc il peut relier par jour le 30e de 1 200 volumes ou. . . . . 40 vol.

Donc les trois ouvriers peuvent relier par jour 60 + 50 + 40 ou. . . . . 150 vol.

Donc pour relier les 1 200 vol., ils mettront autant de jours que 150 est contenu de fois dans 1 200, c.-à-d., 8 jours.

Le premier ouvrier reliera 8 fois 60 ou 480 volumes.
Le deuxième en reliera 8 fois 50 ou 400 —
Et le troisième en reliera 8 fois 40 ou 320 —

300) *Combien aura-t-on de mètres d'étoffe pour 180 fr., à raison de 12 fr. le mètre ?*

On aura évidemment autant de mètres que 12 f. sont contenus de fois dans 180 f., c'est-à-dire, 15 mètres.

301) *Un sac contient 3 475 francs en pièces de 5 francs. Combien y en a-t-il ?*

Il y a évidemment autant de pièces que 5 f. sont contenus de fois dans 3 475 f., c'est-à-dire, 695 pièces.

302) *Trois frères ont fait un héritage.*
La somme des parts du 1er et du 2e est 8 450 fr.
La somme des parts du 1er et du 3e est 9 240 fr.
Et la somme des parts du 2e et du 3e est 9 590 fr.
Quelle est la valeur de l'héritage et quelle est la part de chaque héritier ?

8 450 f. + 9 240 f. + 9 590 f. ou 27 280 f. représentent deux fois la part du premier, plus deux fois la part du deuxième, plus deux fois la part du troisième, c'est-à-dire, deux fois l'héritage. Donc, l'héritage égale la moitié de 27 280 f. ou 13 640 f. Si donc on retranche de l'héritage

la somme des parts du premier et du deuxième ou 8 450 f. on aura 5 190 f. pour la part du troisième ; de même 13 640 f. — 9 240 f. ou 4 400 f. représentent la part du deuxième, et 13 640 f. — 9 590 f. ou 4 050 f. représentent la part du premier.

---

303) *On demande de partager 40 000 fr. entre 3 personnes, de manière que la première ait le double de la seconde et la seconde le triple de la troisième.*

Si on divise 40 000 f. en parts égales à celle de la troisième personne, la deuxième en aura 3 et la première en aura 6, ce qui fait en tout 1 + 3 + 6 ou 10 parts.

La part de la troisième personne est donc le 10e de 40 000 f. ou. . . . . 4 000 f.

Celle de la deuxième, 3 fois 4 000 f. ou. 12 000 f.

Et celle de la première, 2 fois 12 000 f. ou. 24 000 f.

Il est facile de vérifier que la somme des parts égale précisément la somme à partager 40 000 f.

---

304) *On demande de partager 36 000 fr. entre 10 personnes, de manière que chacune des deux premières ait le quintuple de chacune des huit autres.*

Les deux premières personnes ont, à elles deux, 10 parts égales à celle de chacune des 8 autres. Si donc on partage 36 000 f. en 10 + 8 ou en 18 parties égales, chacune de ces parties ou 2 000 f. représentera la part de l'une des 8 dernières personnes et 5 fois 2 000 f. ou 10 000 f. représenteront la part de chacune des deux premières.

On peut vérifier que 2 fois 10 000 f. ou 20 000 f. + 8 fois 2 000 f. ou 16 000 f. = 36 000 f.

---

305) *On demande de partager 3 150 fr. entre 2 personnes, de manière que la première ait autant de pièces de 5 fr. que la seconde de pièces de 2 fr.*

La première personne aura évidemment autant de pièces de 5 f. et la deuxième autant de pièces de 2 f. que 5 f. + 2 f. ou 7 f. sont contenus de fois dans 3 150 f. ; or, le septième de 3 150 est 450; donc la première personne aura

450 fois 5 f. ou 2 250 f. et la deuxième 450 fois 2 f. ou 900 f.

On peut vérifier que 2 250 f. + 900 f. = 3 150 f.

---

306) *On demande de partager 12 000 fr. entre deux personnes, de manière que la première ait 3 000 fr. de plus que la seconde.*

12 000 f. égalent évidemment deux fois la part de la seconde plus 3 000 f. Donc 12 000 f.—3 000 f. ou 9 000 f. égalent deux fois la part de la seconde. Donc la part de la seconde est la moitié de 9 000 f. ou. . . . . . 4 500 f.
et celle de la première est 4 500 f. + 3 000 f. ou 7 500 f.

On peut vérifier que 4 500 f. + 7 500 f. = 12 000 f.

---

307) *On demande de partager 890 fr. entre 3 personnes, de manière que la première ait 180 fr. de plus que la seconde, et la seconde 115 fr. de plus que la troisième.*

La première personne a 180 f. de plus que la deuxième qui a déjà 115 f. de plus que la troisième, donc elle a 115 f. + 180 f. ou 295 f. de plus que la troisième ; de sorte que 890 f. égalent 3 fois la part de la troisième + 115 f. + 295 f. ou + 410 f. Donc 890 f. — 410 f. ou 480 f. représentent 3 fois la part de la troisième.

La 3e personne a donc le tiers de 480 f. ou 160 f.
La 2e 160 f. + 115 f. ou. . . . . 275 f.
Et la 1re 275 f. + 180 ou. . . . . 455 f.

On peut vérifier que la somme de ces 3 parts égale la somme à partager. . . . . 890 f.

---

308) *On demande de partager 9 600 fr. entre 4 personnes, de manière que la première ait 300 fr. de plus que la deuxième, la deuxième 250 fr. de plus que la troisième, et la troisième 200 fr. de plus que la quatrième.*

La deuxième personne doit avoir de plus que la quatrième 250 f. + 200 f. ou 450 f. et la première 450 f. + 300 f. ou 750 f. Donc 9 600 f. égalent 4 fois la part de la quatrième personne + 200 f. + 450 f. + 750 f. ou +

1 400 f. Donc 9 600 f. — 1 400 f. ou 8 200 f. égalent 4 fois la part de la quatrième personne.

La 4ᵉ personne a donc le quart de 8 200 f. ou 2 050 f.
la 3ᵉ a 2 050 f. + 200 f. ou. . . . . . 2 250 f.
la 2ᵉ, 2 250 f. + 250 f. ou. . . . . . . 2 500 f.
et la 1ʳᵉ, 2 500 f. + 300 f. ou. . . . . . 2 800 f.
On peut vérifier que la somme de ces quatre parts égale. . . . . 9 600 f.

---

309) *On achète une première fois 6 kilogrammes de thé et 5 kilogrammes de café qui coûtent 217 fr., et une seconde fois 3 kilogrammes du même thé et 1 kilogramme du même café, qui coûtent 101 fr. Quel est le prix d'un kilogramme de thé et d'un kilogramme de café ?*

Si 3 k. de thé et 1 k. de café coûtent 101 f.
15 *k. de thé et* 5 *k. de café coûteraient* 505 *f.*
D'un autre côté, 6 *k. de thé et* 5 *k. de café coûtent* 217 *f.*
Donc la différence de ces deux achats coûterait la différence des prix, c.-à-dire 505 f. — 217 f. ou 288 f. Or, on a chaque fois 5 k. de café, donc la différence des deux achats ne se compose que de la différence des kilogrammes de thé, c.-à-d. qu'elle égale 15 k. — 6 k. ou 9 k. de thé. Donc 9 k. de thé coûtent 288 f. et 1 k. coûte le neuvième de 288 f. ou 32 f.

Mais 3 k. de thé et 1 k. de café coûtent 101 f. Donc 1 k. de café coûte 101 f. — 3 fois 32 f. ou 101 f. — 96 f. ou 5 f.

On peut vérifier :
3 fois 32 f. ou 96 f. + 1 fois 5 f. . . = 101 f.
Et 6 fois 32 f. ou 192 f. + 5 fois 5 f. ou 25 f. = 217 f.

---

310) *Une caisse de thé qui pèse 24 kilogrammes a coûté 504 fr. A combien revient le kilogramme de thé, si la caisse vide pèse 6 kilogrammes ?*

Si la caisse vide pèse 6 kilogrammes, elle contient évidemment 24 k. — 6 k. ou 18 k. de thé qui coûtent 504 f. ; donc 1 kilogramme coûte le 18ᵉ de 504 f. ou 28 f.

---

311) *Combien aura-t-on de mètres de drap, à 24 fr. et*

à 18 fr. le mètre, pour 672 fr., si on prend autant de drap de la 1re qualité que de la 2e ?

Un mètre de drap de la 1re qualité, plus un mètre de la 2e coûtent 24 f. + 18 f. ou 42 f. On aura donc, pour 672 f., autant de mètres de drap de chaque qualité que 42 f. sont contenus de fois dans 672 f. Or, 672 contient 16 fois 42, donc on aura 16 mètres de chaque qualité.

On peut vérifier :

16 m. à 24 f. le mètre coûtent 16 fois 24 f. ou 384 f.
Et 16 m. à 18 f. le mètre coûtent 16 fois 18 f. ou 288 f.
384 f. + 288 f. = 672 f.

---

312) *On a payé 850 fr. 3 pièces du même drap, à raison de 17 fr. le mètre. La 1re contient 25 mètres et la 2e en contient 15. Combien la 3e en contient-elle ?*

Chaque mètre coûte 17 f., donc pour 850 f. on a eu autant de mètres que 17 f. sont contenus de fois dans 850 f., c.-à-d. 50 mètres. Or, les deux premières pièces contiennent, à elles deux, 25 m. + 15 m. ou 40 mètres ; donc la 3e en contient 50 — 40 ou 10.

---

313) *Un oncle qui a 3 neveux et 5 nièces laisse le quart de sa fortune à ses neveux et le reste à ses nièces. Quelle est la part de chaque neveu et de chaque nièce, si la fortune de l'oncle vaut 75 000 fr. ?*

Les 3 neveux ont en partage le quart de 75 000 f. ou 18 750 f. ; par conséquent chacun d'eux a le tiers de 18 750 f. ou 6 250 f.

Il reste pour les 5 nièces 75 000 f. — 18 750 f. ou 56 250 f.
Chacune d'elles a donc le 5e de 56 250 f. ou 11 250 f.

---

314) *Une personne qui a 4 520 fr. de revenu annuel veut économiser 1 600 fr. par an. Combien a-t-elle à dépenser par jour ?*

Elle a évidemment à dépenser par an son revenu, moins ce qu'elle veut économiser, c.-à-d. 4 520 f. — 1 600 f. ou 2 920 f. Elle a donc à dépenser par jour la 365e partie de 2 920 f. ou 8 f.

---

315) *Un imbécile qui a hérité de 45 000 fr. dépense chaque année 3 600 fr. de plus que son revenu. Dans combien d'années ne lui restera-t-il plus que 1 800 fr. ?*

Il ne lui restera plus que 1 800 f. quand il aura dépensé 45 000 f. — 1 800 fr. ou 43 200 f. ; or, il dépense 3 600 f. par an, donc il lui restera 1 800 francs, après autant d'années que 3 600 f. sont contenus de fois dans 43 200 f., c.-à-d. après 12 ans.

---

316) *Un père et son fils travaillent ensemble ; pour 3 journées de travail du père et 2 du fils ils reçoivent 18 fr., et pour 12 journées de travail du père et 11 du fils ils reçoivent 81 fr. Combien chacun d'eux gagne-t-il par jour ?*

Si pour 3 journées de travail du père et 2 du fils, ils reçoivent 18 f.,

Pour 12 journées de travail du père et 8 du fils, ils recevraient 72 f.

D'un autre côté, *pour 12 journées de travail du père et 11 du fils, ils reçoivent 81 f.*

Donc, pour la différence de ces deux travaux, ils recevraient la différence des deux payes, c.-à-d. 81 f. — 72 f. ou 9 f. Mais le père travaille 12 jours chaque fois, la différence des deux travaux ne se compose donc que de la différence des journées de travail du fils, c.-à-d. de 11 — 8 ou de 3 journées pour lesquelles il reçoit 9 f. ; donc chaque journée du fils est payée le tiers de 9 f. ou 3 f.

Mais 3 journées de travail du père et 2 du fils sont payées 18 f. ; le père recevra donc, pour 3 journées, 18 f. moins 6 f. qui reviennent au fils pour 2 journées, c.-à-d. 12 f. ; donc il gagne par jour le tiers de 12 f. ou 4 f.

On peut vérifier :

3 fois 4 f. ou 12 f. + 2 fois 3 f. ou 6 f. . = 18 f.

Et 12 fois 4 f. ou 48 f. + 11 fois 3 f. ou 33 f. . = 81 f.

---

317) *Deux courriers se dirigent l'un vers l'autre ; la distance qui les sépare est 480 kilomètres ; l'un fait 12 kilomètres à l'heure et l'autre en fait 8. Après combien d'heures et à quelle distance des deux points de départ aura lieu la rencontre ?*

Les deux courriers se dirigent l'un vers l'autre; le 1er fait 12 k. à l'heure et le 2e en fait 8; donc en une heure ils se rapprochent de 12 k. + 8 k. ou de 20 k. Donc il s'écoulera autant d'heures avant la rencontre que 20 k. sont contenus de fois dans 480 k., distance qui les sépare, c'est-à-dire 24 heures.

Le 1er courrier qui fait 12 kilomètres à l'heure aura parcouru 24 fois 12 ou 288 k., et le 2e qui fait 8 k. aura parcouru 24 fois 8 k. ou 192 k.

Il est facile de vérifier que la somme des chemins parcourus par les deux courriers égale la distance qui les séparait, car 288 k. + 192 k. = 480 k.

318) *Deux courriers se meuvent dans le même sens, la distance qui les sépare est 180 kilomètres ; le premier fait 8 kilomètres à l'heure et l'autre en fait 20. Après combien d'heures et à quelle distance des deux points de départ le second courrier atteindra-t-il le premier ?*

Les deux courriers se meuvent dans le même sens, le 1er courrier fait 8 k. à l'heure et le 2e en fait 20 ; donc le 2e courrier se rapproche du 1er de 20 k. — 8 k. ou de 12 k. par heure. Donc il s'écoulera autant d'heures avant la rencontre que 12 k. sont contenus de fois dans 180 k., distance qui les sépare, c'est-à-dire 15 heures.

Le 1er courrier, qui fait 8 k. à l'heure, aura parcouru 15 fois 8 ou 120 k., et le 2e courrier qui en fait 20 aura parcouru 15 fois 20 ou 300 k.

On peut vérifier que l'espace parcouru par le second courrier égale l'espace parcouru par le 1er, plus la distance qui les séparait, car 300 k. = 120 k. + 180 k.

319) *Deux courriers se dirigent l'un vers l'autre ; la distance qui les sépare est 500 kilomètres ; l'un qui fait 16 kilomètres à l'heure part à midi, et l'autre qui en fait 12 part 5 heures après le premier courrier. A quelle heure et à quelle distance des deux points de départ aura lieu la rencontre ?*

Quand le 2e courrier part, le 1er a déjà marché 5 heures, donc il a fait 5 fois 16 k. ou 80 k., et la distance qui le sépare du 2e n'est plus que 500 k. — 80 k. ou 420 k.

Or, les deux courriers se dirigent l'un vers l'autre, le 1er fait 16 k. par heure et le 2e en fait 12, donc en une heure ils se rapprochent de 12 k. + 16 k. ou de 28 k. Donc il s'écoulera autant d'heures avant la rencontre que 28 k. sont contenus de fois dans 420 k., distance qui les sépare, c.-à-d. 15 heures. Donc la rencontre aura lieu 15 heures après le départ du 2e courrier ou le lendemain matin à 8 heures.

Le 1er courrier qui fait 16 k. à l'heure aura parcouru 15 fois 16 k. ou 240 k., plus 80 k. qu'il a déjà parcourus, c.-à-d. 320 k., et le 2e qui fait 12 k. à l'heure aura parcouru 15 fois 12 k. ou 180 k.

On peut vérifier que la somme des chemins parcourus par les deux courriers égale la distance qui les séparait, car 320 k. + 180 k. = 500 k.

320) *Deux courriers se meuvent dans le même sens; la distance qui les sépare est 100 kilomètres; le premier qui fait 10 kilomètres à l'heure part à 8 heures du matin, et le second qui en fait 15 part le même jour à midi. A quelle heure et à quelle distance des deux points de départ aura lieu la rencontre?*

Quand le 2e courrier part, le 1er a déjà marché 4 heures, donc il a fait 4 fois 10 k. ou 40 k., et il est distant du 2e de 100 k. + 40 k. ou de 140 k., car ils se meuvent dans le même sens.

Or le 2e courrier se rapproche du premier, en une heure, de 15 k. — 10 k. ou de 5 k., donc il s'écoulera autant d'heures avant la rencontre que 5 k. sont contenus de fois dans 140 k., c.-à-d. 28 heures; donc la rencontre aura lieu le lendemain à 4 heures du soir. Le 1er courrier, qui a marché 4 heures + 28 heures ou 32 heures, aura parcouru 32 fois 10 k., ou 320 k.; et le 2e courrier, qui n'a marché que 28 heures, aura parcouru 28 fois 15 k. ou 420 k.

On peut vérifier que l'espace parcouru par le 2e courrier égale l'espace parcouru par le premier, plus la distance qui les séparait, car 420 k. = 320 k. + 100 k.

CHAPITRE II.

NOMBRES DÉCIMAUX.

Exercices sur la numération.

Écrire en chiffres les nombres décimaux:

		Résultats.
321)	*Huit* DIXIÈMES.	0,8
	Dix-sept CENTIÈMES.	0,17
322)	*Quarante-cinq* CENTIÈMES.	0,45
	Neuf MILLIÈMES.	0,009
323)	*Soixante-cinq* MILLIÈMES.	0,065
	Onze DIX-MILLIÈMES.	0,0011
324)	*Quatre-vingt-trois* DIX-MILLIÈMES.	0,0083
	Treize CENT-MILLIÈMES.	0,00013
325)	*Mille vingt-cinq* CENT-MILLIÈMES.	0,01025
	Cinq millionièmes.	0,000005
326)	*Deux* UNITÉS, *quatre-vingt-cinq* CENTIÈMES	2,85
327)	*Quinze* UNITÉS, *trente-quatre* MILLIÈMES	15,034
328)	*Trois* UNITÉS, *sept cent cinquante-trois* MILLIÈMES.	3,753
329)	*Trente-cinq mille huit cent quarante-sept* CENT-MILLIÈMES.	0,35847
330)	*Soixante-treize* UNITÉS, *deux cent cinquante mille quatre cent huit* MILLIONIÈMES.	73,250408
331)	*Sept cent soixante-quatre* DIXIÈMES.	76,4
332)	*Trois cent soixante-six* CENTIÈMES.	3,66
333)	*Huit mille cinquante-quatre* MILLIÈMES.	8,054
334)	*Neuf cent quatre-vingt-treize* DIXIÈMES.	99,3
335)	*Deux cent quarante-sept mille cinq cent huit* DIX-MILLIÈMES.	24,7508

	Résultats.
336) *Onze* UNITÉS, *trois cent vingt-sept* MILLIONIÈMES.	11,000327
337) *Trois cent dix-huit mille quatre cent soixante-et-un* CENT-MILLIÈMES. .	3,18461
338) *Quatre mille neuf cent soixante-trois* DIXIÈMES.	496,3
339) *Cinq cent quatre* UNITÉS, *trois mille deux cent quarante-huit* CENT-MILLIÈMES.	504,03248
340) *Mille huit cent trente* UNITÉS, *soixante-dix mille quatre-vingt-quinze* MILLIONIÈMES..	1830,070095

Lire et écrire en toutes lettres les nombres décimaux :

		Résultats.
341)	0,097	Quatre-vingt-dix-sept MILLIÈMES.
	0,0465	Quatre cent soixante-cinq DIX-MILLIÈMES.
342)	0,044	Quarante-quatre MILLIÈMES.
	0,456789	Quatre cent cinquante-six mille sept cent quatre-vingt-neuf MILLIONIÈMES.
343)	0,38	Trente-huit CENTIÈMES.
	0,756	Sept cent cinquante-six MILLIÈMES.
344)	0,1849	Mille huit cent quarante-neuf DIX-MILLIÈMES.
	0,0123	Cent vingt-trois DIX-MILLIÈMES.
345)	8,075	Huit UNITÉS, soixante-quinze MILLIÈMES.
	12,305	Douze UNITÉS, trois cent cinq MILLIÈMES.
346)	10,1515	DIX UNITÉS, quinze cent quinze DIX-MILLIÈMES.
	7,890246	Sept UNITÉS, huit cent quatre-vingt-dix mille deux cent quarante-six MILLIONIÈMES.
347)	9,5	Neuf UNITÉS, cinq DIXIÈMES.
	6,4963	Six UNITÉS, quatre mille neuf cent soixante-trois DIX-MILLIÈMES.
348)	1,020304	Une UNITÉ, vingt mille trois cent quatre MILLIONIÈMES.
	13,0012	Treize UNTIÉS, douze DIX-MILLIÈMES.
349)	0,024	Vingt-quatre MILLIÈMES.

Résultats.

	0,13579	Treize mille cinq cent soixante-dix-neuf CENT-MILLIÈMES.
350)	0,02	Deux CENTIÈMES.
	0,00036	Trente-six CENT-MILLIÈMES.
351)	0,8642	Huit mille six cent quarante-deux DIX-MILLIÈMES.
	0,02468	Deux mille quatre cent soixante-huit CENT-MILLIÈMES.
352)	0,0004	Quatre DIX-MILLIÈMES.
	0,001789	Mille sept cent quatre-vingt-neuf MILLIONIÈMES.
353)	3,512	Trois UNITÉS, cinq cent douze MILLIÈMES.
	64,729	Soixante-quatre UNITÉS, sept cent vingt-neuf MILLIÈMES.
354)	25,0001	Vingt-cinq UNITÉS, un DIX-MILLIÈME.
	7,034	Sept UNITÉS, trente-quatre MILLIÈMES.
355)	17,3435	Dix-sept UNITÉS, trois mille quatre cent trente-cinq DIX-MILLIÈMES.
	5,0056	Cinq UNITÉS, cinquante-six DIX-MILLIÈMES.
356)	1,00025	Une UNITÉ, vingt-cinq CENT-MILLIÈMES.
	30,40506	Trente UNITÉS, quarante mille cinq cent six CENT-MILLIÈMES.

357) *Rendre* 10, 100, 1000 *fois plus grands les nombres :* 0,216; 0,0096; 0,97531; 0,8642.

Ces nombres rendus 10, 100, 1000 fois plus grands, sont :

2,16	0,096	9,7531	8,642
21,6	0,96	97,531	86,42
216	9,6	975,31	864,2.

358) *Rendre* 10, 100, 1000 *fois plus grands les nombres :* 15,0016; 8,012; 20,406; 56,789.

Ces nombres rendus 10, 100, 1000 fois plus grands, sont :

150,016	80,12	204,06	567,89
1500,16	801,2	2040,6	5678,9
15001,6	8012	20406	56789

359) ***Rendre*** **10, 100, 1000** ***fois plus petits les nombres :*** **0,4; 0,978; 35,4565; 456,018.**

Ces nombres rendus 10, 100, 1000 fois plus petits, sont :

0,04	0,0978	3,54565	45,6018
0,004	0,00978	0,354565	4,56018
et 0,0004	0,000978	0,0354565	0,456018

360) ***Rendre*** **10, 100, 1000** ***fois plus petits les nombres :*** **365; 1789; 1848; 4.**

Ces nombres rendus 10, 100, 1000 fois plus petits, sont :

36,5	178,9	184,8	0,4
3,65	17,89	18,48	0,04
et 0,365	1,789	1,848	0,004

Exercices sur l'addition.

Faire les additions suivantes :

361)	362)	363)	364)
0,4096	0,567	0,29	0,3549
0,89	0,986	0,756	0,178
0,368	0,4965	0,8	0,4567
1,6676	2,0495	1,846	0,9896

365)	366)	367)	368)
7,384	5,372	13,73	9,45
25,69	1,4568	8,489	6,753
36,87	63,64	384,782	18,49
8,653	2,456	19,6	9,8
78,597	72,9248	426,601	44,493

369)	370)	371)	372)
6,54	49,64	0,452	3,5791
0,257	4,657	0,3579	24,68
15,84	28,93	72,48	0,257
9,36	0,7358	8,59	0,519
0,4689	7,18	1,6248	16,48
32,4659	91,1428	83,5047	45,515

373)	374)	375)
0,35	17,4	56,75
0,435	7,36	0,489
0,97	16,368	27,38
0,854	2,49	7,654
0,8	5,92	6,75368
0,45189	1,3579	
3,86089	50,8959	93,02668

Problèmes sur l'addition.

376) *Un marchand a acheté* 24^{m},75 *de toile pour* 56^{f},35, *puis* 36^{m},56 *pour* 85^{f},90, *puis* 18^{m},25 *pour* 49^{f},20. *Il vend toute cette toile avec un bénéfice de* 45^{f},70. *Combien a-t-il acheté de mètres de toile, combien les a-t-il payés, et combien les a-t-il vendus ?*

Le marchand a évidemment acheté 24^{m},75 + 36^{m},56 + 18^{m},25 ou 79^{m},56 de toile. Il les a payés 56^{f},35 + 85^{f},90 + 49^{f},20 ou 191^{f},45 ; et il les a évidemment vendus ce qu'ils lui coûtent plus ce qu'il gagne, c'est-à-dire, 191^{f},45 + 45^{f},70 ou 237^{f},15.

Opérations.	24,75	56,35	
	36,56	85,90	191,45
	18,25	49,20	45,70
Sommes.	79,56	191,45	237,15

377) *Une maison de commerce a reçu le lundi* 5483^{f},75 ; *le mardi* 3873^{f},60 ; *le mercredi* 3654^{f},85 ; *le jeudi* 3597^{f},15 ; *le vendredi* 948^{f},75 ; *le samedi* 4658^{f},95, *et le dimanche matin* 742^{f},50. *Quelle est la recette de toute la semaine ?*

La recette de la semaine égale évidemment la somme des recettes de chaque jour, c'est-à-dire, 5483^{f},75 + 3873^{f},60 + etc.. . . . . ou $22\,959^{f}$,05.

378) *Un ouvrier qui a travaillé* 5 *mois a économisé le premier mois* 8^{f},75 ; *le second mois* 9^{f},85 ; *le troisième*

14^{f},70 ; *le quatrième* 16^{f},45, *et le cinquième* 19^{f},50. *Combien a-t-il économisé en tout ?*

Il a évidemment économisé en tout 8^{f},75 + 9^{f},85 + etc. . . . . ou 69^{f},55.

379) *On emploie dans une fabrique d'abord* 10 *ouvriers qui font chacun* 2^{m},185 *d'étoffe ; on emploie ensuite, pendant* 10 *jours,* 2 *ouvriers qui font chacun* 1^{m},64 *d'étoffe par jour ; puis on emploie, pendant* 10 *jours,* 10 *ouvriers qui font chacun* 1^{m},365 *d'étoffe par jour. Combien tous ces ouvriers ont-ils fabriqué de mètres d'étoffe ?*

Les 10 ouvriers qui font chacun 2^{m},185 d'étoffe, font ensemble 10 fois 2^{m},185 ou 21^{m},85. Les 2 ouvriers qui font chacun 1^{m},64 par jour, font ensemble par jour 1^{m},64 + 1^{m},64 ou 3^{m},28 ; donc ils font en 10 jours, 10 fois 3^{m},28 ou 32^{m},80 ; et les 10 ouvriers qui font chacun par jour 1^{m},365, font ensemble 10 fois 1^{m},365 ou 13^{m},65 par jour, et pendant 10 jours 10 fois 13^{m},65 ou 136^{m},50. Ces ouvriers font donc en tout 21^{m},85 + 43^{m},70 + 136^{m},50 ou 191^{m},15.

380) *Un propriétaire fait faire un puits à un maçon. Il lui donne* 6^{f},50 *pour le premier mètre,* 8^{f},75 *pour le second,* 11^{f} *pour le troisième, et ainsi de suite en augmentant de* 2^{f},25 *à chaque mètre. Combien le maçon reçoit-il, si le puits a* 12 *mètres de profondeur ?*

Pour le 1er mètre, le maçon reçoit.		6^{f},50
Pour le 2e.	6^{f},50 + 2^{f},25 ou	8^{f},75
Pour le 3e.	8^{f},75 + 2^{f},25 ou	11^{f},00
Pour le 4e.	11^{f} + 2^{f},25 ou	13^{f},25
Pour le 5e.	13^{f},25 + 2^{f},25 ou	15^{f},50
Pour le 6e.	15^{f},50 + 2^{f},25 ou	17^{f},75
Pour le 7e.	17^{f},75 + 2^{f},25 ou	20^{f},00
Pour le 8^{e}.	20^{f} + 2^{f},25 ou	22^{f},25
Pour le 9^{e}.	22^{f},25 + 2^{f},25 ou	24^{f},50
Pour le 10^{e}.	24^{f},50 + 2^{f},25 ou	26^{f},75
Pour le 11^{e}.	26^{f},75 + 2^{f},25 ou	29^{f},00
Et pour le 12^{e}.	29^{f} + 2^{f},25 ou	31^{f},25

Il reçoit donc en tout 6^{f},50 + 8^{f},75 + etc. ou 226^{f},50.

Exercices sur la soustraction.

Faire les soustractions suivantes :

381)	0,81	382)	0,456	383)	0,72
	0,369		0,28		0,1849
	0,441		0,176		0,5351
384)	0,753	385)	4,352	386)	30,001
	0,01789		1,89		9,45
	0,73511		2,462		20,551
387)	16,0246	388)	10,35	389)	1634,534
	7,89		6,7891		718,012345
	8,1346		3,5609		916,521655
390)	267,00375	391)	0,379	392)	8,642
	0,987654		0,1453		2,57
	266,016096		0,2337		6,072
393)	0,25	394)	315,36	395)	0,135
	0,02468		6,0809		0,001818
	0,22532		309,2791		0,133182
396)	64,05	397)	0,9753	398)	4,6802
	19,1689		0,5678		1,3957
	44,8811		0,4075		3,2845
399)	0,512			400)	10,343
	0,1389				2,356809
	0,3531				7,986191

Problèmes sur la soustraction.

401) *Deux ouvriers ont travaillé pendant 10 jours ; le premier a reçu $4^f,60$ par jour, et le second $2^f,95$. Combien le premier a-t-il reçu de plus que le second ?*

Le 1er ouvrier a reçu par jour $4^f,60 - 2^f,95$ ou $1^f,65$ de plus que le 2e, donc, en 10 jours, il a reçu 10 fois $1^f,65$ ou $16^f,50$.

402) *En vendant une marchandise $1024^f,50$ on gagne $365^f,75$. Combien a-t-elle coûté ?*

Elle a coûté ce qu'on la vend, moins ce qu'on gagne, c'est-à-dire, $1024^f,50 - 365^f,75$ ou $658^f,75$.

Opération.	1024,50
	365,75
Reste.	658,75

403) *Un flacon plein d'eau pèse $456^g,72$: ce flacon vide pèse $168^g,435$. Quel est le poids de l'eau qu'il contient ?*

Le poids de l'eau égale évidemment le poids du flacon plein, moins le poids du flacon vide, c'est-à-dire, $456^g,72 - 168^g,435$ ou $288^g,285$.

404) *Un homme a $1^m,68$ de hauteur ; un autre a $0^m,096$ de moins. Quelle est sa taille ?*

La taille du second égale évidemment $1^m,68 - 0^m,096$ ou $1^m,584$.

405) *Un tailleur a besoin de $12^m,50$ de drap ; il en a déjà $4^m,65$. Combien doit-il en acheter ?*

Il doit évidemment acheter autant de mètres qu'il lui en faut moins ce qu'il en a déjà, c'est-à-dire, $12^m,50 - 4^m,65$ ou $7^m,85$.

406) *Une personne qui devait* 2465f,60 *doit encore* 948f,75. *Combien a-t-elle payé ?*
Elle a payé ce qu'elle devait, moins ce qu'elle doit encore, c'est-à-dire, 2465f,60 — 948f,75 ou 1516f,85.

---

407) *Une personne dépense dans un magasin* 218f,40, *et donne en payement* 3 *billets de* 100 *f. Combien doit-on lui rendre ?*
On doit lui rendre ce qu'elle donne, moins ce qu'elle doit, c'est-à-dire, 300f — 218f,40 ou 81f,60.

---

408) *On a acheté une pièce de drap* 348f,30, *et on l'a vendue* 412f. *Qu'a-t-on gagné ?*
On a gagné ce qu'on l'a vendue, moins ce qu'on l'a achetée, c'est-à-dire, 412f — 348f,30 ou 63f,70.

---

409) *On a emprunté à la même personne une première fois* 34f,20 *et une seconde fois* 19f,45 ; *on lui a rendu une première fois* 17f,50, *et une seconde fois* 9f,30. *Combien lui doit-on encore ?*
On a emprunté en tout 34f,20 + 19f,45 ou 53f,65 ; et on a rendu en tout 17f,50 + 9f,30 ou 26f,80. On doit évidemment encore ce qu'on devait d'abord, moins ce qu'on a rendu, c'est-à-dire, 53f,65 — 26f,80 ou 26f,85.

---

410) *Une personne, interrogée sur son revenu, répond : si j'avais* 180f,50 *de plus, j'aurais* 720f. *Quel est son revenu ?*
Cette personne a évidemment 720f — 180f,50 ou 539f,50 de revenu.

Exercices sur la multiplication.

Faire les multiplications suivantes :

411)	412)	413)	414)
0,729	0,5719	0,3579	0,796
45	78	67	84
3 645	4 5752	2 5053	3 184
29 16	40 033	21 474	63 68
32,805	44,6082	23,9793	66,864

415)	416)
76,864	358,075
687	987
538 048	2506 525
6149 12	28646 00
46118 4	322267 5
52805,568	353420,025

417)	418)
741,0872	78,5648
1859	6795
6669 7848	392 8240
37054 360	7070 832
592869 76	54995 36
741087 2	471388 8
1377681,1048	533847,8160

419)	420)
0,54	0,456
0,6	0,08
0,324	0,03648

421)	422)
0,376	0,5978
0,47	0,76
2632	3 5868
1504	41 846
0,17672	0,454328

423)
0,659
0,95
3295
5931
0,62605

424)
0,9765
0,807
68355
78120
0,7880355

425)
0,0067
0,008
0,0000536

426)
0,00049
0,0006
0,000000294

427)
47,6
3,75
2 380
33 32
142 8
178,500

428)
69,387
8,97
4 85709
62 4483
555 096
622,40139

429)
75,456
17,38
6 03648
22 6368
528 192
754 56
1311,42528

430)
78,756
9,785
393780
6 30048
55 1292
708 804
770,627460

431)
377,98
29,753
1 13394
18 8990
264 586
3401 82
7559 6
11246,03894

432)
687,39
64,597
4 81173
61 8651
343 695
2749 56
41243 4
44403,33183

433)

688
0,54
27 52
334 0
371,52

434)

65,048
0,85
3.25240
52 0384
55,29080

435)

8,394
736
50 364
251 82
5875 8
6177,984

436)

36,47
0,785
18235
2 9176
25 529
28,62895

437)

5947
6,758
47 567
297 35
4162 9
35682
40189,817

438)

0,6547
8,789
58923
52376
45829
5 2376
5,7541583

439)

57,389
8493
172 167
5165 01
22955 6
459112
487404,777

440)

48,793
0,3857
341551
243965
3 90344
14 6379
18,8194601

Problèmes sur la multiplication.

441) *Un ouvrier fait chaque jour* 3^{m},50 *d'étoffe, et reçoit* 0^{f},85 *par mètre. Combien fait-il de mètres, et que gagne-t-il en 20 jours ?*

Cet ouvrier fait en un jour $3^m,50$ d'étoffe, donc en 20 jours, il en fait 20 fois $3^m,50$ ou 70 mètres; mais il reçoit $0^f,85$ par mètre, donc pour 70 mètres, il reçoit 70 fois $0^f,85$ ou $59^f,50$.

---

442) *Un ouvrier a travaillé 25 jours en un mois, un autre ouvrier n'a travaillé que 16 jours ; le prix de la journée est $3^f,75$. Combien le premier ouvrier a-t-il gagné de plus que le second ?*

Le 1er ouvrier a travaillé 25 jours moins 16 jours, ou 9 jours de plus que le 2e ; or, il gagne $3^f,75$ par jonr ; donc il a gagné 9 fois $3^f,75$ ou $33^f,75$ de plus que le 2e.

---

443) *Que coûtent $8^m,60$ de soie à $7^f,80$ le mètre ?*

Un mètre de soie coûte $7^f,80$; donc $8^m,60$ coûtent $7^f,80 \times 8,60$ ou $67^f,08$.

---

444) *On achète 3 pièces de drap contenant chacune $25^m,32$, à raison de $19^f,50$ le mètre. On les vend $1914^f,20$. Combien gagne-t-on ?*

Un mètre coûte $19^f,50$, une pièce de drap qui contient $25^m,32$ coûte donc $19^m,50 \times 25,32$ ou $493^f,74$ et 3 pièces coûtent 3 fois $493^f,74$ ou $1481^f,22$. On les vend $1914^f,20$, on gagne évidemment ce qu'on les vend moins ce qu'elles ont coûté, c'est-à-dire, $1914^f,20 - 1481^f,22$ ou $432^f,98$.

---

445) *Une personne, interrogée sur son revenu annuel, répond que si elle avait $438^f,60$ de plus, elle aurait $348^f,20$ à dépenser par mois. Quel est son revenu ?*

Si elle avait $438^f,60$ de plus, elle aurait $348^f,20$ à dépenser par mois; donc elle aurait 12 fois $348^f,20$ ou $4178^f,40$ à dépenser par an ; donc son revenu égale $4178^f,40$ moins $348^f,20$ ou $3739^f,80$.

---

446) *Un marchand de vin achète 40 feuillettes de vin à raison de 280 f. la feuillette. Chaque feuillette contient 160 litres de vin qu'il vend $2^f,50$ le litre. Combien gagne-t-il ?*

Le marchand gagne évidemment sur chaque feuillette, ce qu'il la vend, moins ce qu'elle lui coûte. Or, il vend le litre $2^f,50$, donc il vend la feuillette qui contient 160 litres, 160 fois $2^f,50$ ou 400 f. ; mais elle lui coûte 280 f., il gagne donc sur chaque feuillette 400 f. — 280 f. ou 120 f. et sur 40 feuillettes, il gagne 40 fois 120 f. ou 4800 f.

---

447) *Une personne a acheté $8^m,60$ de drap à $24^f,80$ le mètre, et $17^m,40$ de toile à $1^f,95$ le mètre. Elle a donné en payement un billet de 500^f. Combien doit-on lui rendre ?*

$8^m,60$ de drap à $24^f,80$ le mètre, valent
$24^f80 \times 8,60$ ou. . . . . $213^f,28$
Et $17^m,40$ de toile à $1^f,95$ le mètre valent
$1^f,95 \times 17,40$ ou. . . . . $33^f,93$
Cette personne doit donc $213^f,28 + 33^f,93$ ou $247^f,21$

On doit évidemment lui rendre ce qu'elle donne, moins ce qu'elle doit, c'est-à-dire, $500^f - 247^f,21$ ou $252^f,79$.

---

448) *Un litre d'air sec et froid pèse $1^g,3$; que pèsent 150 litres d'air ?*

150 litres pèsent 150 fois $1^g,3$ ou 195^g.

---

449) *Un franc pèse 5 grammes. Que pèsent $124^f,50$?*

$124^f,50$ pèsent $5^g \times 124,50$ ou $622^g,50$.

---

450) *On a vendu $15^m,80$ de drap à $18^f,75$ le mètre, $36^m,40$ de toile à $2^f,40$ le mètre, et $7^m,65$ de velours à $14^f,60$ le mètre ; on a gagné $76^f,80$ sur le tout. Combien le tout avait-il coûté ?*

Le tout avait évidemment coûté ce qu'on l'a vendu, moins ce qu'on a gagné.

Or, $15^{m},80$ de drap à $18^{f},75$ le mètre, valent $18^{f},75 \times 15,80$ ou. . . . . . . $296^{f},25$

$36^{m},40$ de toile à $2^{f},40$ le mètre, valent $2^{f},40 \times 36,40$ ou. . . . . $87^{f},36$

Et $7^{m},65$ de velours à $14^{f},60$ le mètre, valent $14^{f},60 \times 7,65$ ou. . . . . . $111^{f},69$

On a donc vendu le tout $296^{f},25 + 87^{f},36 + 111^{f},69$ ou. . . . . . $495^{f},30$

Mais on a gagné $76^{f},80$, le tout avait donc coûté $495^{f},30$, moins $76^{f},80$ ou $418^{f},50$.

Exercices sur la division.

451)

654,32	84
66 3	7,78
7 52	
80	

452)

945,376	36
225	26,260
9 3	
2 17	
16	

453)

976,75	7
416	1394
24 7	
2 35	
11	

454)

897,08	59
307	15,20
12 0	
28	

455)

3584,8	48
224	74,6
32 8	
4 0	

456)

4546,049	63
136	72,159
10 0	
3 74	
599	
32	

457) 36549,57 | 256
1094 | 142,77
709
197 5
18 37
45

458) 51428,75 | 367
1472 | 140,13
48 7
12 05
1 04

459) 729,6 | 0,8
09 | 912
1 6
0

460) 815,3 | 1,8
95 | 452
5 3
1 7

461) 3648,50 | 0,72
48 5 | 5067
5 30
26

462) 2547,36 | 7,9
177 | 322,4
19 3
3 56
40

463) 51427,86 | 3,8
134 | 13533,6
202
127
13 8
2 46
18

464) 36245,8 | 2,7
92 | 13424
114
65
11 8
1 0

465) 712584,90 | 4,39
2735 | 162320
1018
1404
87 9
10

466) 500400,030 | 0,345
1554 | 1450435
1740
150 0
12 03
1 880
135

467) 517,0 | 0,7
27 | 738
6 0
4

468) 375,0 | 1,3
115 | 288
11 0
6

469) 3452,00 | 0,39
332 | 8851
20 0
50
11

470) 6247,0 | 3,7
254 | 1688
327
31 0
1 4

471) 18500,000 | 0,156
290 | 118589
1340
920
140 0
15 20
1 16

472) 78154,00 | 7,65
1654 | 10216
124 0
47 50
1 60

473) 341750,000 | 0,387
3215 | 883074
1190
29 00
1 910
362

474) 347517,0 | 25,8
895 | 13469
1211
1797
249 0
16 8

475) 3647,50 | 0,29
74 | 12577
167
22 5
2 20
17

476) 56748,20 | 0,67
314 | 84698
468
66 2
5 90
54

477) 6704,08 | 3,8
290 | 1764,2
244
160
88
12

478) 37541,87 | 2,5
125 | 15016,7
041
16 8
1 87
12

479)
```
35248,700 | 0,459
 3118     |------
  364 7   | 76794
   43 40
    2 090
      254
```

480)
```
74452,600 | 0,384
 3605     |-------
  1492    | 193886
   340 6
    33 40
     2 680
       376
```

Problèmes sur la division.

481) *Un ouvrier reçoit* 59^{f},50 *pour* 14 *journées de travail. Combien gagne-t-il par jour ?*

Cet ouvrier gagne évidemment par jour le 14e de 59^{f},50 ou 4^{f},25.

Opération.
```
59,50 | 14
 3 5  |-----
  70  | 4,25
   0
```

482) *On a payé* 150 *f. pour* 6^{m},25 *de drap. Que coûtent* 10 *mètres du même drap ?*

6^{m},25 de drap coûtent 150 f., donc un mètre coûte 150 f. divisés par 6,25 ou 24 f., et 10 mètres coûtent 10 fois 24 f. ou 240 f.

483) *Un ouvrier qui travaille* 25 *jours par mois dépense* 112^{f},50 *par mois ; il économise* 375 *f. par an. Combien gagne-t-il par jour ?*

Cet ouvrier économise par mois le 12e de 375 f. ou 31^{f},25. Or, il gagne évidemment, pendant les 25 jours qu'il travaille, ce qu'il dépense, plus ce qu'il économise, c'est-à-dire, 112^{f},50 + 31^{f},25 ou 143^{f},75 ; donc il gagne par jour le 25e de 143^{f},75 ou 5^{f},75.

484) *Un marchand achète 12 vases à 4f,50 le vase; il en casse 2. Combien doit-il vendre chacun des 10 autres vases pour gagner 18 f. sur le tout ?*

Chaque vase coûte au marchand 4f,50, donc les 12 vases lui coûtent 12 fois 4f,50 ou 54 f. ; or, pour gagner 18 f., il faut évidemment qu'il vende 54 f. + 18 f. ou 72 f. les 10 vases qui lui restent; donc il doit vendre chaque vase le 10e de 72 f. ou 7f,20.

---

485) *On a payé 80 f. pour la reliure d'un ouvrage, à raison de 1f,60 par volume. De combien de volumes se compose l'ouvrage ?*

L'ouvrage se compose d'autant de volumes que 80 f. contiennent de fois 1f,60, c'est-à-dire, de 50 volumes.

---

486) 10 *pièces de drap contenant 24m,50 chacune ont coûté 4581f,50. Quel est le prix d'un mètre ?*

Une pièce de drap contient 24m,50 ; donc 10 pièces contiennent 10 fois 24m,50 ou 245 mètres ; donc 245 mètres de drap coûtent 4581f,50 et un mètre coûte le 245e de 4581f,50 ou 18f,70.

---

487) *On a payé à des ouvriers 3110f,40 pour 24 journées de travail à 3f,60 par journée d'ouvrier. Combien y avait-il d'ouvriers ?*

On a payé à ces ouvriers 3110f,40 pour 24 journées de travail; donc pour une seule journée, on leur a payé le 24e de 3110f,40 ou 129f,60. Or, chaque ouvrier reçoit 3f,60 par journée, il y avait donc autant d'ouvriers que 3f,60 sont contenus de fois dans 129f,60, c'est-à-dire, 36 ouvriers.

---

488) *Un entrepreneur qui occupe 36 ouvriers leur paye 4147f,20 pour 24 journées de travail. Combien chaque ouvrier gagne-t-il par jour ?*

L'entrepreneur paye à ses 36 ouvriers 4147f,20 pour 24 journées de travail; donc pour une seule journée, il leur paye le 24e de 4147f,20 ou 172f,80; et par conséquent, chaque ouvrier gagne par jour le 36e de 172f,80 ou 4f,80.

489) *Un ouvrier qui fait 3m,50 d'étoffe par jour a gagné en 20 jours 59f,50. Combien gagne-t-il par mètre?*

L'ouvrier fait 3m,50 d'étoffe en un jour; donc en 20 jours il fait 20 fois 3m,50 ou 70m, pour lesquels il reçoit 59f,50. Donc pour un mètre, il reçoit la 70e partie de 59f,50 ou 0f,85.

490) *On échange 38m,40 de toile à 4f,50 le mètre contre 7m,68 de drap. Que coûte un mètre de ce drap?*

Un mètre de toile coûte 4f,50, donc les 38m,40 coûtent 4f,50 × 38,40 ou 172f,80. Donc les 7m,68 de drap coûtent aussi 172f,80, et par conséquent, un mètre de drap coûte 172f,80 divisés par 7,68 ou 22f,50.

491) *Un franc pèse 5 grammes. Quelle est la somme d'argent qui pèse 622g,50?*

Cette somme d'argent vaut évidemment autant de francs que 5g sont contenus de fois dans 622g,50, c'est-à-dire, 124f,50.

492) *On achète 3 pièces de drap à raison de 19f,50 le mètre, et l'on gagne 432f,98 en les vendant 1914f,20. Combien chaque pièce de drap contient-elle de mètres?*

On gagne 432f,98 en vendant les 3 pièces de drap 1914f,20; donc elles ont coûté 1914f,20 — 432f,98 ou 1481f,22; et par conséquent, chacune d'elles a coûté le tiers de 1481f,22 ou 493f,74. Or, chaque mètre de drap coûte 19f,50; donc chaque pièce contient autant de mètres que 19f,50 sont contenus de fois dans 493f,74, c'est-à-dire, 25m,32.

493) *Combien aurait-on de mètres de soie à 7m,80 le mètre pour 67f,08?*

On aurait évidemment autant de mètres que 7f,80 sont contenus de fois dans 67f,08, c'est-à-dire, 8m,60.

494) *Trois personnes ont fait un gain au jeu.*
La somme des gains de la 1re et de la 2e est 64f,50.
La somme des gains de la 1re et de la 3e est 72f,25.
Et la somme des gains de la 2e et de la 3e est 89f,75.
Combien chaque joueur a-t-il gagné?

64f,50 + 72f,25 + 89f,75 ou 226f,50 représentent 2 fois le gain de la 1re personne, plus 2 fois le gain de la 2e, plus 2 fois le gain de la 3e ou 2 fois la somme des gains des 3 personnes; donc la moitié de 226f,50 ou 113f,25 représente la somme des gains des 3 joueurs; donc 113f,25 moins 64f,50 ou 48f,75 représentent la somme des gains des 3 joueurs, moins la somme des gains des deux premiers, c'est-à-dire, le gain du 3e.

De même 113f,25 — 72f,25 ou 41 f. représentent le gain du 2e et 113f,25 — 89f,75 ou 23f,50 représentent le gain du 1er.

On peut vérifier : 1° 23f,50 + 41f = 64f,50.
2° 23f,50 + 48f,75 = 72f,25.
Et 3° 41f + 48f,75 = 89f,75.

495) *Un marchand de vin achète 5 feuillettes de vin à raison de 280 f. la feuillette. Il gagne 600 f. en vendant ce vin 2f,50 le litre. Combien chaque feuillette contient-elle de litres?*

Le marchand gagne 600 f. sur les 5 feuillettes de vin, donc sur une feuillette, il gagne le 5e de 600 f. ou 120 f. Or, chaque feuillette lui coûte 280 f.; donc pour gagner 120 f., il doit la vendre 280 f. + 120 f. ou 400 f.; mais il vend chaque litre de vin 2f,50; donc chaque feuillette contient autant de litres que 2f,50 sont contenus de fois dans 400 f., c'est-à-dire, 160 litres.

496) *On veut échanger 7^m,68 de drap à 22^f,50 le mètre contre de la toile à 4^f,50 le mètre. Combien aura-t-on de mètres de toile ?*

Un mètre de drap coûte 22^f,50, donc 7^m,68 de drap coûtent 22^f,50 $\times$ 7,68 ou 172^f,80. Or, un mètre de toile coûte 4^f,50; donc pour 172^f,80, on aura autant de mètres de toile que 4^f,50 sont contenus de fois dans 172^f,80 ou 38^m,40.

497) *Deux ouvriers travaillent ensemble chez le même entrepreneur ; pour 3 journées de travail du premier et 4 du second ils reçoivent 22^f,50, et pour 9 journées de travail du premier et 8 du second ils reçoivent 58^f,50. Combien chacun d'eux gagne-t-il ?*

Pour 3 journées du 1er et 4 du 2e, ils reçoivent 22^f,50.

Donc pour 6 journées de travail du 1er et 8 du 2e, ils recevraient 45 f.

D'un autre côté, pour 9 journées de travail du 1er et 8 du 2e, ils reçoivent 58^f,50.

Donc pour la différence de ces journées de travail, ils recevraient la différence des deux payes, c'est-à-dire, 58^f,50 — 45 f. ou 13^f,50. Mais le 2e ouvrier travaille chaque fois le même nombre de jours; donc le 1er ouvrier pour 9 journées moins 6 journées ou 3 journées de travail reçoit 13^f,50 ; donc il gagne par jour le tiers de 13^f,50 ou 4^f,50.

Mais pour 3 journées de travail du 1er et 4 du 2e ils reçoivent 22^f,50 ; donc le 2e reçoit pour 4 journées 22^f,50 moins 13^f,50 que le 1er reçoit pour 3 journées, c'est-à-dire, 9 f. ; donc il gagne par jour le quart de 9 f. ou 2^f,25.

On peut vérifier :

3 fois 4^f,50 ou 13^f,50 + 4 fois 2^f,25 ou 9 f. = 22^f,50, et 9 fois 4^f,50 ou 40^f,50 + 8 fois 2^f,25 ou 18 f. = 58^f,50.

498) *On demande de partager 1600 f. entre 3 personnes, de manière que la 1re ait 12^f,50 de plus que la 2e, et la 2e 25 f. de plus que la 3e.*

La 2e personne doit avoir 25 f. et la 1re 25 f. + 12^f,50 ou 37^f,50 de plus que la 3e; donc 1600 f. = 3 fois la part de la 3e + 25 f. + 37^f,50 ou + 62,50 ; donc 1600 f.

— 62f,50 ou 1537f,50 égalent 3 fois la part de la 3e personne; cette part égale donc le tiers de 1537f,50 ou 512f,50.

La part de la 2e vaut donc 512f,50 + 25 f. ou 537f,50.

Et la part de la 1re vaut 537f,50 + 12f,50 ou 550 f.

On peut vérifier que la somme des 3 parts = 1600 f.

499) *Un ouvrier qui reçoit* 0f,85 *par mètre d'étoffe a gagné en* 20 *jours* 71f,40. *Combien fait-il de mètres d'étoffe par jour ?*

Cet ouvrier a gagné en 20 jours 71f,40 ; donc en un jour il gagne le 20e de 71f,40 ou 3f,57. Or, il reçoit 0f,85 par jour; donc il fait en un jour autant de mètres que 0f,85 sont contenus de fois dans 3f,57, c'est-à-dire, 4m,20.

500) *Quatre frères ont fait un héritage :*

La somme des parts du 1er, *du* 2e *et du* 3e *est* 864f,75.

La somme des parts du 1er, *du* 2e *et du* 4e *est* 896f,50.

La somme des parts du 1er, *du* 3e *et du* 4e *est* 935f,25.

Et la somme des parts du 2e, *du* 3e *et du* 4e *est* 974f,75.

Quelle est la valeur de l'héritage, et quelle la part de chaque héritier ?

864f,75 + 896f,50 + 935f,25 + 974f,75 ou 3671f,25 représentent évidemment la somme de 3 fois chacune des parts, c'est-à-dire, 3 fois la valeur de l'héritage ; l'héritage vaut donc le tiers de 3671f,25 ou 1223f,75.

On aura la 1re part en retranchant de l'héritage la somme des trois dernières parts.

Donc la 1re part = 1223f,75 — 974f,75 ou 249 f.
De même la 2e = 1223f,75 — 935f,25 ou 288f,50
la 3e = 1223f,75 — 896f,50 ou 327f,25
et la 4e = 1223f,75 — 864f,75 ou 359 f.

On peut vérifier :
1° 249 f. + 288f,50 + 327f,25 = 864f,75.
2° 249 f. + 288f,50 + 359 f. = 896f,50, etc.

CHAPITRE III.

DES DIVISEURS DES NOMBRES.

Exercices sur les caractères de divisibilité.

Trouver le reste de la division :

					Résultats.
501)	*de*	35	*par*	2..	1
502)	*de*	56	*par*	3..	2
503)	*de*	752	*par*	4..	0
504)	*de*	948	*par*	5..	3
505)	*de*	847	*par*	5..	2
506)	*de*	2538	*par*	9..	0
507)	*de*	1852	*par*	9..	7
508)	*de*	7431	*par*	4..	3
509)	*de*	5647	*par*	25..	22
510)	*de*	9678	*par*	25..	3
511)	*de*	435	*par*	3..	0
512)	*de*	512	*par*	5..	2
513)	*de*	1648	*par*	5..	3
514)	*de*	8192	*par*	9..	2
515)	*de*	3715	*par*	4..	3
516)	*de*	45 764	*par*	3..	2
517)	*de*	17 937	*par*	9..	0
518)	*de*	73 450	*par*	25..	0
519)	*de*	32 768	*par*	25..	18
520)	*de*	96 536	*par*	100..	36

Exercices et problèmes sur le plus grand commun diviseur.

521) *Trouver le p. g. c. d. de 684 et de 198.*

	3	2	5
684	198	90	18
90	18	0	

Le p. g. c. d. de 684 et de 198 est 18.

522) *Trouver le p. g. c. d. de 495 et de 180.*

	2	1	3
495	180	135	45
135	45	0	

Le p. g. c. d. de 495 et de 180 est 45.

523) *Trouver le p. g. c. d. de 735 et de 240.*

	3	16
735	240	15
15	90	
	0	

Le p. g. c. d. de 735 et de 240 est 15.

524) *Trouver le p. g. c. d. de 964 et de 248.*

	3	1	7	1	6
964	248	220	28	24	4
220	28	24	4	0	

Le p. g. c. d. de 964 et de 248 est 4.

525) *Trouver le p. g. c. d. de 1024 et de 396.*

	2	1	1	2	2	2	3
1024	396	232	164	68	28	12	4
232	164	68	28	12	4	0	

Le p. g. c. d. de 1024 et de 396 est 4.

526) *Trouver le p. g. c. d. de* 3600 *et de* 512.

	7	32
3600	512	16
16	32	
	0	

Le p. g. c. d. de 3600 et de 512 est 16.

527) *Trouver le p. g. c. d. de* 1344 *et de* 312.

	4	3	4
1344	312	96	24
96	24	0	

Le p. g. c. d. de 1344 et de 312 est 24.

528) *Trouver le p. g. c. d. de* 4158 *et de* 456.

	9	8	2	4
4158	456	54	24	6
54	24	6	0	

Le p. g. c. d. de 4158 et de 456 est 6.

529) *Trouver le p. g. c. d. de* 12 345 *et de* 643.

	19	5	42	1	2
12345	643	128	3	2	1
5915	3	08	1	0	
128		2			

Le p. g. c. d. de 12345 et de 643 est 1, de sorte que ces deux nombres sont premiers entre eux.

530) *Trouver le p. g. c. d. de* 23456 *et de* 1849.

	12	1	2	5	2	12	1	3
23456	1849	1268	581	106	51	4	3	1
4966	581	106	51	4	3	1	0	
1268								

Le p. g. c. d. de 23456 et de 1849 est 1, de sorte que ces deux nombres sont premiers entre eux.

531) *Trouver le p. g. c. d. de* 36, *de* 60 *et de* 150.

	1	1	2
60	36	24	12
24	12	0	

	12	2
150	12	6
30	0	
6		

Le p. g. c. d. de 36, de 60 et de 150 est 6.

532) *Trouver le p. g. c. d. de* 50, *de* 325 *et de* 480.

	6	2
325	50	25
25	0	

	19	5
480	25	5
230	0	
5		

Le p. g. c. d. de 50, de 325 et de 480 est 5.

533) *Trouver le p. g. c. d. de* 120, *de* 405 *et de* 1848.

	3	2	1	2
405	120	45	30	15
45	30	15	0	

	123	5
1848	15	3
34	0	
48		
3		

Le p. g. c. d. est 3.

534) *Trouver le p. g. c. d. de 342, de 864 et de 5841.*

	2	1	1	9
864	342	180	162	18
180	162	18	0	

	324	2
5841	18	9
44	0	
81		
9		

Le p. g. c. d. est 9.

535) *Trouver le p. g. c. d. de 1152, 1680, 4380 et 15282.*

	1	2	5	2
1680	1152	528	96	48
528	96	48	0	

	91	4
4380	48	12
60	0	
12		

	1273	2
15282	12	6
32	0	
88		
42		
6		

Le p. g. c. d. est 6.

536) *Trouver le p. g. c. d. de 1350, 5175, 8235 e*
37245.

	3	1	5
5175	1350	1125	225
1125	225	0	

	36	1	1	2
8235	225	135	90	45
1485	90	45	0	
135				

	827	1	2
37245	45	30	15
124	15	0	
345			
30			

Le p. g. c. d. est 15.

537) ***Trouver le p. g. c. d. de* 360, 540, 1680, 4572 *et* 23416.**

	1	2
540	360	180
180	0	

	9	3
1680	180	60
60	0	

	76	5
4572	60	12
372	0	
12		

	1951	3
23416	12	4
114	0	
61		
16		
4		

Le p. g. c. d. est 4.

538) ***Quel est le plus grand nombre qui donne le reste* 8 *quand il divise* 3473 *et le reste* 7 *quand il divise* 826 ?**

C'est évidemment le plus grand nombre qui divise exactement 3473 — 8 et 826 — 7 ou 3465 et 819. C'est, par conséquent, le p. g. c. d. 63 de ces deux nombres.

539) ***Quel est le plus grand nombre qui donne le reste* 1 *quand il divise* 1486 *et* 481 ?**

C'est évidemment le plus grand nombre qui divise exactement 1486 — 1 et 481 — 1 ou 1485 et 480 ; c'est, par conséquent, le p. g. c. d. 15 de ces deux nombres.

540) ***Quel est le plus grand nombre qui donne le reste* 1 *quand il divise* 361, *le reste* 2 *quand il divise* 686, *et le reste* 3 *quand il divise* 2478 ?**

C'est le plus grand nombre qui divise exactement 361 — 1, 686 — 2 et 2478 — 3 ou 360, 684 et 2475 ; c'est, par conséquent, le p. g. c. d. 9 de ces trois nombres.

CHAPITRE IV.

FRACTIONS ORDINAIRES.

Exercices sur la numération.

Écrire en chiffres les fractions :

		Résultats.
541)	*Sept huitièmes.*	$\frac{7}{8}$
542)	*Quatre dix-septièmes.*	$\frac{4}{17}$
543)	*Onze douzièmes.*	$\frac{11}{12}$
544)	*Dix-huit trente-et-unièmes.*	$\frac{18}{31}$
545)	*Neuf vingt-cinquièmes.*	$\frac{9}{25}$
546)	*Vingt-et-un cinquantièmes.*	$\frac{21}{50}$
547)	*Treize trentièmes.*	$\frac{13}{30}$
548)	*Trente-sept quatre-vingtièmes*	$\frac{37}{80}$
549)	*Quinze quarante-septièmes*	$\frac{15}{47}$
550)	*Soixante-trois centièmes.*	$\frac{63}{100}$

Lire et écrire en toutes lettres les fractions :

		Résultats.
551)	$\frac{2}{3}$	Deux tiers.
	$\frac{3}{4}$	Trois quarts.
552)	$\frac{4}{11}$	Quatre onzièmes.
	$\frac{5}{12}$	Cinq douzièmes.

Résultats.

553) $\frac{5}{6}$ Cinq sixièmes.
$\frac{7}{9}$ Sept neuvièmes.

554) $\frac{15}{16}$ Quinze seizièmes.
$\frac{9}{25}$ Neuf vingt-cinquièmes.

555) $\frac{8}{15}$ Huit quinzièmes.
$\frac{17}{30}$ Dix-sept trentièmes.

556) $\frac{13}{20}$ Treize vingtièmes.
$\frac{16}{21}$ Seize vingt-et-unièmes.

557) $\frac{25}{36}$ Vingt-cinq trente-sixièmes.
$\frac{31}{40}$ Trente-et-un quarantièmes.

558) $\frac{49}{50}$ Quarante-neuf cinquantièmes.
$\frac{64}{81}$ Soixante-quatre quatre-vingt-unièmes.

Convertir :

	Résultats.		Résultats.
559) 5 *en demies* . .	$\frac{10}{2}$	560) 6 *en huitièmes* .	$\frac{48}{8}$
561) 7 *en quarts* . . .	$\frac{28}{4}$	562) 12 *en neuvièmes* .	$\frac{108}{9}$
563) 8 *en cinquièmes* . .	$\frac{40}{5}$	564) 13 *en dixièmes* .	$\frac{130}{10}$
565) 9 *en sixièmes* . .	$\frac{54}{6}$	566) 14 *en onzièmes* .	$\frac{154}{11}$
567) 10 *en septièmes* . .	$\frac{70}{7}$	568) 15 *en douzièmes* .	$\frac{180}{12}$

Convertir en expressions fractionnaires les nombres fractionnaires :

	Résultats.		Résultats.
569) $5\ \frac{1}{2}$	$\frac{11}{2}$	$6\ \frac{2}{3}$	$\frac{20}{3}$
570) $9\ \frac{2}{5}$	$\frac{47}{5}$	$10\ \frac{5}{6}$	$\frac{65}{6}$
571) $7\ \frac{3}{8}$	$\frac{59}{8}$	$11\ \frac{4}{9}$	$\frac{103}{9}$

		Résultats.		Résultats.
572)	$4\frac{5}{12}$	$\frac{53}{12}$	$3\frac{8}{15}$	$\frac{53}{15}$
573)	$10\frac{3}{5}$	$\frac{53}{5}$	$12\frac{5}{6}$	$\frac{77}{6}$
574)	$15\frac{3}{20}$	$\frac{303}{20}$	$20\frac{11}{24}$	$\frac{491}{24}$
575)	$24\frac{7}{12}$	$\frac{295}{12}$	$30\frac{5}{8}$	$\frac{245}{8}$
576)	$32\frac{15}{16}$	$\frac{527}{16}$	$64\frac{1}{50}$	$\frac{3201}{50}$
577)	$45\frac{17}{32}$	$\frac{1457}{32}$	$72\frac{33}{56}$	$\frac{4065}{56}$
578)	$80\frac{31}{60}$	$\frac{4831}{60}$	$96\frac{32}{84}$	$\frac{7808}{84}$

Convertir en nombres fractionnaires les expressions fractionnaires :

		Résultats.		Résultats.
579)	$\frac{15}{2}$	$7\frac{1}{2}$	$\frac{25}{2}$	$8\frac{1}{3}$
580)	$\frac{13}{4}$	$3\frac{1}{4}$	$\frac{21}{5}$	$4\frac{1}{5}$
581)	$\frac{35}{8}$	$4\frac{3}{8}$	$\frac{40}{9}$	$4\frac{4}{9}$
582)	$\frac{47}{11}$	$4\frac{3}{11}$	$\frac{49}{12}$	$4\frac{1}{12}$
583)	$\frac{22}{7}$	$3\frac{1}{7}$	$\frac{25}{8}$	$3\frac{1}{8}$
584)	$\frac{28}{9}$	$3\frac{1}{9}$	$\frac{37}{10}$	$3\frac{7}{10}$
585)	$\frac{75}{16}$	$4\frac{11}{16}$	$\frac{64}{15}$	$4\frac{4}{15}$
586)	$\frac{123}{20}$	$6\frac{3}{20}$	$\frac{355}{113}$	$3\frac{16}{113}$
587)	$\frac{512}{17}$	$30\frac{2}{17}$	$\frac{648}{35}$	$18\frac{18}{35}$
588)	$\frac{753}{19}$	$39\frac{12}{19}$	$\frac{1852}{25}$	$74\frac{2}{25}$
589)	$\frac{3651}{49}$	$74\frac{25}{49}$	$\frac{8192}{643}$	$12\frac{476}{643}$
590)	$\frac{3635}{36}$	$100\frac{35}{36}$	$\frac{4511}{60}$	$75\frac{11}{60}$

Exercices sur la simplification des fractions.

Réduire à leur plus simple expression les fractions :

	Résultats.	Résultats.
591)	$\frac{8}{16} \ldots \frac{4}{8} = \frac{2}{4} = \frac{1}{2}$	$\frac{20}{60} \ldots \frac{2}{6} = \frac{1}{3}$
592)	$\frac{24}{28} \ldots \frac{12}{14} = \frac{6}{7}$	$\frac{35}{45} \ldots \frac{7}{9}$
593)	$\frac{21}{56} \ldots \frac{3}{8}$	$\frac{24}{40} \ldots \frac{12}{20} = \frac{6}{10} = \frac{3}{5}$
594)	$\frac{36}{45} \ldots \frac{12}{15} = \frac{4}{5}$	$\frac{110}{120} \ldots \frac{11}{12}$
595)	$\frac{15}{36} \ldots \frac{5}{12}$	$\frac{40}{55} \ldots \frac{8}{11}$

Simplifier. ***Résultats.***

596) $\frac{44}{99} \ldots \frac{4}{9}$

$\frac{18}{144} \ldots \frac{9}{72} = \frac{3}{24} = \frac{1}{8}$

597) $\frac{225}{855} \ldots \frac{75}{285} = \frac{25}{95} = \frac{5}{19}$

$\frac{144}{378} \ldots \frac{72}{189} = \frac{24}{63} = \frac{8}{21}$

598) $\frac{612}{828} \ldots \frac{306}{414} = \frac{153}{207} = \frac{51}{69} = \frac{17}{23}$

$\frac{428}{4096} \ldots \frac{214}{2048} = \frac{107}{1024}$

599) $\frac{360}{1848} \ldots \frac{180}{924} = \frac{90}{462} = \frac{45}{231} = \frac{15}{77}$

$\frac{1836}{8460} \ldots \frac{918}{4230} = \frac{459}{2115} = \frac{153}{705} = \frac{51}{235}$

600) $\frac{8192}{32768} \ldots \frac{2048}{8192} = \frac{512}{2048} = \frac{128}{512} = \frac{32}{128} = \frac{8}{32} = \frac{1}{4}$

$\frac{1648}{123456} \ldots \frac{824}{61728} = \frac{412}{30864} = \frac{206}{15432} = \frac{103}{7716}$

Exercices sur la réduction des fractions au même dénominateur.

Réduire au même dénominateur les fractions :

		Résultats.
601)	$\frac{3}{4}$ et $\frac{4}{7}$	$\frac{21}{28}$ et $\frac{16}{28}$
602)	$\frac{5}{6}$ et $\frac{7}{8}$	$\frac{20}{24}$ et $\frac{21}{24}$
603)	$\frac{2}{3}$ et $\frac{4}{5}$	$\frac{10}{15}$ et $\frac{12}{15}$
604)	$\frac{3}{8}$ et $\frac{6}{11}$	$\frac{33}{88}$ et $\frac{48}{88}$
605)	$\frac{4}{5}$ $\frac{5}{6}$ et $\frac{4}{7}$	$\frac{168}{210}$ $\frac{175}{210}$ et $\frac{120}{210}$
606)	$\frac{1}{4}$ $\frac{7}{9}$ et $\frac{11}{18}$	$\frac{9}{36}$ $\frac{28}{36}$ et $\frac{22}{36}$
607)	$\frac{1}{2}$ $\frac{3}{4}$ et $\frac{11}{12}$	$\frac{6}{12}$ $\frac{9}{12}$ et $\frac{11}{12}$
608)	$\frac{2}{3}$ $\frac{4}{5}$ et $\frac{7}{10}$	$\frac{20}{30}$ $\frac{24}{30}$ et $\frac{21}{30}$
609)	$\frac{1}{2}$ $\frac{2}{3}$ $\frac{3}{4}$ et $\frac{4}{5}$	$\frac{30}{60}$ $\frac{40}{60}$ $\frac{45}{60}$ et $\frac{48}{60}$
610)	$\frac{3}{4}$ $\frac{4}{5}$ $\frac{5}{6}$ et $\frac{7}{8}$	$\frac{90}{120}$ $\frac{96}{120}$ $\frac{100}{120}$ et $\frac{105}{120}$

611) *Réduire* $\frac{2}{5}$ $\frac{4}{7}$ $\frac{5}{8}$ et $\frac{8}{9}$

Résultat : $\frac{1008}{2520}$ $\frac{1440}{2520}$ $\frac{1575}{2520}$ et $\frac{2240}{2520}$

612) *Réduire* $\frac{1}{6}$ $\frac{7}{8}$ $\frac{5}{9}$ et $\frac{7}{10}$

Résultat : $\frac{60}{360}$ $\frac{315}{360}$ $\frac{200}{360}$ et $\frac{252}{360}$

613) *Réduire* $\frac{17}{25}$ $\frac{3}{20}$ $\frac{19}{40}$ et $\frac{23}{45}$

Résultat : $\frac{1224}{1800}$ $\frac{270}{1800}$ $\frac{855}{1800}$ et $\frac{920}{1800}$

614) *Réduire* $\frac{7}{10}$ $\frac{5}{12}$ $\frac{4}{15}$ $\frac{11}{20}$ et $\frac{17}{30}$

Résultat : $\frac{42}{60}$ $\frac{25}{60}$ $\frac{16}{60}$ $\frac{33}{60}$ et $\frac{34}{60}$

615) *Réduire* $\frac{8}{15}$ $\frac{17}{20}$ $\frac{23}{24}$ $\frac{17}{30}$ et $\frac{11}{32}$

Résultat : $\frac{256}{480}$ $\frac{408}{480}$ $\frac{460}{480}$ $\frac{272}{480}$ et $\frac{165}{480}$

616) *Réd.* $\frac{2}{3}$ $\frac{3}{4}$ $\frac{5}{6}$ $\frac{7}{8}$ $\frac{11}{12}$ et $\frac{13}{24}$

Résul. : $\frac{16}{24}$ $\frac{18}{24}$ $\frac{20}{24}$ $\frac{21}{24}$ $\frac{22}{24}$ et $\frac{13}{24}$

617) *Réd.* $\frac{1}{2}$ $\frac{1}{4}$ $\frac{5}{8}$ $\frac{3}{16}$ $\frac{25}{32}$ $\frac{35}{36}$ $\frac{17}{48}$ et $\frac{49}{96}$

Résul. : $\frac{144}{288}$ $\frac{72}{288}$ $\frac{180}{288}$ $\frac{54}{288}$ $\frac{225}{288}$ $\frac{280}{288}$ $\frac{102}{288}$ et $\frac{147}{288}$

618) *Réd.* $\frac{4}{5}$ $\frac{7}{8}$ $\frac{9}{10}$ $\frac{15}{16}$ $\frac{17}{20}$ $\frac{27}{32}$ $\frac{37}{40}$ et $\frac{49}{50}$

Résul. : $\frac{640}{800}$ $\frac{700}{800}$ $\frac{720}{800}$ $\frac{750}{800}$ $\frac{680}{800}$ $\frac{675}{800}$ $\frac{740}{800}$ et $\frac{784}{800}$

619) *Réd.* $\frac{2}{3}$ $\frac{5}{6}$ $\frac{7}{9}$ $\frac{13}{18}$ $\frac{19}{27}$ $\frac{23}{54}$ $\frac{64}{81}$ $\frac{113}{162}$ $\frac{125}{324}$ et $\frac{643}{648}$

Résul. : $\frac{432}{648}$ $\frac{540}{648}$ $\frac{504}{648}$ $\frac{468}{648}$ $\frac{456}{648}$ $\frac{276}{648}$ $\frac{512}{648}$ $\frac{452}{648}$ $\frac{250}{648}$ et $\frac{643}{648}$

620) *Réd.* $\frac{3}{4}$ $\frac{2}{5}$ $\frac{7}{10}$ $\frac{11}{20}$ $\frac{19}{30}$ $\frac{37}{40}$ $\frac{41}{50}$ $\frac{43}{60}$ $\frac{91}{100}$ et $\frac{1331}{1500}$

Résul. : $\frac{2250}{3000}$ $\frac{1200}{3000}$ $\frac{2100}{3000}$ $\frac{1650}{3000}$ $\frac{1900}{3000}$ $\frac{2775}{3000}$ $\frac{2460}{3000}$ $\frac{2150}{3000}$ $\frac{2730}{3000}$ et $\frac{2662}{3000}$

Exercices sur l'addition des fractions.

Faire les additions suivantes :

		Résultats.
621)	$\frac{3}{8}+\frac{4}{9}$	$\frac{27}{72}+\frac{32}{72}=\frac{59}{72}$
622)	$\frac{5}{7}+\frac{9}{10}$	$\frac{50}{70}+\frac{63}{70}=\frac{113}{70}=1+\frac{43}{70}$
623)	$\frac{7}{8}+\frac{11}{12}$	$\frac{21}{24}+\frac{22}{24}=\frac{43}{24}=1+\frac{19}{24}$
624)	$\frac{7}{9}+\frac{8}{15}$	$\frac{35}{45}+\frac{24}{45}=\frac{59}{45}=1+\frac{14}{45}$
625)	$\frac{4}{5}+\frac{5}{6}+\frac{8}{9}$	$\frac{72}{90}+\frac{75}{90}+\frac{80}{90}=\frac{227}{90}=2+\frac{47}{90}$

626) $\frac{5}{6}+\frac{7}{8}+\frac{5}{9}$

Rés. $\frac{60}{72}+\frac{63}{72}+\frac{40}{72}=\frac{163}{72}=2+\frac{19}{72}$

627) $\frac{7}{8}+\frac{5}{9}+\frac{9}{10}+\frac{11}{12}$

Rés. $\frac{315}{360}+\frac{200}{360}+\frac{324}{360}+\frac{330}{360}=\frac{1169}{360}=3+\frac{89}{360}$

628) $\frac{8}{9} + \frac{7}{10} + \frac{5}{12} + \frac{4}{15}$

Rés. $\frac{160}{180} + \frac{126}{180} + \frac{75}{180} + \frac{48}{180} = \frac{409}{180} = 2 + \frac{49}{180}$

629) $\frac{3}{5} + \frac{5}{6} + \frac{7}{9} + \frac{5}{12} + \frac{13}{15}$

Rés. $\frac{108}{180} + \frac{150}{180} + \frac{140}{180} + \frac{75}{180} + \frac{156}{180} = \frac{629}{180} = 3 + \frac{89}{180}$

630) $\frac{1}{6} + \frac{1}{8} + \frac{1}{9} + \frac{1}{10} + \frac{1}{12}$

Rés. $\frac{60}{360} + \frac{45}{360} + \frac{40}{360} + \frac{36}{360} + \frac{30}{360} = \frac{211}{360}$

631) $\frac{5}{8} + \frac{7}{12} + \frac{13}{16} + \frac{23}{24} + \frac{31}{32} + \frac{11}{48}$

Rés. $\frac{60}{96} + \frac{56}{96} + \frac{78}{96} + \frac{92}{96} + \frac{93}{96} + \frac{22}{96} = \frac{401}{96} = 4 + \frac{17}{96}$

632) $\frac{7}{9} + \frac{9}{10} + \frac{11}{12} + \frac{4}{15} + \frac{17}{20} + \frac{23}{45} + \frac{69}{80}$

R. $\frac{560}{720} + \frac{648}{720} + \frac{660}{720} + \frac{192}{720} + \frac{612}{720} + \frac{368}{720} + \frac{621}{720} = \frac{3661}{720} = 5 + \frac{61}{720}$

633) $\frac{7}{12} + \frac{8}{15} + \frac{9}{16} + \frac{5}{18} + \frac{19}{24} + \frac{29}{30} + \frac{31}{36} + \frac{37}{48}$

Rés. $\frac{420}{720} + \frac{384}{720} + \frac{405}{720} + \frac{200}{720} + \frac{570}{720} + \frac{696}{720} + \frac{620}{720} + \frac{555}{720}$

$= \frac{3850}{720} = 5 + \frac{25}{72}$

634) $\frac{3}{10} + \frac{7}{15} + \frac{11}{20} + \frac{17}{30} + \frac{21}{40} + \frac{23}{50} + \frac{59}{60} + \frac{61}{75} + \frac{67}{180}$

Rés. $\frac{540}{1800} + \frac{840}{1800} + \frac{990}{1800} + \frac{1020}{1800} + \frac{945}{1800} + \frac{828}{1800}$

$+ \frac{1770}{1800} + \frac{1464}{1800} + \frac{670}{1800} = 5 + \frac{67}{180}$

635) $\frac{14}{15} + \frac{15}{16} + \frac{17}{18} + \frac{19}{24} + \frac{35}{36} + \frac{41}{48} + \frac{61}{64} + \frac{64}{81}$

$+ \frac{121}{128} + \frac{125}{192}$

Rés. $\frac{48384}{51840} + \frac{48600}{51840} + \frac{48960}{51840} + \frac{41040}{51840} + \frac{50400}{51840} + \frac{44280}{51840}$

$+ \frac{49410}{51840} + \frac{40960}{51740} + \frac{49005}{51840} + \frac{33750}{51840} = \frac{454789}{51840}$

$= 8 + \frac{40069}{51840}$

Exercices sur la soustraction.

Faire les soustractions suivantes :

		Résultats
636)	$\frac{4}{5} - \frac{2}{7}$	$\frac{28}{35} - \frac{10}{35} = \frac{18}{35}$
637)	$\frac{5}{6} - \frac{3}{4}$	$\frac{10}{12} - \frac{9}{12} = \frac{1}{12}$
638)	$\frac{7}{12} - \frac{8}{15}$	$\frac{35}{60} - \frac{32}{60} = \frac{3}{60} = \frac{1}{20}$
639)	$\frac{8}{9} - \frac{4}{15}$	$\frac{40}{45} - \frac{12}{45} = \frac{28}{45}$
640)	$\frac{7}{8} - \frac{5}{12}$	$\frac{21}{24} - \frac{10}{24} = \frac{11}{24}$
641)	$\frac{17}{18} - \frac{11}{20}$	$\frac{170}{180} - \frac{99}{180} = \frac{71}{180}$
642)	$\frac{9}{10} - \frac{2}{5}$	$\frac{9}{10} - \frac{4}{10} = \frac{5}{10} = \frac{1}{2}$
643)	$\frac{11}{12} - \frac{7}{18}$	$\frac{33}{36} - \frac{14}{36} = \frac{19}{36}$
644)	$\frac{23}{24} - \frac{11}{36}$	$\frac{69}{72} - \frac{22}{72} = \frac{47}{72}$
645)	$\frac{15}{16} - \frac{21}{40}$	$\frac{75}{80} - \frac{42}{80} = \frac{33}{80}$
646)	$\frac{8}{15} - \frac{4}{25}$	$\frac{40}{75} - \frac{12}{75} = \frac{28}{75}$
647)	$\frac{93}{100} - \frac{37}{50}$	$\frac{93}{100} - \frac{74}{100} = \frac{19}{100}$

648) *De la somme des fractions* $\frac{2}{3}$ *et* $\frac{5}{6}$

Retrancher la somme des fractions $\frac{3}{8}$ *et* $\frac{7}{12}$.

$$\left(\frac{2}{3} + \frac{5}{6}\right) - \left(\frac{3}{8} + \frac{7}{12}\right) = \left(\frac{16}{24} + \frac{20}{24}\right) - \left(\frac{9}{24} + \frac{14}{24}\right).$$

$$= \frac{36}{24} - \frac{23}{24} = \frac{13}{24}.$$

649 *De la somme des fractions* $\frac{4}{5}$ $\frac{7}{10}$ *et* $\frac{8}{15}$

Retrancher la somme des fractions $\frac{3}{8}$ *et* $\frac{11}{30}$.

$$\left(\frac{4}{5} + \frac{7}{10} + \frac{8}{15}\right) - \left(\frac{3}{8} + \frac{11}{30}\right)$$

$$= \left(\frac{96}{120} + \frac{84}{120} + \frac{64}{120}\right) - \left(\frac{45}{120} + \frac{44}{120}\right)$$

$$= \frac{244}{120} - \frac{89}{120} = \frac{155}{120} = 1 + \frac{35}{120} = 1 + \frac{7}{24}.$$

650) *De la somme des fractions* $\frac{3}{4}$ $\frac{5}{6}$ $\frac{7}{8}$ *et* $\frac{4}{9}$

Retrancher la somme des fractions $\frac{2}{3}$ $\frac{5}{12}$ $\frac{4}{15}$ *et* $\frac{7}{18}$.

$$\left(\frac{3}{4}+\frac{5}{6}+\frac{7}{8}+\frac{4}{9}\right)-\left(\frac{2}{3}+\frac{5}{12}+\frac{4}{15}+\frac{7}{18}\right)$$

$$=\left(\frac{270}{360}+\frac{300}{360}+\frac{315}{360}+\frac{160}{360}\right)-\left(\frac{240}{360}+\frac{150}{360}+\frac{96}{360}+\frac{140}{360}\right)$$

$$=\frac{1045}{360}-\frac{626}{360}=\frac{419}{360}=1+\frac{59}{360}.$$

Exercices sur la multiplication.

Faire les multiplications suivantes :

Résultats.

651) $\frac{3}{4}\times 5 \ldots \frac{3\times 5}{4}=\frac{15}{4}=3+\frac{3}{4}$

652) $\frac{6}{7}\times 6 \ldots \frac{6\times 6}{7}=\frac{36}{7}=5+\frac{1}{7}$

653) $\frac{4}{5}\times 10 \ldots \frac{4\times 10}{5}=8$ *

654) $\frac{5}{6}\times 12 \ldots \frac{5\times 12}{6}=10$

655) $10\times\frac{4}{7} \ldots \frac{10\times 4}{7}=\frac{40}{7}=5+\frac{5}{7}$

656) $9\times\frac{5}{8} \ldots \frac{9\times 5}{8}=\frac{45}{8}=5+\frac{5}{8}$

657) $7\times\frac{4}{9} \ldots \frac{7\times 4}{9}=\frac{28}{9}=3+\frac{1}{9}$

658) $6\times\frac{7}{10} \ldots \frac{6\times 7}{10}=\frac{21}{5}=4+\frac{1}{5}$

659) $\frac{3}{5}\times\frac{6}{7} \ldots \frac{3\times 6}{5\times 7}=\frac{18}{35}$

660) $\frac{4}{5}\times\frac{10}{11} \ldots \frac{4\times 10}{5\times 11}=\frac{8}{11}$.

661) $\frac{7}{8}\times\frac{4}{11} \ldots \frac{4\times 7}{8\times 11}=\frac{7}{22}$

662) $\frac{2}{9}\times\frac{3}{4} \ldots \frac{2\times 3}{9\times 4}=\frac{1}{6}$

663) $\frac{7}{15}\times 8 \ldots \frac{7\times 8}{15}=\frac{56}{15}=3+\frac{11}{15}$

* On doit simplifier l'expression $\frac{4\times 10}{5}$ avant d'effectuer le calcul ; les deux termes sont divisibles par 5, et l'on a $\frac{4\times 10}{5}=4\times 2=8$.

664) $\frac{11}{18} \times \frac{21}{44} \ldots \frac{11 \times 21}{18 \times 44} = \frac{7}{24}$

665) $25 \times \frac{8}{45} \ldots \frac{25 \times 8}{45} = \frac{40}{9} = 4 + \frac{4}{9}$

666) $\frac{17}{24} \times \frac{36}{85} \ldots \frac{17 \times 36}{24 \times 85} = \frac{3}{10}$

667) *Prendre les $\frac{3}{4}$ des $\frac{6}{7}$ de $\frac{7}{9}$.*

Les $\frac{3}{4}$ des $\frac{6}{7}$ de $\frac{7}{9} = \frac{7 \times 6 \times 3}{9 \times 7 \times 4} = \frac{1}{2}$.

On doit simplifier l'expression $\frac{7 \times 6 \times 3}{9 \times 7 \times 4}$ avant d'effectuer le calcul. Les deux termes sont divisibles par 7, et l'on a $\frac{7 \times 6 \times 3}{9 \times 7 \times 4} = \frac{6 \times 3}{9 \times 4}$; les deux termes de $\frac{6 \times 3}{9 \times 4}$ sont divisibles par 3, et l'on a $\frac{6 \times 3}{9 \times 4} = \frac{6}{3 \times 4}$; les deux termes de $\frac{6}{3 \times 4}$ sont encore divisibles par 3, puis par 2, et l'on a $\frac{6}{3 \times 4} = \frac{2}{4} = \frac{1}{2}$.

668) *Prendre $\frac{1}{2}$ des $\frac{3}{4}$ des $\frac{5}{6}$ de 12.*

$\frac{1}{2}$ des $\frac{3}{4}$ des $\frac{5}{6}$ de $12 = \frac{12 \times 5 \times 3}{6 \times 4 \times 2} = \frac{15}{4} = 3 + \frac{3}{4}$.

669) *Prendre les $\frac{2}{3}$ des $\frac{4}{5}$ des $\frac{3}{8}$ de $\frac{7}{10}$.*

Les $\frac{2}{3}$ des $\frac{4}{5}$ des $\frac{3}{8}$ de $\frac{7}{10} = \frac{7 \times 3 \times 4 \times 2}{10 \times 8 \times 5 \times 3} = \frac{7}{50}$.

670) *Prendre les $\frac{3}{4}$ des $\frac{2}{5}$ des $\frac{5}{6}$ des $\frac{3}{8}$ de 48.*

Les $\frac{3}{4}$ des $\frac{2}{5}$ des $\frac{5}{6}$ des $\frac{3}{8}$ de $48 = \frac{48 \times 3 \times 5 \times 2 \times 3}{8 \times 6 \times 5 \times 4} = \frac{9}{2}$ $= 4 + \frac{1}{2}$.

Exercices sur la division.

Faire les divisions suivantes :

Résultats.

671) $\frac{3}{4} : 5 \ldots \frac{3}{4 \times 5} = \frac{3}{20}$

672) $\frac{6}{7} : 8 \ldots \frac{6}{7 \times 8} = \frac{3}{28}$

Résultats.

673) $\frac{4}{5} : 11 \ldots \frac{4}{5 \times 11} = \frac{4}{55}$

674) $\frac{5}{6} : 10 \ldots \frac{5}{6 \times 10} = \frac{1}{12}$

675) $10 : \frac{4}{7} \ldots 10 \times \frac{7}{4} = \frac{35}{2} = 17 + \frac{1}{2}$

676) $9 : \frac{5}{8} \ldots 9 \times \frac{8}{5} = \frac{72}{5} = 14 + \frac{2}{5}$

677) $7 : \frac{4}{9} \ldots 7 \times \frac{9}{4} = \frac{63}{4} = 15 + \frac{3}{4}$

678) $6 : \frac{7}{10} \ldots 6 \times \frac{10}{7} = \frac{60}{7} = 8 + \frac{4}{7}$

679) $\frac{3}{4} : \frac{6}{7} \ldots \frac{3}{4} \times \frac{7}{6} = \frac{7}{8}$

680) $\frac{4}{5} : \frac{10}{11} \ldots \frac{4}{5} \times \frac{11}{10} = \frac{22}{25}$

681) $\frac{7}{8} : \frac{3}{4} \ldots \frac{7}{8} \times \frac{4}{3} = \frac{7}{6} = 1 + \frac{1}{6}$

682) $\frac{2}{9} : \frac{1}{3} \ldots \frac{2}{9} \times 3 = \frac{2}{3}$

683) $\frac{8}{15} : 12 \ldots \frac{8}{15 \times 12} = \frac{2}{45}$

684) $15 : \frac{3}{5} \ldots 15 \times \frac{5}{3} = 25$

685) $10 : \frac{7}{9} \ldots 10 \times \frac{9}{7} = \frac{90}{7} = 12 + \frac{6}{7}$

686) $\frac{7}{12} : 5 \ldots \frac{7}{12 \times 5} = \frac{7}{60}$

687) $\frac{1}{2} : \frac{2}{3} \ldots \frac{1}{2} \times \frac{3}{2} = \frac{3}{4}$

688) $\frac{3}{5} : 12 \ldots \frac{3}{5 \times 12} = \frac{1}{20}$

689) $4 : \frac{1}{10} \ldots 4 \times 10 = 40$

690) $\frac{5}{8} : \frac{15}{16} \ldots \frac{5}{8} \times \frac{16}{15} = \frac{2}{3}$

691) $15 : \frac{5}{9} \ldots 15 \times \frac{9}{5} = 27$

692) $18 : \frac{3}{8} \ldots 18 \times \frac{8}{3} = 48$

693) $\frac{7}{12} : \frac{35}{72} \ldots \frac{7}{12} \times \frac{72}{35} = \frac{6}{5} = 1 + \frac{1}{5}$

694) $\frac{45}{56} : \frac{65}{77} \ldots \frac{45}{56} \times \frac{77}{65} = \frac{89}{104}$

695) $\frac{18}{19} : 12 \ldots \frac{18}{19 \times 12} = \frac{3}{38}$

696) $\frac{63}{64} : 18 \ldots \frac{63}{64 \times 18} = \frac{7}{128}$

697) $150 : \frac{50}{63} .\ 150 \times \frac{63}{50} = 189$

698) $15 : \frac{100}{121} .\ 15 \times \frac{121}{100} = \frac{363}{20} = 18 + \frac{3}{26}$

699) $123456 : \frac{512}{729} \ldots 123456 \times \frac{729}{512} = \frac{1406241}{8}$
$= 175780\frac{1}{8}$

700) $\frac{4096}{5555} : \frac{256}{3333} \ldots \frac{4096}{5555} \times \frac{3333}{256} = \frac{48}{5} = 9 + \frac{3}{5}$.

Problèmes sur les fractions.

701) *Un ouvrier ferait seul un ouvrage en 6 jours ; un autre ouvrier le ferait seul en 9 jours. En combien de temps ces deux ouvriers feront-ils l'ouvrage en supposant qu'ils travaillent ensemble 10 heures par jour ?*

Le 1er ouvrier ferait l'ouvrage en 6 jours, donc en un jour il en ferait $\frac{1}{6}$; le 2e ouvrier ferait l'ouvrage en 9 jours, donc en un seul jour il en ferait $\frac{1}{9}$. En travaillant ensemble, ces deux ouvriers feraient donc en un jour $\frac{1}{6} + \frac{1}{9}$, c'est-à-dire, $\frac{3}{18} + \frac{2}{18}$ ou $\frac{5}{18}$ de l'ouvrage. Si donc $\frac{5}{18}$ de l'ouvrage sont faits en un jour, $\frac{1}{18}$ sera fait en $\frac{1}{5}$ de jour et les $\frac{18}{18}$ de l'ouvrage, c'est-à-dire, tout l'ouvrage, seront faits en $\frac{18}{5}$ de jour ou en 3 jours $\frac{3}{5}$. Or, ils travaillent 10 heures par jour, dont $\frac{1}{5}$ de leur journée vaut 2 heures et $\frac{3}{5}$ valent 6 heures, de sorte qu'ils feront l'ouvrage en 3 jours et 6 heures.

702) *Un ouvrier ferait seul un ouvrage en 20 jours, un autre en 24 jours, et un troisième en 30 jours. En combien de jours ces 3 ouvriers feront-ils l'ouvrage en travaillant ensemble ?*

Le 1er ouvrier ferait l'ouvrage en 20 jours : donc en 1 jour, il en ferait $\frac{1}{20}$; le 2e ouvrier ferait l'ouvrage en 24 jours : donc en 1 jour, il en ferait $\frac{1}{24}$; et le 3e ouvrier ferait l'ouvrage en 30 jours : donc en 1 jour, il en ferait $\frac{1}{30}$. Ces 3 ouvriers en travaillant ensemble, feront donc en 1 jour, $\frac{1}{20} + \frac{1}{24} + \frac{1}{30} = \frac{15}{120}$ ou $\frac{1}{8}$ de l'ouvrage.

Si $\frac{1}{8}$ de l'ouvrage est fait en 1 jour, les $\frac{8}{8}$ de l'ouvrage, c'est-à-dire tout l'ouvrage, seront faits en 8 jours.

703) *Quel est le nombre dont la moitié et le tiers valent* 20 ?

$\frac{1}{2} + \frac{1}{3}$ d'un nombre $= \frac{3}{6} + \frac{2}{6}$ ou $\frac{5}{6}$ de ce nombre. Les $\frac{5}{6}$ du nombre cherché valent 20, donc $\frac{1}{6}$ de ce nombre $= \frac{1}{5}$ de 20 ou 4 et les $\frac{6}{6}$ du nombre, ou le nombre, valent 6 fois 4 ou 24.

On peut vérifier que la moitié et le tiers de 24 = 20 ; en effet, la moitié de 24 est 12, le tiers de 24 est 8 et l'on a 12 + 8 = 20.

704) *Quel est le nombre dont la moitié, le tiers et le quart valent* 104 ?

$\frac{1}{2} + \frac{1}{3} + \frac{1}{4}$ ou $\frac{13}{12}$ du nombre cherché valent 104 ; donc $\frac{1}{12}$ de ce nombre $= \frac{1}{13}$ de 104 ou 8, et les $\frac{12}{12}$ du nombre, ou le nombre, = 12 fois 8 ou 96.

On peut vérifier que la moitié, le tiers et le quart de 96 = 104. En effet, la moitié de 96 est 48, le tiers de 96 est 32, le quart de 96 est 24, et l'on a

$$48 + 32 + 24 = 104.$$

705) *Un ouvrier qui a un ouvrage à exécuter en fait le premier jour $\frac{1}{3}$ et le second jour $\frac{1}{4}$. Que lui reste-t-il à faire ?*

L'ouvrier fait le 1er jour $\frac{1}{3}$ de l'ouvrage, le 2e jour il en fait $\frac{1}{4}$; donc il fait en tout $\frac{1}{3} + \frac{1}{4}$ ou $\frac{7}{12}$ de l'ouvrage. Il lui reste évidemment à faire tout l'ouvrage moins $\frac{7}{12}$ de l'ouvrage ou $\frac{5}{12}$ de l'ouvrage.

706) *La différence entre la moitié et le cinquième d'un nombre vaut* 6. *Quel est ce nombre ?*

$\frac{1}{2} - \frac{1}{5}$ ou $\frac{3}{10}$ du nombre cherché égalent 6 ; donc $\frac{1}{10}$ de ce nombre égale le tiers de 6 ou 2 et les $\frac{10}{10}$ de ce nombre ou ce nombre = 10 fois 2 ou 20.

On peut vérifier que la moitié de 20 ou 10 moins le 5e de 20 ou 4 égale 6.

707) *Quel est le nombre dont la moitié, le tiers et le quart moins le cinquième donnent 265 ?*

$\frac{1}{2} + \frac{1}{3} + \frac{1}{4} - \frac{1}{5}$ ou $\frac{53}{60}$ du nombre cherché $= 265$; donc $\frac{1}{60}$ de ce nombre $= \frac{1}{53}$ de 265 ou 5 et les $\frac{60}{60}$, de ce nombre, ou ce nombre $= 60$ fois 5 ou 300.

On peut vérifier que $\frac{1}{2} + \frac{1}{3} + \frac{1}{4} - \frac{1}{5}$ de $300 = 265$. On a en effet $150 + 100 + 75 - 60 = 265$.

708) *Le colonel d'un régiment a perdu dans une bataille $\frac{1}{20}$ de ses hommes, $\frac{1}{12}$ a été blessé, et il lui reste 2080 hommes. De combien d'hommes se composait son régiment ?*

$\frac{1}{20} + \frac{1}{12} = \frac{8}{60}$ ou $\frac{2}{15}$; il reste donc les $\frac{13}{15}$ du régiment qui se composent de 2080 hommes ; donc $\frac{1}{15}$ du régiment se compose de $\frac{1}{13}$ de 2080 ou de 160 hommes ; et les $\frac{15}{15}$ du régiment ou tout le régiment se composent de 15 fois 160 ou de 2400 hommes.

On peut aisément vérifier.

709) *Un père laisse par testament la moitié de son bien à son fils, un tiers à sa fille, et 20 000 f. qui restent à sa veuve. Quel est le bien du père ?*

$\frac{1}{2} + \frac{1}{3} = \frac{5}{6}$; il reste donc $\frac{1}{6}$ du bien qui vaut 20 000 f.; donc le bien vaut 6 fois 20 000 f. ou 120 000 f.

On peut aisément vérifier.

710) *Un ouvrier qui gagne 6 f. pour toute une journée de travail a perdu toute la journée du lundi, la moitié du mardi, le tiers du mercredi et le quart du jeudi ; mais il a travaillé le vendredi et le samedi. Combien a-t-il perdu de temps, et combien a-t-il gagné ?*

Il a perdu 1 j. $+ \frac{1}{2}$ j. $+ \frac{1}{3}$ de j. $+ \frac{1}{4}$ de j. ou 2 journées et $\frac{1}{12}$; il a donc travaillé 6 j. moins 2 j. et $\frac{1}{12}$ ou 3 j. et $\frac{11}{12}$. Or, il gagne 6 f. par jour, il a donc gagné 3 fois 6 f. ou 18 f. + les $\frac{11}{12}$ de 6 f. ou 5^f,50, en tout 23^f,50.

711) *Un ouvrier qui a un ouvrage à exécuter fait le*

premier jour $\frac{1}{4}$ de son ouvrage et le second jour $\frac{2}{3}$ du reste. Que lui reste-t-il à faire ?

L'ouvrier fait le 1er jour $\frac{1}{4}$ de son ouvrage, donc il lui en reste à faire les $\frac{3}{4}$; il fait le 2e jour les $\frac{2}{3}$ du reste ; donc il lui reste à faire $\frac{1}{3}$ des $\frac{3}{4}$ ou $\frac{1}{4}$ de son ouvrage.

---

712) *Un ouvrier devait faire les $\frac{3}{8}$ d'un ouvrage ; il fait faire les $\frac{2}{5}$ de sa tâche par un de ses compagnons. Que lui reste-t-il à faire ?*

Il lui reste à faire les $\frac{3}{5}$ de sa tâche, c'est-à-dire, les $\frac{3}{5}$ des $\frac{3}{8}$ de l'ouvrage ou les $\frac{9}{40}$ de l'ouvrage.

---

713) *Les $\frac{5}{24}$ d'une succession valent 10 000 f. Quelle est cette succession ?*

Les $\frac{5}{24}$ d'une succession valent 10 000 f. Donc $\frac{1}{24}$ de la succession vaut $\frac{1}{5}$ de 10 000 f. ou ou 2 000 f. et les $\frac{24}{24}$ de la succession ou toute la succession valent 24 fois 2 000 f. ou 40 000 f.

On peut vérifier.

---

714) *Un oncle laisse en mourant deux neveux et une nièce ; il donne à sa nièce $\frac{1}{3}$ de son bien, à un de ses neveux $\frac{2}{5}$ du reste, et à l'autre le reste de son bien. Que donne-t-il à chacun de ses neveux ?*

Si l'oncle donne $\frac{1}{3}$ de son bien à sa nièce, il en reste les $\frac{2}{3}$; il donne à un neveu les $\frac{2}{5}$ des $\frac{2}{3}$ ou les $\frac{4}{15}$ de son bien ; il en reste donc les $\frac{3}{5}$ des $\frac{2}{3}$ ou les $\frac{2}{5}$ pour l'autre neveu.

---

715) *La moitié des $\frac{2}{3}$ des $\frac{3}{5}$ d'un nombre vaut 8. Quel est ce nombre ?*

La moitié des $\frac{2}{3}$ des $\frac{3}{5}$ ou $\frac{1}{5}$ du nombre cherché égale 8. Donc ce nombre égale 5 fois 8 ou 40.

On peut vérifier.

---

716) *Une personne a dépensé la moitié des $\frac{2}{3}$ des $\frac{3}{4}$ de ce qu'elle avait, et il lui reste 37[f],50. Combien avait-elle ?*

Une personne a dépensé la moitié des $\frac{2}{3}$ des $\frac{3}{4}$ ou $\frac{1}{4}$ de ce qu'elle avait ; il lui en reste donc les $\frac{3}{4}$ qui valent 37f,50; donc $\frac{1}{4}$ de ce qu'elle avait égale le tiers de 37f,50 ou 12f,50 et les $\frac{4}{4}$, ou la somme qu'elle avait, égalent 4 fois 12f,50 ou 50 f.

On peut vérifier.

---

717) *Par quel nombre faut-il multiplier le nombre* 35 *pour le diminuer des* $\frac{2}{5}$?

Lorsqu'on diminue un nombre des $\frac{2}{5}$ on le réduit aux $\frac{3}{5}$; donc il faut multiplier 35 par $\frac{3}{5}$, ce qui donne **21**. Le nombre 35 est en effet diminué de **14** ou des $\frac{2}{5}$.

---

718) *On demandait à une personne quelle heure il était ; elle dit : il est les* $\frac{2}{3}$ *des* $\frac{3}{4}$ *des* $\frac{4}{5}$ *de* 10 *heures. Quelle heure était-il ?*

Les $\frac{2}{3}$ des $\frac{3}{4}$ des $\frac{4}{5}$ de $10 = \frac{10 \times 4 \times 3 \times 2}{5 \times 4 \times 3}$ ou **4**. Il était donc 4 heures.

---

719) *Un négociant a acheté une maison* 45 000 *f. qu'il a payés avec les* $\frac{3}{5}$ *du bénéfice de* 10 *années de commerce. Quel est ce bénéfice annuel ?*

Les $\frac{3}{5}$ du bénéfice de 10 années = 45 000 f., donc $\frac{1}{5}$ de ce bénéfice = le tiers de 45 000 f. ou 15 000 f. et les $\frac{5}{5}$ de ce bénéfice, ou tout le bénéfice = 5 fois 15 000 f. ou 75 000 f. Donc le bénéfice d'une année = $\frac{1}{10}$ de 75 000 f. ou 7 500 f.

---

720) *Les* $\frac{5}{8}$ *d'un mètre d'étoffe ont coûté* 16 *f. Que coûte le mètre ?*

Les $\frac{5}{8}$ d'un mètre d'étoffe ont coûté 16 f. donc $\frac{1}{8}$ de mètre coûte $\frac{1}{5}$ de 16 f. ou 3f,20 et $\frac{8}{8}$ de mètre, ou un mètre, coûtent 8 fois 3f,20 ou 25f,60.

---

721) *On a payé deux maisons* 140 000 *f. ; le prix de la première est les* $\frac{2}{5}$ *du prix de la seconde. Combien chaque maison a-t-elle coûté ?*

Le prix de la 1re maison plus le prix de la 2e égale

140 000 f., mais le prix de la 1re égale les $\frac{2}{5}$ du prix de la 2e, donc les $\frac{2}{5}$ du prix de la 2e plus le prix de la 2e égalent 140 000 f., c'est-à-dire, que les $\frac{7}{5}$ du prix de la 2e égalent 140 000 f. ; donc $\frac{1}{5}$ de ce prix égale $\frac{1}{7}$ de 140 000 f. ou 20 000 f. et les $\frac{5}{5}$ de ce prix, c'est-à-dire, le prix de la 2e maison, égalent 5 fois 20 000 f. ou 100 000 f. Donc la 1re maison vaut 140 000 f. — 100 000 f. ou 40 000 f.

On peut vérifier que 40 000 f. = les $\frac{2}{5}$ de 100 000 f.

722) *Deux personnes ont dépensé ensemble 82f,50 ; la dépense de la 1re est les $\frac{3}{8}$ de la dépense de la 2e. Combien chaque personne a-t-elle dépensé?*

La somme des dépenses des 2 personnes égale 82f,50. Mais la dépense de la 1re est les $\frac{3}{8}$ de la dépense de la 2e, donc 82f,50 égalent la dépense de la 2e personne plus les $\frac{3}{8}$ de cette dépense ou $\frac{11}{8}$ de la dépense de la 2e personne. Donc $\frac{1}{8}$ de cette dépense $= \frac{1}{11}$ de 82f,50 ou 7f,50 et les $\frac{8}{8}$, de cette dépense, ou la dépense de la 2e personne, égalent 8 fois 7f,50 ou 60 f.

La 1re personne a donc dépensé 82f,50 — 60 f. ou 22f,50.

On peut vérifier que 22f,50 sont les $\frac{3}{8}$ de 60 f.

723) *Une marchande a acheté des oranges à raison de 9 pour 2 f. ; elle a gagné 6 f. en les vendant 4 f. la douzaine. Combien en a-t-elle vendu ?*

La marchande a acheté 9 oranges pour 2 f., chaque orange lui coûte donc $\frac{1}{9}$ de 2 f. ou $\frac{2}{9}$ de franc. Or, elle vend 12 oranges pour 4 f., donc elle vend chaque orange $\frac{1}{12}$ de 4 f. ou $\frac{1}{3}$ de franc. Elle gagne donc par orange $\frac{1}{3} - \frac{2}{9}$ ou $\frac{3}{9} - \frac{2}{9} = \frac{1}{9}$ de franc. Il faut donc qu'elle vende 9 oranges pour gagner 1 f., et par conséquent, pour gagner 6 f., elle a dû vendre 6 fois 9 ou 54 oranges.

724) *On demande de partager 5600 f. entre deux personnes, de manière que la 1re ait $\frac{1}{2}$ de plus que la 2e.*

La part de la 1re personne + la part de la 2e = 5600 f. Or la 1re personne a $\frac{1}{3}$ de plus que la 2e; donc 2 fois la part de la 2e + $\frac{1}{3}$ de cette part ou $\frac{7}{3}$ de la part de la 2e = 5600 f.; donc $\frac{1}{3}$ de cette part = $\frac{1}{7}$ de 5600 f. ou 800 f. et $\frac{3}{3}$ de cette part ou la part de la 2e = 3 fois 800 f. ou 2 400 f.

La part de la 1re personne égale donc 2 400 f. + $\frac{1}{3}$ de 2 400 f. = 2 400 f. + 800 f. ou 3 200 f.

On peut vérifier que 3 200 f. + 2 400 f. = 5 600 f.

725) *On demande de partager 1 600 f. entre trois personnes, de manière que la 2e ait les $\frac{3}{4}$ de la 1re, et la 3e les $\frac{5}{7}$ de la 2e.*

La 3e personne doit avoir les $\frac{5}{7}$ de la 2e, et par conséquent, les $\frac{5}{7}$ des $\frac{3}{4}$ ou les $\frac{15}{28}$ de la 1re. Donc 1 600 f. égalent la part de la 1re personne, plus les $\frac{3}{4}$ de cette part, plus les $\frac{15}{28}$ de cette part, ou les $\frac{16}{7}$ de cette part. Donc $\frac{1}{7}$ de cette part égale $\frac{1}{16}$ de 1 600 f. ou 100 f. et les $\frac{7}{7}$ de cette part ou la part de la 1re personne = 7 fois 100 f. ou. . . 700 f.

La 2e personne a les $\frac{3}{4}$ de la 1re ou. . . . . . . 525 f.

La 3e personne a les $\frac{5}{7}$ de la 2e ou. . . . . . 375 f.

On peut vérifier que la somme des parts égale 1600 f.

726) *Un joueur perd d'abord $\frac{1}{5}$ de son argent, puis $\frac{1}{3}$ du reste; il se retire du jeu avec 8 f. Combien avait-il en se mettant au jeu ?*

Lorsque le joueur a perdu $\frac{1}{5}$ de son argent, il lui en reste les $\frac{4}{5}$. Il perd alors $\frac{1}{3}$ de ce qui lui reste; il lui reste donc les $\frac{2}{3}$ des $\frac{4}{5}$ ou les $\frac{8}{15}$ de son argent. Or, ces $\frac{8}{15}$ valent 8 f., donc $\frac{1}{15}$ vaut 1 f. et il avait 15 f. en se mettant au jeu.

On peut vérifier : il perd d'abord $\frac{1}{5}$ de son argent ou 3 f., il lui reste 12 f.; il perd ensuite $\frac{1}{3}$ du reste ou 4 f., il lui reste donc 8 f.

727) *Un débiteur remet à son créancier $\frac{1}{4}$ de ce qu'il lui doit, puis $\frac{1}{10}$ du reste, et il lui doit encore 540 f. Combien lui devait-il ?*

Lorsque le débiteur a payé $\frac{1}{4}$ de ce qu'il devait, il ne doit plus que les $\frac{3}{4}$ de ce qu'il devait d'abord. Il paye alors $\frac{1}{10}$ du reste ; il doit donc encore les $\frac{9}{10}$ des $\frac{3}{4}$ ou les $\frac{27}{40}$ de ce qu'il devait. Or, ces $\frac{27}{40}$ égalent 540 f., donc $\frac{1}{40}$ de sa dette égale $\frac{1}{27}$ de 540 ou 20 f. et les $\frac{40}{40}$, c'est-à-dire, ce qu'il devait d'abord, égalent 40 fois 20 f. ou 800 f.

En effet, il paye d'abord $\frac{1}{4}$ de ce qu'il devait ou 200 f., il doit encore 600 f. ; il paye ensuite $\frac{1}{10}$ du reste ou 60 f. ; il doit donc encore 540 f.

728) *Les $\frac{3}{4}$ d'une pièce de drap ont coûté 450 f. Que coûtent les $\frac{2}{3}$ de cette pièce ?*

Les $\frac{3}{4}$ d'une pièce de drap ont coûté 450 f. ; donc $\frac{1}{4}$ de la pièce, a coûté $\frac{1}{3}$ de 450 f. ou 150 f., et la pièce a coûté 4 fois 150 f. ou 600 f. Donc $\frac{1}{3}$ de la pièce a coûté $\frac{1}{3}$ de 600 f. ou 200 f. et les $\frac{2}{3}$ de la pièce ont coûté 2 fois 200 f. ou 400 f.

On peut encore dire :

Les $\frac{3}{4}$ ou les $\frac{9}{12}$ de la pièce de drap ont coûté 450 f., donc $\frac{1}{12}$ de cette pièce a coûté $\frac{1}{9}$ de 450 f. ou 50 f. et les $\frac{2}{3}$ ou les $\frac{8}{12}$ de la pièce ont coûté 8 fois 50 f. ou 400 f.

729) *Une pièce de toile qui a 12 mètres de moins qu'une autre en est les $\frac{5}{8}$. Quelle est la longueur de chaque pièce ?*

Une pièce de toile qui a 12 mètres de moins qu'une autre en est les $\frac{5}{8}$; donc les $\frac{8}{8}$ — les $\frac{5}{8}$ ou les $\frac{3}{8}$ de la longueur de la 2ᵉ pièce valent 12 mètres ; donc $\frac{1}{8}$ de cette longueur vaut $\frac{1}{3}$ de 12 mètres ou 4 mètres et $\frac{8}{8}$ de cette longueur, ou la longueur de la 2ᵉ pièce = 8 fois 4 mètres ou 32 mètres.

Donc la 1ʳᵉ pièce qui a 12 mètres de moins a 20 mètres.

On peut vérifier que 20 est les $\frac{5}{8}$ de 32.

730) *Quelle est la longueur d'un bâton dont les $\frac{3}{5}$ sont plongés dans l'eau et qui a 4 mètres hors de l'eau ?*

Les $\frac{3}{5}$ du bâton sont plongés dans l'eau, donc il reste hors de l'eau $\frac{5}{5}$ — $\frac{3}{5}$ ou $\frac{2}{5}$ de la longueur du bâton. Or ces $\frac{2}{5}$ du bâton = 4 mètres, donc $\frac{1}{5}$ du bâton = la moitié de 4 mètres ou 2 mètres et les $\frac{5}{5}$ du bâton ou la longueur du bâton = 5 fois 2 mètres ou 10 mètres.

On peut vérifier que 10 — 4 ou 6 égale les $\frac{3}{5}$ de 10.

---

731) *On partage 15 000 f. entre deux personnes, de manière que la 1re ait les $\frac{4}{5}$ des $\frac{5}{6}$ des $\frac{9}{10}$ de cette somme. Combien la 1re a-t-elle de plus que la 2e ?*

La 1re personne doit avoir les $\frac{4}{5}$ des $\frac{5}{6}$ des $\frac{9}{10}$ de 15 000 f. ou 9 000 f. La 2e doit donc avoir 15 000 f. — 9 000 f. ou 6000 f., et par conséquent, la 1re a de plus que la 2e 9000 f. — 6 000 f. ou 3 000 f.

---

732) *On a partagé également une somme d'argent entre plusieurs personnes. Chacune d'elles a reçu 4 500 f., qui forment les $\frac{3}{10}$ des $\frac{5}{12}$ de cette somme. Quelle est cette somme et quel est le nombre des personnes ?*

Chaque personne a reçu les $\frac{3}{10}$ des $\frac{5}{12}$ ou $\frac{1}{8}$ de la somme; il y a donc 8 personnes. Or, chacune d'elles a reçu 4 500 f.; la somme à partager égale donc 8 fois 4 500 f. ou 36 000 f.

On peut vérifier.

---

733) *On achète une maison ; on en paye la moitié des $\frac{3}{4}$ des $\frac{5}{6}$, et on doit encore 18 700 f. Quel est le prix de cette maison ?*

La moitié des $\frac{3}{4}$ des $\frac{5}{6}$ = les $\frac{5}{16}$ du prix de la maison ; on doit donc encore $\frac{16}{16}$ — $\frac{5}{16}$ ou $\frac{11}{16}$ du prix de la maison. Or ces $\frac{11}{16}$ = 18 700 f. donc $\frac{1}{16}$ du prix de la maison = $\frac{1}{11}$ de 18 700 f. ou 1 700 f. et les $\frac{16}{16}$ de ce prix, ou le prix de la maison = 16 fois 1 700 f. ou 27 200 f.

On peut aisément vérifier.

---

734) *On perd 6 000 f. en vendant une maison les $\frac{5}{8}$ de ce qu'elle a coûté. Combien a-t-elle coûté?*

En vendant une maison les $\frac{5}{8}$ de ce qu'elle a coûté, on perd évidemment $\frac{8}{8}$ — $\frac{5}{8}$ ou $\frac{3}{8}$ de ce qu'elle a coûté. Or, ces $\frac{3}{8}$ égalent 6 000 f., donc $\frac{1}{8}$ du prix de la maison égale $\frac{1}{3}$ de 6 000 f. ou 2 000 f. et les $\frac{8}{8}$ de ce prix, ou le prix de la maison, = 8 fois 2 000 ou 16 000 f.

On peut vérifier : Si on vend la maison les $\frac{5}{8}$ de 16 000 f. ou 10 000 f., on perd 16 000 f. — 10 000 f, ou 6 000 f.

---

735) *Deux personnes se mettent au jeu avec des sommes d'argent égales. La 1re perd les $\frac{7}{10}$ de son argent, et la 2e en perd les $\frac{3}{8}$. La 2e se retire du jeu avec 6f,50 de plus que la 1re : Combien avaient-elles chacune?*

La 1re personne perd les $\frac{7}{10}$ de son argent et la 2e perd les $\frac{3}{8}$ de la même somme, donc la 1re perd $\frac{7}{10}$ — $\frac{3}{8}$ ou $\frac{13}{40}$ de plus que la 2e; mais elle se retire du jeu avec 6f,50 de moins que la 2e; donc les $\frac{13}{40}$ de la somme d'argent de chaque joueur = 6f,50 ; donc $\frac{1}{40}$ de cette somme égale $\frac{1}{13}$ de 6f,50 ou 0f,50 et les $\frac{40}{40}$ de cette somme, ou la somme d'argent de chaque joueur = 40 fois 0f,50 ou 20 f.

Vérifions : La 1re personne perd les $\frac{7}{10}$ de son argent, il lui en reste donc les $\frac{3}{10}$ ou 6 f. ; la 2e perd les $\frac{3}{8}$ du sien, il lui en reste donc les $\frac{5}{8}$ ou 12f,50. Le 2e joueur a donc de plus que le 1er 12f,50 — 6 f. ou 6f,50.

---

736) *Un instituteur, interrogé sur le nombre de ses élèves, répond : Si j'avais 20 élèves de plus, le nombre de mes élèves serait augmenté des $\frac{5}{8}$ de ce qu'il est. Combien en a-t-il?*

Les $\frac{5}{8}$ du nombre de ses élèves égale évidemment 20; donc $\frac{1}{8}$ de ce nombre égale $\frac{1}{5}$ de 20 ou 4 et les $\frac{8}{8}$, de ce nombre, ou le nombre de ses élèves, = 8 fois 4 ou 32. Il a donc 32 élèves.

---

737) *Un berger, interrogé sur le nombre de ses moutons, répond : Si j'avais 35 moutons de moins, le nombre de mes moutons serait réduit aux $\frac{5}{12}$ de ce qu'il est. Combien en a-t-il ?*

Si le berger avait 35 moutons de moins, le nombre de ses moutons serait réduit aux $\frac{5}{12}$ de ce qu'il est, c'est-à-dire, qu'il serait diminué des $\frac{7}{12}$. Donc $\frac{7}{12}$ du nombre des moutons égalent 35, donc $\frac{1}{12}$ de ce nombre égale $\frac{1}{7}$ de 35 ou 5 et les $\frac{12}{12}$ de ce nombre ou le nombre des moutons = 12 fois 5 ou 60. Il a donc 60 moutons.

La vérification est facile à faire.

---

738) *Un oncle a 4 neveux. Il donne au 1er la moitié de son bien, au 2^e^ $\frac{1}{3}$ du reste, au 3^e^ $\frac{1}{4}$ du nouveau reste, et 15 000 f. qui restent au dernier. Quel est le bien de l'oncle ?*

L'oncle donne au 1er de ses neveux la moitié de son bien, donc il en reste la moitié. Il donne au 2^e^ $\frac{1}{3}$ du reste; il reste donc les $\frac{2}{3}$ de la moitié du bien ou le tiers du bien. Il donne au 3^e^ $\frac{1}{4}$ du nouveau reste; il reste donc les $\frac{3}{4}$ du tiers du bien ou $\frac{1}{4}$ du bien. Or, ce quart vaut 15 000 f.; donc le bien de l'oncle vaut 4 fois 15 000 f. ou 60 000 f.

On peut vérifier : Il donne au 1er de ses neveux la moitié de son bien ou. . . . . 30 000 f.

Il reste 30 000 f. ; il en donne au 2^e^ $\frac{1}{3}$ ou 10 000 f.

Il reste 20 000 f. ; il en donne au 3^e^ $\frac{1}{4}$ ou 5 000 f.

Il reste bien pour le 4e 20 000 f.—5 000 f. ou. . . . . 15 000 f.

---

739) *On demande de partager 35 000 f. entre 4 personnes, de manière que la 1re ait les $\frac{2}{3}$ de la 2e, la 2e les $\frac{3}{4}$ de la 3e, et la 3e les $\frac{4}{5}$ de la 4e.*

La 2e personne doit avoir les $\frac{3}{4}$ de la 3e, et par conséquent, les $\frac{3}{4}$ des $\frac{4}{5}$ ou les $\frac{3}{5}$ de la 4e.

La 1re personne doit avoir les $\frac{2}{3}$ de la 2e et par conséquent les $\frac{2}{3}$ des $\frac{3}{5}$ ou les $\frac{2}{5}$ de la 4e.

Donc 35 000 f. égalent la part de la 4e personne plus $\frac{4}{5}$ plus $\frac{3}{5}$ plus $\frac{2}{5}$ de cette part ou $\frac{14}{5}$ de cette part. Donc $\frac{1}{5}$ de cette part égale $\frac{1}{14}$ de 35 000 f. ou 2 500 f. et les $\frac{5}{5}$ de

cette part, ou la part de la 4e personne = 5 fois 2 500 f. ou . . . . 12 500 f.
Donc la part de la 3e = les $\frac{4}{5}$ de 12 500 f. ou 10 000 f.
La part de la 2e = les $\frac{3}{4}$ de 10 000 f. ou 7 500 f.
Et la part de la 1re = les $\frac{2}{3}$ de 7 500 f. ou 5 000 f.
On peut vérifier que la somme des parts = 35 000 f.

740) *Un flacon plein d'eau pèse 440 grammes et $\frac{1}{4}$. On demande le poids de l'eau sachant que le poids du flacon vide est $\frac{1}{3}$ du poids total ?*

Le poids du flacon vide est $\frac{1}{3}$ de 440^g $\frac{1}{4}$ ou 146^g $\frac{3}{4}$; donc le poids de l'eau en est les $\frac{2}{3}$, c'est-à-dire, qu'il égale 2 fois 146^g $\frac{3}{4}$ ou 293^g $\frac{1}{2}$.

Exercices sur la conversion des fractions ordinaires en fractions décimales et réciproquement.

Evaluer en décimales le quotient de :

		Résultats.
741)	1 *par* 2	0,5
742)	4 *par* 5	0,8.
743)	13 *par* 20	0,65.
744)	19 *par* 40	0,475.
745)	3 *par* 4	0,75.
746)	7 *par* 8	0,875.
747)	18 *par* 25	0,72.
748)	27 *par* 50	0,54.
749)	2 *par* 3	0,66...
750)	4 *par* 7	0,571428 571428...
751)	10 *par* 11	0,9090...
752)	11 *par* 13	0,846153 846153...
753)	5 *par* 6	0,833...

		Résultats.
754)	7 *par* 12	0,5833...
755)	8 *par* 15	0,533...
756)	5 *par* 18	0,277...
757)	6 *par* 35	0,171428571 4285...
758)	9 *par* 28	0,32142857142857...
759)	23 *par* 75	0,3066...
760)	31 *par* 56	0,553571428571428.

Convertir en fractions décimales les fractions ordinaires :

	Résultats	Résultats
761)	$\frac{1}{4}$...0,25.	$\frac{2}{5}$...0,4.
762)	$\frac{3}{8}$...0,375.	$\frac{5}{16}$...0,3125
763)	$\frac{21}{50}$...0,42.	$\frac{13}{32}$...0,40625.
764)	$\frac{31}{80}$...0,3875.	$\frac{121}{128}$...0,9453125
765)	$\frac{5}{7}$...0,714285714285	$\frac{2}{3}$...0,66....
766)	$\frac{8}{9}$...0,88	$\frac{7}{11}$...0,6363...
767)	$\frac{15}{19}$...0,789 473 684 210 526 315 789.....	
	$\frac{8}{21}$...0,380 952 380 952...	
768)	$\frac{20}{23}$...0,869 565 217 391 304 347 8260 869...	
	$\frac{25}{31}$...0,806 451 612 903 225 806.......	
769)	$\frac{1}{6}$...0,166...	$\frac{5}{12}$...0,4166...
770)	$\frac{9}{14}$...6428571 428571...	$\frac{11}{15}$...0,733...
771)	$\frac{25}{26}$...0,9615384615384...	$\frac{19}{24}$...0,79166...
772)	$\frac{9}{28}$...0,32142857142857...	$\frac{23}{30}$...0,766...

Convertir en fractions ordinaires les fractions décimales finies :

		Résultats.		Résultats.
773)	0,36...	$\frac{36}{100} = \frac{9}{25}$	0,512...	$\frac{512}{1000} = \frac{64}{125}$
774)	0,1856.	$\frac{1856}{10000} = \frac{116}{625}$	0,12468...	$\frac{12468}{100000} = \frac{3117}{25000}$

		Résultats.		Résultats.
775)	0,75...	$\frac{75}{100}=\frac{3}{4}$	0,3665...	$\frac{3665}{10000}=\frac{733}{2000}$
776)	0,648...	$\frac{648}{1000}=\frac{81}{125}$	0,23456...	$\frac{23456}{100000}=\frac{733}{3125}$

Convertir en fractions ordinaires les fractions périodiques pures :

		Résultats.			Résultats.
777)	0,88...	$\frac{8}{9}$	778)	0,55...	$\frac{5}{9}$
779)	0,4545...	$\frac{45}{99}=\frac{5}{11}$	780)	0,7272...	$\frac{72}{99}=\frac{8}{11}$
781)	0,715715...	$\frac{715}{999}$	782)	0,814814...	$\frac{814}{999}=\frac{22}{27}$
783)	0,17891789.	$\frac{1789}{9999}$	784)	0,18301830.	$\frac{1830}{9999}=\frac{610}{3333}$

Convertir en fractions ordinaires les fractions périodiques mixtes :

		Résultats.
785)	0,455...	$\frac{45-4}{90} = \frac{41}{90}$
786)	0,5 81 81 ...	$\frac{581-5}{990} = \frac{576}{990} = \frac{32}{55}$
787)	0,2544...	$\frac{254-25}{900} = \frac{229}{900}$
788)	0,216 25 25 ...	$\frac{21625-216}{99000} = \frac{21409}{99000}$
789)	0,8 64 64 ...	$\frac{864-8}{990} = \frac{856}{990} = \frac{428}{495}$
790)	0,54 90 90 ...	$\frac{5490-54}{9900} = \frac{5436}{9900} = \frac{151}{275}$
791)	0,512 45 45 ...	$\frac{51245-512}{99000} = \frac{50733}{99000} = \frac{16911}{33000}$
792)	0,1 248 248 ...	$\frac{1248-1}{9990} = \frac{1247}{9990}$
793)	0,753 25 25 ...	$\frac{75325-753}{99000} = \frac{74572}{99000} = \frac{18643}{24750}$
794)	0,36753 753...	$\frac{36753-36}{99900} = \frac{36717}{99900} = \frac{12239}{33300}$
795)	0,84360 360...	$\frac{84360-84}{99900} = \frac{84276}{99900} = \frac{2341}{2775}$
796)	0,180365 365...	$\frac{180365-180}{999000} = \frac{180185}{999000} = \frac{36037}{199800}$

797) *Multiplier* 0,9166... *par* 0,2727...

Le produit $= \frac{916-91}{900} \times \frac{27}{99} = \frac{825}{900} \times \frac{27}{99} = \frac{1}{4} = 0,25$.

798) ***Diviser*** **0,75** ***par*** **0,833...**

Le quotient $= \frac{75}{100} : \frac{83-8}{90} = \frac{75}{100} : \frac{75}{90} = \frac{75}{100} \times \frac{90}{75} = 0,9.$

799) ***Multiplier*** **0,8181...** ***par*** **0,45833...**

Le produit $= \frac{81}{99} \times \frac{4583-458}{9000} = \frac{81}{99} \times \frac{4125}{9000} = \frac{3}{8} = 0,375.$

800) ***Diviser*** **0,068181...** ***par*** **0,4545...**

Le quotient $= \frac{681-6}{9900} : \frac{45}{99} = \frac{675}{9900} \times \frac{99}{45} = \frac{3}{20} = 0,15.$

Exercices sur l'addition et sur la soustraction des nombres fractionnaires.

Faire les additions suivantes :

801)	802)	803)	804)
$5\ \frac{2}{3}$	$9\ \frac{3}{5}$	$13\ \frac{5}{6}$	$34\ \frac{1}{2}$
$7\ \frac{3}{4}$	$25\ \frac{7}{8}$	$45\ \frac{5}{6}$	$15\ \frac{2}{3}$
$18\ \frac{5}{6}$	$36\ \frac{9}{10}$	$72\ \frac{7}{12}$	$48\ \frac{3}{4}$
$32\ \frac{1}{4}$	$72\ \frac{3}{8}$	$132\ \frac{1}{24}$	$98\ \frac{11}{12}$

805)	806)	807)	808)
$10\ \frac{1}{2}$	$24\ \frac{2}{3}$	$54\ \frac{3}{4}$	$85\ \frac{4}{5}$
$12\ \frac{2}{3}$	$26\ \frac{3}{4}$	$64\ \frac{5}{6}$	$96\ \frac{5}{8}$
$15\ \frac{3}{8}$	$35\ \frac{7}{8}$	$75\ \frac{7}{8}$	$125\ \frac{7}{10}$
$18\ \frac{5}{6}$	$45\ \frac{11}{16}$	$81\ \frac{9}{10}$	$136\ \frac{15}{16}$
$57\ \frac{3}{4}$	$132\ \frac{47}{48}$	$277\ \frac{43}{120}$	445

809)	810)
$1\frac{2}{3}$	$5\frac{1}{2}$
$2\frac{1}{2}$	$6\frac{3}{4}$
$3\frac{4}{5}$	$7\frac{7}{8}$
$4\frac{3}{4}$	$8\frac{5}{16}$
$5\frac{1}{6}$	$36\frac{31}{32}$
$17\frac{53}{60}$	$65\frac{13}{32}$

Faire les soustractions suivantes :

811)	812)	813)	814)
$7\frac{3}{4}$	8	$15\frac{5}{6}$	$12\frac{1}{3}$
3	$4\frac{3}{5}$	$6\frac{1}{4}$	$5\frac{3}{4}$
$4\frac{3}{4}$	$3\frac{2}{5}$	$9\frac{7}{12}$	$6\frac{7}{12}$

815)	816)	817)	818)
$10\frac{5}{8}$	25	$30\frac{4}{5}$	$50\frac{3}{8}$
7	$18\frac{7}{10}$	$13\frac{3}{10}$	$24\frac{3}{4}$
$3\frac{5}{8}$	$6\frac{3}{10}$	$17\frac{1}{2}$	$25\frac{5}{8}$

819)	820)
$10\frac{11}{12}$	$64\frac{2}{5}$
$7\frac{1}{6}$	$25\frac{8}{15}$
$3\frac{3}{4}$	$38\frac{13}{15}$

Exercices sur la multiplication et sur la division des nombres fractionnaires.

Faire les multiplications suivantes :

Résultats.

821) $(5\frac{1}{2}) \times 7$ ... $\frac{11}{2} \times 7 = \frac{77}{2} = 38\frac{1}{2}$

822) $(8\frac{2}{3}) \times \frac{2}{5}$ ... $\frac{26}{3} \times \frac{2}{5} = \frac{52}{15} = 3\frac{7}{15}$

Résultats.

823) $(7\frac{3}{4}) \times (3\frac{1}{2}) \ldots \frac{31}{4} \times \frac{7}{2} = \frac{217}{8} = 27\frac{1}{8}$

824) $(2\frac{1}{3}) \times 5 \ldots \frac{7}{3} \times 5 = \frac{35}{3} = 11\frac{2}{3}$

825) $(3\frac{3}{4}) \times \frac{2}{3} \ldots \frac{15}{4} \times \frac{2}{3} = \frac{5}{2} = 2\frac{1}{2}$

826) $(4\frac{1}{5}) \times (5\frac{3}{4}) \ldots \frac{21}{5} \times \frac{23}{4} = \frac{483}{20} = 24\frac{3}{20}$

827) $8 \times (3\frac{1}{4}) \ldots 8 \times \frac{13}{4} = 26$

828) $\frac{4}{5} \times (2\frac{2}{3}) \ldots \frac{4}{5} \times \frac{8}{3} = \frac{32}{15} = 2\frac{2}{15}$

829) $(1\frac{1}{2}) \times (2\frac{1}{3}) \ldots \frac{3}{2} \times \frac{7}{3} = \frac{7}{2} = 3\frac{1}{2}$

830) $10 \times (2\frac{4}{5}) \ldots 10 \times \frac{14}{5} = 28$

831) $\frac{9}{10} \times (4\frac{1}{5}) \ldots \frac{9}{10} \times \frac{21}{5} = \frac{189}{50} = 3\frac{39}{50}$

832) $(2\frac{2}{3}) \times (4\frac{3}{4}) \ldots \frac{8}{3} \times \frac{19}{4} = \frac{38}{3} = 12\frac{2}{3}$

833) $12 \times (5\frac{1}{3}) \ldots 12 \times \frac{16}{3} = 64$

834) $\frac{3}{5} \times (7\frac{5}{6}) \ldots \frac{3}{5} \times \frac{47}{6} = \frac{47}{10} = 4\frac{7}{10}$

835) $(5\frac{1}{4}) \times (3\frac{1}{3}) \ldots \frac{21}{4} \times \frac{10}{3} = \frac{35}{2} = 17\frac{1}{2}$

Faire les divisions suivantes :

Résultats.

836) $(5\frac{1}{2}) : 7 \ldots \frac{11}{2} : 7 = \frac{11}{14}$

837) $(8\frac{2}{5}) : \frac{1}{2} \ldots \frac{42}{5} : \frac{1}{2} = \frac{42}{5} \times 2 = \frac{84}{5} = 16\frac{4}{5}$

838) $(7\frac{3}{4}) : (3\frac{1}{2}) \ldots \frac{31}{4} : \frac{7}{2} = \frac{31}{4} \times \frac{2}{7} = \frac{31}{14} = 2\frac{3}{14}$

839) $(2\frac{1}{3}) : 5 \ldots \frac{7}{3} : 5 = \frac{7}{15}$

840) $(3\frac{3}{4}) : \frac{2}{3} \ldots \frac{15}{4} : \frac{2}{3} = \frac{15}{4} \times \frac{3}{2} = \frac{45}{8} = 5\frac{5}{8}$

841) $(3\frac{1}{5}) : (5\frac{3}{4}) \ldots \frac{16}{5} : \frac{23}{4} = \frac{16}{5} \times \frac{4}{23} = \frac{64}{115}$

842) $(3\frac{1}{4}) : 8 \ldots \frac{13}{4} : 8 = \frac{13}{32}$

843) $(2\frac{2}{3}) : \frac{4}{9} \ldots \frac{8}{3} : \frac{4}{9} = \frac{8}{3} \times \frac{9}{4} = 6$

844) $(1\frac{1}{2}) : (2\frac{1}{3}) \ldots \frac{3}{2} : \frac{7}{3} = \frac{3}{2} \times \frac{3}{7} = \frac{9}{14}$

845) $8 : (3\frac{3}{4}) \ldots 8 : \frac{15}{4} = 8 \times \frac{4}{15} = \frac{32}{15} = 2\frac{2}{15}$

Résultats.

846) $\frac{9}{10} : (4\frac{1}{5}) \ldots \frac{9}{10} : \frac{21}{5} = \frac{9}{10} \times \frac{5}{21} = \frac{3}{14}$

847) $(5\frac{1}{4}) : (4\frac{3}{4}) \ldots \frac{21}{4} : \frac{19}{4} = \frac{21}{4} \times \frac{4}{19} = \frac{21}{19} = 2\frac{2}{19}$

848) $10 : (2\frac{4}{5}) \ldots 10 : \frac{14}{5} = 10 \times \frac{5}{14} = \frac{25}{7} = 3\frac{4}{7}$

849) $\frac{3}{5} : (7\frac{5}{6}) \ldots \frac{3}{5} : \frac{47}{6} = \frac{3}{5} \times \frac{6}{47} = \frac{18}{235}$

850) $(5\frac{1}{4}) : (3\frac{1}{3}) \ldots \frac{21}{4} : \frac{10}{3} = \frac{21}{4} \times \frac{3}{10} = \frac{63}{40} = 1\frac{23}{40}$

Problèmes sur les nombres fractionnaires.

851) *Deux fois une succession et les $\frac{2}{3}$ de cette succession font 32 000 francs. Quelle est cette succession ?*

Deux fois la succession et les $\frac{2}{3}$ de cette succession font $\frac{8}{3}$ de la succession. Or, ces $\frac{8}{3}$ égalent 32 000 f., donc $\frac{1}{3}$ de la succession égale $\frac{1}{8}$ de 32 000 f. ou 4 000 f. et les $\frac{3}{3}$, ou toute la succession, égalent 3 fois 4000 f. ou 12 000 f.

On peut vérifier : 2 fois 12 000 f. ou 24 000 f. plus les $\frac{2}{3}$ de 12 000 f. ou 8 000 f. égalent 32 000 f.

852) *Un négociant a acheté une maison 60 000 francs qu'il a payés avec le bénéfice de 7 ans $\frac{1}{2}$ de commerce. Quel est ce bénéfice annuel ?*

7 fois le bénéfice annuel plus $\frac{1}{2}$ de ce bénéfice, ou les $\frac{15}{2}$ de ce bénéfice, valent 60 000 f. ; donc $\frac{1}{2}$ de ce bénéfice $= \frac{1}{15}$ de 60 000 f, ou 4 000 f. et les $\frac{2}{2}$ de ce bénéfice ou le bénéfice annuel = 2 fois 4 000 f. ou 8 000f.

On peut vérifier que 7 fois 8000 f. ou 56 000 f. plus la moitié de 8000 f. ou 4000 f. = 60000 f.

853) *On a payé deux voitures 1080 francs ; le prix de la première égale 5 fois le prix de la seconde plus les $\frac{3}{4}$ de ce prix. Combien chaque voiture a-t-elle coûté ?*

Le prix de la 1re voiture égale 5 fois le prix de la 2e, plus les $\frac{3}{4}$ de ce prix, donc 1080 f. égalent 6 fois le prix de la 2e voiture plus les $\frac{3}{4}$ de ce prix ou les $\frac{27}{4}$ de ce prix. Donc $\frac{1}{4}$ de ce prix égale $\frac{1}{27}$ de 1080 f. ou 40 f. et les $\frac{4}{4}$ de ce prix, c'est-à-dire le prix de la 2e voiture = 4 fois 40 f. ou 160 f.

La 1re voiture vaut donc 1080 f. — 160 f. ou 920 f.

On peut vérifier que 5 fois 160 f. ou 800 f. plus les $\frac{3}{4}$ de 160 f. ou 120 f. = 920 f.

---

854) *Deux personnes ont dépensé ensemble 76 francs ; la dépense de la première égale 2 fois la dépense de la seconde plus les $\frac{4}{5}$ de cette dépense. Combien chaque personne a-t-elle dépensé ?*

La dépense de la 1re personne égale 2 fois la dépense de la 2e plus les $\frac{4}{5}$ de cette dépense, donc 76 f. égalent 3 fois la dépense de la 2e personne plus les $\frac{4}{5}$ de cette dépense ou les $\frac{19}{5}$ de cette dépense. Donc $\frac{1}{5}$ de cette dépense égale $\frac{1}{19}$ de 76 f. ou 4 f. et les $\frac{5}{5}$ de cette dépense, c'est-à-dire la dépense de la 2e personne = 5 fois 4 ou 20 f.

La 1re personne a donc dépensé 76 f. — 20 f. ou 56 f.

On peut vérifier que 2 fois 20 f. ou 40 f. plus les $\frac{4}{5}$ de 20 f. ou 16 f. = 56 f.

---

855) *On demande de partager 850 francs entre deux personnes, de manière que la première ait $\frac{5}{6}$ de plus que la deuxième.*

La 1re personne doit avoir une fois la part de la 2e plus les $\frac{5}{6}$ de cette part, donc 850 f. égalent 2 fois la part de la 2e plus les $\frac{5}{6}$ de cette part ou les $\frac{17}{6}$ de cette part. Donc $\frac{1}{6}$ de cette part égale $\frac{1}{17}$ de 850 ou 50 f. et les $\frac{6}{6}$ de cette part, c'est-à-dire la part de la 2e personne = 6 fois 50 f. ou 300 f.

La 1re personne a donc 850 f. — 300 f. ou 550 f.

On peut vérifier que 300 f. plus les $\frac{5}{6}$ de 300 f. ou 250 f. = 550 f.

---

856) *On demandait à une personne quel âge elle avait ; elle répondit : une fois mon âge, plus la moitié de mon âge, plus 2 fois mon âge, plus les $\frac{2}{3}$ de mon âge font 75 ans. Quel âge avait-elle ?*

$1 + \frac{1}{2} + 2 + \frac{2}{3} = \frac{25}{6}$. Donc les $\frac{25}{6}$ de l'âge de cette personne égalent 75 ans ; donc $\frac{1}{6}$ de son âge égale $\frac{1}{25}$ de 75 ans ou 3 ans et les $\frac{6}{6}$ de son âge, ou son âge $=$ 6 fois 3 ans ou 18 ans.

On peut aisément vérifier.

---

857) *La différence entre quatre fois un nombre et les $\frac{7}{8}$ de ce nombre est 75. Quel est ce nombre ?*

$4 - \frac{7}{8} = \frac{25}{8}$. Donc les $\frac{25}{8}$ du nombre cherché égalent 75. Donc $\frac{1}{8}$ de ce nombre égale $\frac{1}{25}$ de 75 ou 3 et les $\frac{8}{8}$ de ce nombre ou le nombre $=$ 8 fois 3 ou 24.

Il est facile de vérifier.

---

858) *Un ouvrier ferait seul un ouvrage en 7 heures $\frac{1}{2}$, un autre en 8 heures $\frac{1}{3}$, et un troisième en 12 heures $\frac{1}{2}$. En combien d'heures ces trois ouvriers feront-ils l'ouvrage en travaillant ensemble ?*

Le 1er ouvrier ferait seul l'ouvrage en 7 heures $\frac{1}{2}$ ou $\frac{15}{2}$ heures, donc en une demi-heure, il en ferait $\frac{1}{15}$ et en une heure, il en ferait $\frac{2}{15}$. Le 2[e] ouvrier ferait seul l'ouvrage en 8 heures $\frac{1}{3}$ ou $\frac{25}{3}$ d'heure. Donc en $\frac{1}{3}$ d'heure, il en ferait $\frac{1}{25}$ et en une heure il en ferait $\frac{3}{25}$. Le 3[e] ouvrier ferait seul l'ouvrage en 12 heures $\frac{1}{2}$ ou $\frac{25}{2}$ heures, donc en une demi-heure, il en ferait $\frac{1}{25}$ et en une heure il en ferait $\frac{2}{25}$. Donc les 3 ouvriers travaillant ensemble feront en une heure $\frac{2}{15} + \frac{3}{25} + \frac{2}{25}$ ou $\frac{1}{3}$ de l'ouvrage ; donc ils feront l'ouvrage en 3 heures.

---

859) *Deux courriers se dirigent l'un vers l'autre ; la distance qui les sépare est 124 kilomètres ; l'un fait 5 kilomètres en 2 heures, et l'autre en fait 8 en 3 heures. Après combien d'heures et à quelle distance des deux points de départ aura lieu la rencontre ?*

Le 1er fait 5 kilomètres en 2 heures, donc en une heure il fait en $\frac{5}{2}$ kilomètres. Le 2e fait 8 kilomètres en 3 heures, donc en une heure il fait $\frac{8}{3}$ de kilomètre. Les 2 courriers se rapprochent donc en une heure de $\frac{5}{2} + \frac{8}{3}$ ou $\frac{31}{6}$ de kil. ; donc ils mettront autant d'heures à se rencontrer que $\frac{31}{6}$ de kil. sont contenus de fois dans 124 kil., c'est-à-dire 24 heures.

Le 1er courrier qui a marché 12 fois 2 h., aura fait 12 fois 5 kil. ou 60 kil.

Le 2e courrier qui a marché 8 fois 3 h., aura fait 8 fois 8 kil. ou 64 kil.

On peut vérifier que la somme des chemins parcourus par les deux courriers égale la distance qui les séparait ; on a en effet 60 kil. + 64 kil. = 124 kil.

---

860) *Un vase* A *contient un mélange de 12 litres de vin et de 6 litres d'eau. Un autre vase* B *contient un mélange de 15 litres de vin et de 9 litres d'eau. On a deux autres vases vides ayant chacun une capacité de 7 litres. On remplit un des vases en puisant dans le vase* A, *et on remplit l'autre en puisant dans le vase* B, *puis on verse dans* A *ce qu'on a ôté de* B, *et dans* B *ce qu'on a ôté de* A. *On demande combien chaque vase contient de vin et d'eau après cette opération.*

Le vase A qui contient 12 litres de vin et 6 litres d'eau contient 18 litres de mélange ; on en ôte 7 litres ; on en ôte donc $\frac{7}{18}$ de 12 litres de vin et $\frac{7}{18}$ de 6 litres d'eau, c'est-à-dire 4 l. $\frac{2}{3}$ de vin et 2 l. $\frac{1}{3}$ d'eau ; il contient donc encore 7 l. $\frac{1}{3}$ de vin et 3 l. $\frac{2}{3}$ d'eau.

De même le vase B qui contient 15 litres de vin et 9 litres d'eau contient 24 litres de mélange ; on en ôte 7 litres ; on en ôte donc $\frac{7}{24}$ de 15 litres de vin et $\frac{7}{24}$ de 9 litres d'eau, c'est-à-dire 4 l. $\frac{3}{8}$ de vin et 2 l. $\frac{5}{8}$ d'eau ; il contient donc encore 10 l. $\frac{5}{8}$ de vin et 6 l. $\frac{3}{8}$ d'eau.

On verse ensuite dans A ce qu'on a ôté de B et dans B ce qu'on a ôté de A ; donc A contient 7 l. $\frac{1}{3}$ + 4 l. $\frac{3}{8}$ ou 11 l. $\frac{17}{24}$ de vin et 3 l. $\frac{2}{3}$ + 2 l. $\frac{5}{8}$ ou 6 l. $\frac{7}{24}$ d'eau et B contient 10 l. $\frac{5}{8}$ + 4 l. $\frac{2}{3}$ ou 15 l. $\frac{7}{24}$ de vin et 6 l. $\frac{3}{8}$ + 2 l. $\frac{1}{3}$ ou 8 l. $\frac{17}{24}$ d'eau.

CHAPITRE V.

SYSTÈME MÉTRIQUE.

Exercices sur la numération.

Énoncer les nombres suivants, en ayant égard aux multiples et aux sous-multiples du mètre carré.

		Résultats.
861)	$364^{mq},456$	Trois *décamètres carrés*, soixante-quatre MÈTRES CARRÉS, quarante-cinq *décimètres carrés*, soixante *centimètres carrés*.
862)	$729^{mq},86421$	Sept *décamètres carrés*, vingt-neuf MÈTRES CARRÉS, quatre-vingt-six *décimètres carrés*, quarante-deux *centimètres carrés*, dix *millimètres carrés*.
863)	1850 ,3651	Dix-huit *décamètres carrés*, cinquante MÈTRES CARRÉS, trente-six *décimètres carrés*, cinquante-et-un *centimètres carrés*.
864)	$4096^{mq},05079$	Quarante *décamètres carrés*. quatre-vingt-seize MÈTRES CARRÉS, cinq *décimètres carrés*, sept *centimètres carrés*, quatre-vingt-dix *millimètres carrés*.
865)	$54350^{mq},02468$	Cinq *hectomètres carrés*, quarante-trois *décamètres carrés*, cinquante MÈTRES CARRÉS, deux *décimètres carrés*, quarante-six *centimètres carrés*, quatre-vingts *millimètres carrés*.

		Résultats.
866)	81543^{mq},3645	Huit *hectomètres carrés*, quinze *décamètres carrés*, quarante-trois MÈTRES CARRÉS, trente-six *décimètres carrés*, quarante-cinq *centimètres carrés*.
867)	512729^{mq},12345	Cinquante - et - un *hectomètres carrés*, vingt - sept *décamètres carrés*, vingt-neuf MÈTRES CARRÉS, douze *décimètres carrés*, trente-quatre *centimètres carrés*, cinquante *millimètres carrés*.
868)	715642^{mq},765	Soixante - et - onze *hectomètres carrés*, cinquante-six *décamètres carrés*, quarante-deux MÈTRES CARRÉS, soixante-seize *décimètres carrés*, cinquante *centimètres carrés*.
869)	4365496^{mq},001375	Quatre *kilomètres carrés*, trente-six *hectomètres carrés*, cinquante-quatre *décamètres carrés*, quatre-vingt-seize MÈTRES CARRÉS, treize *centimètres carrés*, soixante-quinze *millimètres carrés*.
870)	124836^{mq},836	Douze *hectomètres carrés*, quarante-huit *décamètres carrés*, trente-six MÈTRES CARRÉS, quatre-vingt-trois *décimètres carrés*, soixante *centimètres carrés*.

Écrire en chiffres les nombres suivants :

	Résultats.
871) Quatre *décamètres carrés*, huit MÈTRES CARRÉS, trente-cinq *décimètres carrés*, soixante *centimètres carrés*. . .	408^{mq},356
872) Trente-cinq *hectomètres carrés*, cinq *décamètres carrés*, vingt-huit MÈTRES CARRÉS, seize *décimètres carrés*, quarante-neuf *centimètres carrés*. . . .	350528^{mq},1649

	Résultats.
873) Six *hectomètres carrés*, sept *décamètres carrés*, quatre-vingt-neuf MÈTRES CARRÉS, huit *décimètres carrés*, soixante-trois *centimètres carrés*, *vingt millimètres carrés*.	60789^{mq},08632
874) Trois *décimètres carrés*, cinquante-six *centimètres carrés*, trente *millimètres carrés*.	0^{mq},03563
875) Un *centimètre carré*, quarante-cinq *millimètres carrés*.	0^{mq},000145

Enoncer les nombres suivants, en ayant égard au multiple et au sous-multiple usités de l'are.

		Résultats
876)	1789^{a},50	Dix-sept *hectares*, quatre-vingt-neuf ARES, cinquante *centiares*.
877)	1234^{a},56	Douze *hectares*, trente-quatre ARES, cinquante-six *centiares*.
878)	4628^{a},75	Quarante-six *hectares*, vingt-huit ARES, soixante-quinze *centiares*.
879)	23456^{a},78	Deux cent trente-quatre *hectares*, cinquante-six ARES, soixante-dix-huit *centiares*.
880)	25604^{a},25	Deux cent cinquante-six *hectares*, quatre ARES, vingt-cinq *centiares*.
881)	345678^{a},90	Trois mille quatre cent cinquante-six *hectares*, soixante-dix-huit ARES, quatre-vingt-dix *centiares*.
882)	36145^{a},40	Trois cent soixante-et-un *hectares*, quarante-cinq ARES, quarante *centiares*.
883)	135790^{a},24	Mille trois cent cinquante-sept *hectares*, quatre-vingt-dix ARES, vingt-quatre *centiares*.
884)	183064^{a},15	Mille huit cent trente *hectares*, soixante-quatre ARES, quinze *centiares*.
885)	2468015^{a},30	Vingt-quatre mille six cent quatre-vingts *hectares*, quinze ARES, trente *centiares*.

Ecrire en chiffres les nombres suivants:

	Résultats.
886) Trois *hectares*, quinze ARES, vingt-cinq *centiares*.	315ª,25
887) Neuf *hectares*, huit ARES, cinquante *centiares*.	908ª,50
888) Soixante-douze *hectares*, trente-huit ARES, quatre-vingt-cinq *centiares*.	7238ª,85
889) Trois cent quarante-cinq *hectares*, soixante-quatre ARES, dix *centiares*. . . .	34564ª,10
890) Deux mille cinq cents *hectares*, vingt ARES, soixante-quinze *centiares*.	250020ª,75

Enoncer les nombres suivants, en ayant égard aux sous-multiples du mètre cube :

		Résultats.
891)	$25^{mc},4$	Vingt-cinq MÈTRES CUBES, quatre cents *décimètres cubes*.
892)	$8^{mc},4652183$	Huit MÈTRES CUBES, quatre cent soixante-cinq *décimètres cubes*, deux cent dix-huit *centimètres cubes*, trois cents *millimètres cubes*.
893)	$177^{mc},56$	Cent soixante-dix-sept MÈTRES CUBES, cinq cent soixante *décimètres cubes*.
894)	$45^{mc},31026$	Quarante-cinq MÈTRES CUBES, trois cent dix *décimètres cubes*, deux cent soixante *centimètres cubes*.
895)	$234^{mc},365$	Deux cent trente-quatre MÈTRES CUBES, trois cent soixante-cinq *décimètres cubes*.
896)	$341^{mc},4576$	Trois cent quarante-et-un MÈTRES CUBES, quatre cent cinquante-sept *décimètres cubes*, six cents *centimètres cubes*.
897)	$1800^{mc},3437$	Mille huit cents MÈTRES CUBES, trois cent quarante-trois *décimètres cubes*, sept cents *centimètres cubes*.

	Résultats.
898) 1752^{mc},75	Mille sept cent cinquante-deux MÈTRES CUBES, sept cent cinquante *décimètres cubes*.
899) 2465^{mc},13579	Deux mille quatre cent soixante-cinq MÈTRES CUBES, cent trente-cinq *décimètres cubes*, sept cent quatre-vingt-dix *centimètres cubes*.
900) 3660^{mc},4	Trois mille six cent soixante MÈTRES CUBES, quatre cents *décimètres cubes*.

Ecrire en chiffres les nombres suivants :

	Résultats.
901) Deux MÈTRES CUBES, cinq cents *décimètres cubes*.	2^{mc},5
902) Quatre cent vingt-huit MÈTRES CUBES, cinquante-et-un *décimètres cubes*.	428^{mc},051
903) Deux mille trois cent vingt-cinq MÈTRES CUBES, quarante-huit *décimètres cubes*, vingt *centimètres cubes*. . . .	2325^{mc},04802
904) Neuf *décimètres cubes*, soixante-douze *centimètres cubes*.	0^{mc},009072
905) Quatre-vingt-quinze *décimètres cubes*, vingt-neuf *centimètres cubes*, quarante *millimètres cubes*.	0^{mc},09502904

Problèmes sur les nouvelles mesures.

906) *Il a été importé en France :*

48 025 k. de thé en 1841, 396 160 k. en 1842.
149 239 k. — en 1843, 317 962 k. en 1844.
338 143 k. — en 1845 et 417 324 k. en 1846.

Combien en a-t-il été importé en France pendant ces six années ?

Il a été importé en France pendant ces six années, 48 025 k. + 149 239 k. + etc... ou 1 686 853 k.

Opération.

	48 025
	149 239
	358 143
	396 160
	317 962
	417 324
Somme :	1686 853

907) *Les départements français qui cultivent le tabac sont :*

Celui du Nord,	où	1181 *hectares.*
Celui du Pas-de-Calais,		523 —
Celui du Bas-Rhin,	l'on en	2752 —
Celui d'Ile-et-Vilaine,		461 —
Celui du Lot,	cultive	1651 —
Et celui de Lot-et-Garonne,		2959 —

Combien y a-t-il d'hectares en France livrés à la culture du tabac ?

Il y a évidemment en France 1181 + 523 + etc. . . . . ou 9527 hectares livrés à la culture du tabac.

908) *Que coûtent 42 hectares de terrain à 750 francs l'hectare ?*

L'hectare coûte 750 f. donc 42 hectares coûtent 42 fois 750 f. ou 31 500 f.

909) *Que coûtent* 12st,4 *de bois de* 19^{f},25 *le stère ?*

1 stère de bois coûte 19^{f},25, donc 12st,4 coûtent 19^{f},25 × 12,4 ou. . . . . 238^{f},70.

910) *Que coûtent* 15 *hectolitres de blé à* 16^{f},50 *l'hectolitre ?*

L'hectolitre de blé coûte $16^f,50$, donc 15 hectolitres coûtent 15 fois $16^f,50$ ou $247^f,50$.

---

911) *Un marchand de drap qui doit 1500 francs donne en payement $24^m,50$ de drap à $15^f,30$ le mètre, et $9^m,75$ de toile à $2^f,40$ le mètre. Combien doit-il encore ?*

$24^m,50$ de drap à $15^f,30$ le mètre valent $15^f,30 \times 24,50$ ou. . . . . $374^f,85$

Et $9^m,75$ de toile à $2^f,40$ le mètre valent $2^f,40 \times 9,75$ ou. . . . . $23^f,40$

Le marchand a donc payé $374^f,85 + 23^f,40$ ou $398^f,25$

Il doit donc encore 1500 f. — $398^f,25$ ou $1101^f,75$

---

912) *Un mathématicien vend une très-belle montre. On doit lui payer pendant un mois 1 centime le premier jour, 2 centimes le second, 4 centimes le troisième, 8 centimes le quatrième, et ainsi de suite en doublant toujours les centimes jusqu'au trentième jour du mois. Quelle somme le mathématicien recevra-t-il, en supposant qu'il se contente du payement du trentième jour ?*

On doit lui payer :

Le 5ᵉ jour,	$0^f,16$;	le 6ᵉ. . .	$0^f,32$;
Le 7ᵉ. . .	$0^f,64$;	le 8ᵉ. . .	$1^f,28$;
Le 9ᵉ. . .	$2^f,56$;	le 10ᵉ. . .	$5^f,12$;
Le 11ᵉ. . .	$10^f,24$;	le 12ᵉ. . .	$20^f,48$;
Le 13ᵉ. . .	$40^f,96$;	le 14ᵉ. . .	$81^f,92$;
Le 15ᵉ. . .	$163^f,84$;	le 16ᵉ. . .	$327^f,68$;
Le 17ᵉ. . .	$655^f,36$;	le 18ᵉ. . .	$1310^f,72$;
Le 19ᵉ. . .	$2621^f,44$;	le 20ᵉ. . .	$5242^f,88$;
Le 21ᵉ. . .	$10485^f,76$;	le 22ᵉ. . .	$20971^f,52$;
Le 23ᵉ. . .	$41943^f,04$;	le 24ᵉ. . .	$83886^f,08$;
Le 25ᵉ. . .	$167772^f,16$;	le 26ᵉ. . .	$335544^f,32$;
Le 27ᵉ. . .	$671088^f,64$;	le 28ᵉ. . .	$1342177^f,28$;
Le 29ᵉ. . .	$2684354^f,56$;	et le 30ᵉ. . .	$5368709^f,12$;

Le mathématicien recevra donc $5368709^f,12$.

---

913) *Un maquignon vend un très-beau cheval ; il se contente du prix du 24ᵉ clou du cheval, en supposant qu'on compte 5 centimes pour le premier clou, 10 centimes pour le deuxième, 20 centimes pour le troisième, 40 centimes pour le quatrième, et ainsi de suite, en doublant toujours les centimes jusqu'au 24ᵉ clou. Quelle somme le maquignon recevra-t-il pour son cheval ?*

Le 5ᵉ clou coûte :	0ᶠ,80 ;	le 6ᵉ . . .	1ᶠ,60 ;
Le 7ᵉ. . .	3ᶠ,20 ;	le 8ᵉ . . .	6ᶠ,40 ;
Le 9ᵉ. . .	12ᶠ,80 ;	le 10ᵉ . . .	25ᶠ,60 ;
Le 11ᵉ. . .	51ᶠ,20 ;	le 12ᵉ . . .	102ᶠ,40 ;
Le 13ᵉ. . .	204ᶠ,80 ;	le 14ᵉ . . .	409ᶠ,60 ;
Le 15ᵉ. . .	819ᶠ,20 ;	le 16ᵉ . . .	1638ᶠ,40 ;
Le 17ᵉ. . .	3276ᶠ,80 ;	le 18ᵉ . . .	6553ᶠ,60 ;
Le 19ᵉ. . .	13107ᶠ,20 ;	le 20ᵉ . . .	26214ᶠ,40 ;
Le 21ᵉ. . .	52428ᶠ,80 ;	le 22ᵉ . . .	104857ᶠ,60 ;
Le 23ᵉ. . .	209715ᶠ,20 ;	et le 24ᵉ . . .	419430ᶠ,40 ;

Le maquignon recevra donc pour son cheval 419430ᶠ,40.

---

914) *La distance du pôle boréal à l'équateur vaut 10 000 000 de mètres, elle vaut aussi 90 degrés. Combien un degré vaut-il de mètres ?*

90 degrés valent 10 000 000 de mètres, donc 1 degré en vaut la 90ᵉ partie ou 111 111ᵐ,11 à moins d'un centimètre près.

---

915) *On nomme lieue de 25 au degré la 25ᵉ partie d'un degré. Combien la lieue de 25 au degré vaut-elle de mètres ?*

Un degré vaut 111 111ᵐ,11 ; donc une lieue de 25 au degré en vaut la 25ᵉ partie ou 4444ᵐ,44 à moins d'un centimètre près.

---

916) *Evaluer en mètres une demi-lieue, un quart de lieue, trois quarts de lieue ?*

Une lieue vaut. 4444ᵐ,44
Donc une demi-lieue vaut. 2222ᵐ,22

Un quart de lieue vaut. . . . . $1111^m,11$
Et trois quarts de lieue valent. . . . . $3333^m,33$

---

917) *Le kilogramme de sucre coûte $1^f,80$ et le kilogramme de café $3^f,20$. Combien aura-t-on de kilogrammes de sucre ou de café pour $32^f,40$? Et combien aura-t-on de kilogrammes de sucre et de café, si on veut autant de l'un que de l'autre pour $32^f,40$?*

Le kilog. de sucre coûte $1^f,80$; donc pour $32^f,40$ on aura autant de kilog. de sucre que $32^f,40$ contiennent de fois $1^f,80$, c'est-à-dire 18 kilogrammes.

De même, le kilog. de café coûte $3^f,20$; donc pour $32^f,40$ on aura autant de kilog. de café que $32^f,40$ contiennent de fois $3^f,20$, c'est-à-dire $10^k,125$.

Enfin, un kilog. de sucre et un kilog. de café coûtent $1^f,80 + 3^f,20$ ou 5 francs ; donc on aura pour $32^f,40$ autant de kilog. de sucre et de café que 5 francs sont contenus de fois dans $32^f,40$, c'est-à-dire $6^k,48$.

On peut aisément vérifier.

---

918) *Un sac qui pèse 1065 grammes contient 20 pièces de 2 francs, 15 pièces de 1 franc et des pièces de 5 francs ; combien en contient-il, en supposant que le sac vide pèse 15 grammes.*

Une pièce d'un franc pèse 5 g. et une pièce de 2 f. pèse 10 g., donc 15 pièces d'un franc pèsent 15 fois 5 g. ou 75 g. et 20 pièces de 2 f. pèsent 20 fois 10 g. ou 200 g. Si du poids total 1065 g. on retranche le poids du sac plus le poids des pièces d'un franc et de 2 f., c'est-à-dire 15 g. + 75 g. + 200 g. ou 290 g., on a pour reste 775 g. qui représente évidemment le poids des pièces de 5 f. ; mais une pièce de 5 f. pèse 25 g., il y a donc autant de pièces de 5 f. que 775 g. contiennent de fois 25 g., c'est-à-dire 31 pièces.

On peut vérifier.

---

919) *Une personne a 1435^{f},20 de rente annuelle. Combien a-t-elle à dépenser par mois ?*

Cette personne a évidemment à dépenser par mois la 12e partie de son revenu annuel ou 119^{f},60.

---

920) *Combien aura-t-on de kilogrammes de pain pour 511 francs, à 0^{f},28 le kilogramme ?*

On aura évidemment autant de kilog. de pain que le prix d'un kilog. 0^{f},28 est contenu de fois dans 511 f., c'est-à-dire 1825 kilog.

---

921) *Combien faut-il de pièces de 5 francs pour donner un poids égal à 1 kilogramme ?*

Une pièce de 5 f. pèse 25 g. ; donc pour donner un poids égal à 1 kilog., il faut autant de pièces de 5 f. que 25 g. sont contenus de fois dans 1 kilog. ou 1000 g., c'est-à-dire 40 pièces.

---

922) *Un vase pèse vide 75 décagrammes ; il pèse 325 décagrammes quand il est plein d'eau pure. Quelle est la capacité de ce vase ?*

L'eau contenue dans le vase pèse évidemment 3250 g. — 750 g. ou 2500 g. ; or, 1 g. est le poids d'un centimètre cube d'eau, donc 2500 g. sont le poids de 2500 centimètres cubes d'eau. La capacité du vase égale donc 2500 centimètres cubes ou 2^{l},5 ; car un litre vaut un décimètre cube ou 1000 centimètres cubes.

---

923) *La colonne de la Grande-Armée* (place Vendôme, à Paris) *a 43 mètres de hauteur. Quelle serait la valeur d'une pile de pièces de 5 francs égale à cette hauteur, chaque pièce de 5 francs ayant 2 millimètres $\frac{1}{2}$ d'épaisseur ?*

Il y aurait évidemment autant de pièces de 5 f. que 2^{mm},5 sont contenus de fois dans 43 m., c'est-à-dire 17200 pièces. Or chaque pièce vaut 5 f., donc la pile vaudrait 17 200 fois 5 f. ou 86 000 f.

924) *Un renard poursuivi par un lévrier a 600 mètres d'avance. Il fait 3 sauts par seconde, tandis que le lévrier n'en fait que 2; mais 3 sauts du lévrier valent 4^m,20, tandis qu'il faut 7 sauts du renard pour faire 4^m,20. On demande après combien de minutes le lévrier atteindra le renard, et combien chacun d'eux aura fait de sauts?*

3 sauts du lévrier valent 4^m,20; donc 1 saut du lévrier vaut le tiers de 4^m,20 ou 1^m,40; mais il fait 2 sauts par seconde, donc il fait 2 fois 1^m,40 ou 2^m,80 par seconde.

De même, 7 sauts du renard valent 4^m,20; donc 1 saut du renard vaut le 7e de 4^m,20 ou 0^m,60, mais il fait 3 sauts par seconde, donc il fait 3 fois 0^m,60 ou 1^m,80 par seconde. Le lévrier fait donc par seconde 2^m,80 — 1^m,80 ou 1 m. de plus que le renard; il mettra donc à l'atteindre autant de secondes qu'il y a de mètres dans la distance qui les sépare, c'est-à-dire 600 secondes ou 10 minutes.

Le lévrier aura fait 600 fois 2 sauts ou 1 200 sauts, et le renard en aura fait 600 fois 3 ou 1 800.

925) *Un chat guette une souris éloignée de 5 mètres. Il s'en approche de 0^m,05 par minute, et il doit se précipiter sur elle quand il n'en sera plus éloigné que de 1^m,25; mais la souris doit s'en aller au bout d'une heure. On demande si c'est le chat qui attrapera la souris?*

Le chat s'approche de la souris de 0^m,05 par minute, donc en 60 minutes, c'est-à-dire en une heure, il s'en approche de 60 fois 0^m,05 ou de 3 m. Or, il en était éloigné de 5 m.; il en est donc encore éloigné de 2 m. La souris disparaît alors; comme le chat ne devait se précipiter sur elle que quand il n'en serait plus éloigné que de 1^m,25, il ne l'attrapera pas.

926) *Que coûtent 7436 kilogrammes de bois à 2^f,25 les 100 kilogrammes?*

100 kilog. de bois coûtent 2^f,25; donc 1 kilog. coûte la 100e partie de 2^f,25 ou 0^f,0225 et 7436 kilog. coûtent 7436 fois 0^f,0225 ou 167^f,31.

927) *On a 20 pièces d'un franc à la file et au contact, en ligne droite. Combien faut-il y ajouter de pièces de 2 francs pour avoir une longueur égale à 1 mètre?*

Une pièce d'un franc a $0^m,023$ de diamètre, donc 20 pièces d'un franc à la file et au contact occupent une longueur de 20 fois $0^m,023$ ou de $0^m,46$; il manque donc pour avoir 1 mètre, une longueur de $0^m,54$ qu'il faut faire occuper par des pièces de 2 f. à la file et au contact. Or, une pièce de 2 f. a $0^m,027$ de diamètre, il faut donc autant de pièces de 2 f. que $0^m,027$ sont contenus de fois dans $0^m,54$, c'est-à-dire 20 pièces.

928) *On a 11 pièces de 2 francs à la file et au contact, en ligne droite. Combien faut-il y ajouter de pièces de 5 francs pour avoir une longueur d'un mètre?*

Une pièce de 2 f. a $0^m,027$ de diamètre, donc 11 pièces de 2 f. occupent une longueur de 11 fois $0^m,027$ ou de $0^m,297$. Il manque donc pour avoir 1 mètre, une longueur de $0^m,703$ où il faut mettre des pièces de 5 f. Or, une pièce de 5 f. a $0^m,037$ de diamètre, il faut donc autant de pièces de 5 f. que $0^m,037$ sont contenus de fois dans $0^m,703$, c'est-à-dire 19 pièces.

929) *Un kilogramme d'eau de mer contient 50 grammes de sel. Combien 475 décagrammes d'eau de mer en contiennent-ils?*

Un kilogramme égale 100 décagrammes. 100 décagrammes d'eau de mer contiennent donc 50 g. de sel ; donc 1 décagramme en contient la 100e partie ou $0^g,5$, et 475 décagrammes en contiennent 475 fois $0^g,5$ ou $237^g,50$.

930) *Les roues d'une voiture ont $4^m,50$ de circonférence, et la voiture avance par conséquent de $4^m,50$ à chaque tour des roues. Quel chemin la voiture aura-t-elle parcouru quand les roues auront fait 36 000 tours?*

La voiture avance de $4^m,50$ à chaque tour des roues.

Donc quand les roues auront fait 36 000 tours, la voiture aura parcouru 36 000 fois $4^m,50$, c'est-à-dire 162 000 m. ou 162 kilomètres.

931) *On a 34 pièces de 20 francs à la file et au contact. Combien faut-il y ajouter de pièces de 40 francs pour avoir une longueur d'un mètre ?*

Une pièce de 20 f. a $0^m,021$ de diamètre, donc 34 pièces de 20 f. à la file et au contact occupent une longueur de 34 fois $0^m,021$ ou de $0^m,714$. Il manque donc, pour avoir 1 mètre, une longueur de $0^m,286$ où il faut mettre des pièces de 40 f. à la file et au contact. Or, une pièce de 40 f. a $0^m,026$ de diamètre, donc il faut autant de pièces de 40 f. que $0^m,026$ sont contenus de fois dans $0^m,286$ ou 11 pièces.

932) *On a 32 pièces de 40 francs à la file et au contact. Combien faut-il y ajouter de pièces de 20 francs pour avoir une longueur d'un mètre ?*

Une pièce de 40 f. a $0^m,026$ de diamètre, donc 32 pièces de 40 f. occupent une longueur de 32 fois $0^m,026$ ou de $0^m,832$. Il manque donc pour avoir 1 mètre, une longueur de $0^m,168$ où il faut mettre des pièces de 20 f. Or, une pièce de 20 f. a $0^m,021$ de diamètre, il faut donc autant de pièces de 20 f. que $0^m,021$ sont contenus de fois dans $0^m,168$, c'est-à-dire 8 pièces.

933) *Combien faut-il de pièces de 5 francs pour faire équilibre dans une balance à un vase contenant $2^l,86$ d'eau pure, et qui pèse vide 640 grammes ?*

Un litre d'eau pure pèse 1000 grammes, donc $2^l,86$ d'eau pèsent 1000 g. $\times$ 2,86 ou 2860 g. Mais le vase pèse vide 640 g., donc le poids total égale 2860 g. + 640 g. ou 3500 g. Or, une pièce de 5 f pèse 25 g., donc pour faire équilibre à un poids de 3500 g., il faut autant de pièces de 5 f., que 25 g. sont contenus de fois dans 3500 g., c'est-à-dire 140 pièces.

934) *Un vase A contient 50 litres de vin, un autre vase B contient 50 litres d'eau. On a deux autres vases vides de 5 litres ; on retire en même temps avec un de ces vases 5 litres de vin du vase A pour les mettre dans le vase B, et avec l'autre vase 5 litres d'eau du vase B pour les mettre dans le vase A. On retire ensuite en même temps 5 litres du premier mélange pour les mettre dans le second, et 5 litres du second pour les mettre dans le premier. On demande combien chaque vase contient alors de vin et d'eau.*

Le vase A contient 50 l. de vin et le vase B 50 l. d'eau. Si on ôte 5 l. de vin du vase A et 5 l. d'eau du vase B, il restera 45 l. de vin dans le vase A et 45 l. d'eau dans le vase B. Si on verse dans A ce qu'on a ôté de B et dans B ce qu'on a ôté de A, on a dans A 45 l. de vin et 5 l. d'eau et dans B 45 l. d'eau et 5 l. de vin.

Si on ôte alors de B 5 l. ou $\frac{1}{10}$ du mélange, c'est-à-dire $4^l,5$ de vin et $0^l,5$ d'eau, il y restera $40^l,5$ de vin et $4^l,5$ d'eau. Si on ôte aussi de B 5 l. ou $\frac{1}{10}$ du mélange, c'est-à-dire $4^l,5$ d'eau et $0^l,5$ de vin, il y restera $40^l,5$ d'eau et $4^l,5$ de vin. Si donc on verse dans A ce qu'on a ôté de B, et réciproquement, on a dans A $40^l,5 + 0^l,5$ de vin et $4^l,5 + 4^l,5$ d'eau ou 41 l. de vin et 9 l. d'eau, et l'on a dans B $40^l,5 + 0^l,5$ d'eau et $4^l,5 + 4^l,5$ de vin ou 41 l. d'eau et 9 l. de vin.

---

935) *Deux imbéciles, propriétaires de deux champs contigus, sont sans cesse en lutte. L'un d'eux anticipe d'une ou deux raies de charrue sur le champ de son voisin, et s'empare ainsi d'un terrain de 12 mètres carrés, estimé à 4000 francs l'hectare. Celui-ci intente au 1er un procès qu'il gagne ; mais ce procès porté successivement devant la justice de paix et le tribunal civil lui coûte $116^f,15$, et il coûte $975^f,40$ de plus au 1er propriétaire condamné aux frais. On demande 1° le prix du terrain contesté ; 2° ce qu'il en coûte au véritable propriétaire du terrain pour gagner son procès, et 3° ce qu'il en coûte à son voisin pour avoir pris ce qui ne lui appartenait pas.*

Si le terrain contesté vaut 4000 f. l'hectare, il vaut 40 f. l'are ou les 100 mètres carrés, donc un mètre carré de ce terrain vaut $0^f,40$ et 12 mètres carrés valent 12 fois $0^f,40$

ou 4f,80. Or, le véritable propriétaire du terrain a dépensé **116f,15** pour rentrer en possession de son champ ; son procès lui coûte donc **116f,15 — 4f,80** ou **111f,35** ; et comme son voisin a dépensé 975f,40 de plus, il lui en coûte **116f,15 + 975f,40** ou 1091f,55 pour avoir pris ce qui ne lui appartenait pas.

CHAPITRE VI.

CARRÉS ET RACINES CARRÉES.

Exercices sur la formation du carré des nombres entiers.

Élever au carré les nombres suivants :

	936)	937)	938)	939)
	25	365	512	612
	25	365	512	612
Carrés...	625	133 225	262 144	374 544

940)	941)	942)
724	487	954
724	487	954
2896	3409	3816
1448	3896	4770
5068	1948	8586
524176	237169	910116

943)	944)	945)
1849	2548	3546
1849	2548	3546
16641	20384	21276
7396	10192	14184
14792	12740	17730
1849	5096	10638
3418801	6492304	12574116

946) 6549
6549
58941
26196
32745
39294
42889401

947) 4542
4542
9084
18168
22710
18168
20629764

948) 9564
9564
38256
57384
47820
86076
91470096

949) 18437
18437
129059
55311
73748
147496
18437
Carré... 339922969

950) 32945
32945
164725
131780
296505
65890
98835
Carré... 1085373025

951) 75926
75926
455556
151852
683334
379630
531482
Carré... 5764757476

952) 45836
45836
275016
137508
366688
229180
183344
Carré... 2100938896

953) 54981
54981
54981
439848
494829
219924
274905
Carré... 3022910361

954) 64748
64748
517984
258992
453236
258992
388488
Carré... 4192303504

955)

```
      125459
      125459
  ----------
     1129131
     627295
    501836
   627295
  250918
 125459
-----------
15739960681
```

Carré... 15739960681

Exercices sur l'extraction de la racine carrée des nombres entiers.

Extraire la racine carrée des nombres suivants :

956)

23.45	48	
7 45	88	
41	8	

957)

34.56	58	
9 56	108	
92	8	

958)

1.24.56	111	
0 24	21	221
3 56	1	1
1 35		

959)

9.87.65	314	
87	61	624
26 65	1	4
1 69		

960)

67.89	82	
3 89	162	
65	2	

961)

18.90	43	
2 90	83	
41	3	

962)

2.59.72	161	
1 59	26	321
3 72	6	1
51		

963)

45.12.78	671	
9 12	127	1341
23 78	7	1
10 37		

964)	3.57.91	189	
	2 57	28	369
	33 91	8	9
	70		

965)	2.46.81	157	
	1 46	25	307
	21 81	5	7
	32		

966)	54.50.27	738	
	5 50	145	1468
	1 21 27	5	8
	3 83		

967)	56.24.89	749	
	7 24	144	1489
	1 48 89	4	9
	14 88		

968)	24.68.05	496	
	8 68	89	986
	67 05	9	6
	7 89		

969)	37.84.96	615	
	1 84	121	1225
	63 96	1	5
	2 71		

970)	5.48.63.51	2342		
	1 48	43	464	4682
	19 63	3	4	2
	1 07 51			
	13 87			

971)	2.34.98.72	1532		
	1 34	25	303	3062
	9 98	5	3	2
	89 72			
	28 48			

972)	7.12.47.89	2669		
	3 12	46	526	5329
	36 47	6	6	9
	4 91 89			
	12 28			

973)	8.54.72.35	2923		
	4 54	49	582	5843
	13 72	9	2	3
	2 08 35			
	33 06			

974)	73.56.49.27	8576		
	9 56	165	1707	17146
	1 31 49	5	7	6
	12 00 27			
	1 71 51			

975)	18.52.93.65	4304	
	2 52	83	8604
	3 93 65	3	4
	49 49		

Exercices sur le carré et sur la racine carrée des fractions.

Élever au carré les fractions :

		Résultats.		Résultats.
976)	$\frac{2}{3}$	$\frac{4}{9}$;	$\frac{4}{5}$	$\frac{16}{25}$
977)	$\frac{3}{7}$	$\frac{9}{49}$;	$\frac{4}{15}$	$\frac{16}{225}$
978)	$\frac{7}{8}$	$\frac{49}{64}$;	0,8	0,64
979)	$\frac{11}{30}$	$\frac{121}{900}$;	$\frac{7}{40}$	$\frac{49}{1600}$
980)	$\frac{3}{5}$	$\frac{9}{25}$;	$\frac{5}{13}$	$\frac{25}{169}$
981)	$\frac{3}{16}$	$\frac{9}{256}$;	$\frac{4}{25}$	$\frac{16}{625}$
982)	$\frac{8}{11}$	$\frac{64}{121}$;	$\frac{7}{20}$	$\frac{49}{400}$
983)	$\frac{9}{50}$	$\frac{81}{2500}$;	0,24	0,0576

Extraire la racine carrée des fractions :

		Résultats		Résultats
984)	$\frac{9}{25}$	$\frac{3}{5}$;	$\frac{16}{49}$	$\frac{4}{7}$
985)	$\frac{4}{81}$	$\frac{2}{9}$;	$\frac{49}{64}$	$\frac{7}{8}$
986)	$\frac{36}{121}$	$\frac{6}{11}$;	$\frac{25}{144}$	$\frac{5}{12}$
987)	0,16	0,4 ;	$\frac{121}{225}$	$\frac{11}{15}$

Extraire la racine carrée des fractions :

			Résultats.
988)	$\frac{19}{36}$	....	$\frac{2}{3}$ à moins de $\frac{1}{6}$ près.
	$\frac{35}{64}$	....	$\frac{5}{8}$ à moins de $\frac{1}{8}$ près.
989)	$\frac{41}{169}$	....	$\frac{6}{13}$ à moins de $\frac{1}{13}$ près.
	$\frac{51}{196}$	....	$\frac{7}{14}$ à moins de $\frac{1}{14}$ près.
990)	$\frac{21}{49}$	....	$\frac{4}{7}$ à moins de $\frac{1}{7}$ près.
	0,63	....	0,7 à moins de 0,1 près.
991)	$\frac{55}{256}$	....	$\frac{7}{16}$ à moins de $\frac{1}{16}$ près.
	0,1234	....	0,35 à moins de 0,01 près.
992)	$\frac{5}{8}$ ou $\frac{10}{16}$	......	$\frac{3}{4}$ à moins de $\frac{1}{4}$ près.
	$\frac{11}{12}$ ou $\frac{33}{36}$	......	$\frac{5}{6}$ à moins de $\frac{1}{6}$ près.
993)	0,5 ou 0,50	......	0,7 à moins de 0,1 près.
	$\frac{8}{27}$ ou $\frac{24}{81}$	......	$\frac{4}{9}$ à moins de $\frac{1}{9}$ près.
994)	$\frac{7}{20}$ ou $\frac{35}{100}$	......	$\frac{1}{2}$ à moins de 0,1 près.
	$\frac{8}{15}$ ou $\frac{120}{225}$	......	$\frac{2}{3}$ à moins de $\frac{1}{15}$ près.
995)	$\frac{5}{18}$ ou $\frac{10}{36}$	......	$\frac{1}{2}$ à moins de $\frac{1}{6}$ près.
	$\frac{13}{32}$ ou $\frac{26}{64}$	......	$\frac{5}{8}$ à moins de $\frac{1}{8}$ près.

Exercices sur l'extraction de la racine carrée avec approximation.

Extraire la racine carrée :

		Résultats.
996)	*De* 3 *à moins de* $\frac{1}{5}$ *près*	$1\ \frac{3}{5}$
997)	*De* 5 *à moins de* $\frac{1}{2}$ *près*	2

998) *De* 10 *à moins de* $\frac{1}{4}$ *près* 3
999) *De* 7 *à moins de* $\frac{1}{8}$ *près* ...... 2 $\frac{5}{8}$
1000) *De* 5 *à moins de* $\frac{1}{3}$ *près* 2

1001) *De* 24 *à moins de* $\frac{1}{9}$ *près* ...... 4 $\frac{8}{9}$
1002) *De* 12 *à moins de* $\frac{1}{6}$ *près* ...... 3 $\frac{1}{3}$
1003) *De* 35 *à moins de* $\frac{1}{12}$ *près* ...... 5 $\frac{5}{6}$
1004) *De* 20 *à moins de* $\frac{1}{12}$ *près* ...... 4 $\frac{5}{12}$
1005) *De* 75 *à moins de* $\frac{1}{15}$ *près* ...... 8 $\frac{3}{5}$

1006) *De* 6 *à moins de* 0,1 *près* 2,4
1007) *De* 3 *à moins de* 0,01 *près* 1,73
1008) *De* 2 *à moins de* 0,001 *près* ... 1,414
1009) *De* 5 *à moins de* 0,0001 *près*... 2,2360
1010) *De* 10 *à moins de* 0,00001 *près*... 3,16227

1011) *De* $\frac{3}{7}$ *à moins de* $\frac{1}{4}$ *près* ...... $\frac{1}{2}$
1012) *De* $\frac{4}{11}$ *à moins de* $\frac{1}{5}$ *près* ...... $\frac{3}{5}$
1013) *De* $\frac{5}{8}$ *à moins de* 0,1 *près* 0,7
1014) *De* $\frac{7}{12}$ *à moins de* $\frac{1}{20}$ *près* ...... $\frac{3}{4}$
1015) *De* $\frac{8}{15}$ *à moins de* 0,01 *près*..... 0,73

1016) *De* $1+\frac{1}{2}$ *à moins de* $\frac{1}{3}$ *près* 1
1017) *De* $3+\frac{1}{5}$ *à moins de* $\frac{1}{6}$ *près* ...... 1 $\frac{2}{3}$
1018) *De* $6+\frac{3}{8}$ *à moins de* $\frac{1}{2}$ *près* ...... 2 $\frac{1}{2}$
1019) *De* $10+\frac{5}{12}$ *à moins de* 0,001 *près*... 3,227
1020) *De* 12,5 *à moins de* $\frac{1}{8}$ *près* .... 3 $\frac{1}{2}$

Problèmes sur les carrés et sur les racines carrées.

1021) *10 fois la racine carrée d'un nombre vaut 250. Quel est ce nombre ?*

10 fois la racine carrée d'un nombre vaut 250 ; donc cette racine égale le dixième de 250 ou 25, et le nombre cherché égale le carré de 25 ou 625.

1022) *8 fois le carré d'un nombre vaut 8192. Quel est ce nombre ?*

8 fois le carré d'un nombre vaut 8192 ; donc le carré de ce nombre vaut le 8ᵉ de 8192 ou 1024, et le nombre cherché égale la racine carrée de 1024 ou 32.

1023) *Deux nombres sont égaux, et leur produit est 1849. Quels sont ces deux nombres ?*

Le produit de deux nombres est 1849 et ils sont égaux; donc chacun d'eux égale la racine carrée de 1849 ou 43.

1024) *La somme des carrés de deux nombres est 625 et l'un de ces deux nombres est 15. Quel est l'autre nombre ?*

Le carré de 15 est 225. Si on retranche ce carré de 625, il reste 400 qui est évidemment égal au carré de l'autre nombre ; donc ce nombre égale la racine carrée de 400 ou 20.

1025) *On partage 576 francs entre plusieurs personnes ; chaque personne reçoit autant de francs qu'il y a de personnes. Combien y a-t-il de personnes et combien chaque personne reçoit-elle ?*

Chaque personne reçoit autant de francs qu'il y a de personnes ; donc 576 égale le carré du nombre des personnes. Or, 576 est le carré de 24 ; il y a donc 24 personnes et chaque personne reçoit 24 francs.

1026) *On partage 3125 francs entre plusieurs personnes; chaque personne reçoit autant de pièces de 5 francs qu'il y a de personnes. Combien y a-t-il de personnes et combien chaque personne reçoit-elle ?*

3125 f. contiennent 625 pièces de 5 f. On partage donc 625 pièces de 5 f. entre plusieurs personnes de manière que chaque personne reçoit autant de pièces qu'il y a de personnes, c'est-à-dire que 625 est le carré du nombre des personnes. Or, 625 est le carré de 25 ; il y a donc 25 personnes qui reçoivent chacune 25 pièces de 5 f. ou 125 f.

On peut vérifier que 25 fois 125 f. = 3125 f.

1027) *La somme des carrés de deux nombres est 1552 et la différence des carrés de ces deux nombres est 1040. Quels sont ces deux nombres?*

Si les deux carrés étaient égaux, chacun d'eux serait égal à la moitié de 1552 ou à 776. Si on ôte une unité de la 2e moitié pour l'ajouter à la 1re, on a deux nombres dont la somme est encore 1552 et qui diffèrent évidemment de deux unités. Si on ôte deux unités de la 2e moitié, pour les ajouter à la 1re, on a deux nombres dont la somme est 1552 et qui diffèrent de quatre unités, et ainsi de suite. Pour que la différence soit 1040, il faut évidemment ôter la moitié de 1040 ou 520 de l'une des moitiés de 1552 et l'ajouter à l'autre; de sorte que les carrés des deux nombres cherchés sont 776 + 520 ou 1296 et 776 — 520 ou 256, et par conséquent ces nombres sont 36 et 16.

1028) *Un jardinier veut planter dans un terrain carré 3136 arbustes de manière qu'ils forment des rangées parallèles. Combien doit-il mettre d'arbustes sur chaque ligne?*

Si le carré doit contenir 3136 arbustes, 3136 est le carré du nombre des arbustes à mettre sur chaque ligne; or 3136 est le carré de 56, donc le jardinier doit mettre 56 arbustes par rangée.

1029) *La différence des carrés de deux nombres entiers successifs est 65. Quels sont ces deux nombres?*

La différence des carrés de deux nombres successifs égale le double du plus petit nombre plus un. Donc le double du plus petit nombre égale 65 — 1 ou 64, de sorte que le plus petit nombre est la moitié de 64 ou 32, et par conséquent le plus grand est 33.

1030) *Un jardinier veut planter des arbustes dans un terrain carré; il les dispose en carré de manière qu'ils forment des rangées parallèles et il lui en reste 15. Il veut alors mettre un arbuste de plus sur chaque côté du carré, il lui en manque 16. Combien a-t-il d'arbustes?*

La différence des nombres d'arbustes contenus dans les deux carrés successifs que forme le jardinier est évidemment 15 + 16 ou 31 ; mais ces nombres d'arbustes sont les carrés de deux nombres entiers consécutifs, puisque le jardinier ne met la deuxième fois qu'un arbuste de plus sur chaque côté ; il faut donc chercher quels sont les deux nombres successifs dont les carrés diffèrent de 31. Or, la différence des carrés de deux nombres successifs égale deux fois le plus petit nombre plus un ; le double du plus petit nombre égale donc 31—1 ou 30, de sorte que le plus petit nombre égale la moitié de 30 ou 15. Le carré de 15 est 225 ; le jardinier a donc 225 + 15 ou 240 arbustes.

On peut vérifier que si le jardinier met un arbuste de plus sur chaque côté du carré, il lui en manque 16, car le carré de 16 est 256, et 256 = 240 + 16.

CHAPITRE VII.

CUBES ET RACINES CUBIQUES.

Exercices sur la formation du cube des nombres entiers.

Élever au cube les nombres suivants :

1031)		48	1032)	435
		48		435
	Carré...	324	Carré...	189225
		48		435
	Cube...	5832	Cube...	82312875

1033)		548	1034)	2749
		548		2749
	Carré...	300304	Carré...	7557001
		548		2749
	Cube...	164566592	Cube...	20774195749

1035)		76	1036)	654
		76		654
	Carré...	5776	Carré...	427716
		76		654
	Cube...	438976	Cube...	279726264

	1037)		1038)
	873		6548
	873		6548
Carré...	762129	Carré...	42876304
	873		6548
Cube...	665338617	Cube...	280754038592

	1039)		1040)
	89		752
	89		752
Carré...	7921	Carré...	565504
	89		752
Cube...	704969	Cube...	425259008

	1041)		1042)
	938		7456
	938		7456
Carré...	879844	Carré...	55591936
	938		7456
Cube...	825293672	Cube...	414493474816

	1043)		1044)
	365		1849
	365		1849
Carré...	133225	Carré...	3418801
	365		1849
Cube...	48627125	Cube...	6321363049

	1045)		1046)
	2345		8765
	2345		8765
Carré...	5499025	Carré...	76825225
	2345		8765
Cube...	11895213625	Cube...	673373097125

1047)

	450
	450
Carré...	202500
	450
Cube...	91125000

1048)

	3600
	3600
Carré...	12960000
	3600
Cube...	46656000000

1049)

	4000
	4000
Carré...	16000000
	4000
Cube...	64000000000

1050)

	32768
	32768
Carré...	1073741824
	32768
Cube...	35184372088832

Exercices sur l'extraction de la racine cubique des nombres entiers.

1051)

5745	17	
1^3...1	3	17
4745		17
17^3...4913		289
832		17
		4913

1052)

24365	28	
2^3... 8	12	28
16365		28
28^3...21952		784
2413		28
		21952

1053)

150.964	53	53
5^3...125	25	53
25 964	3	2809
53^3...148 877	75	53
2 087		148877

1054)

276.348	65	
6^3...216	36	65
60 348	3	65
65^3...274 625	108	4225
1 723		65
		274625

1055)

18.452	26	
2^3... 8	12	26
10 452		26
26^3...17 576		676
876		26
		17576

1056)

72.487	41	
4^3...64	16	41
8 487	3	41
41^3...68 921	48	1681
3 566		41
		68921

1057)

585.872	83	
8^3...512	64	83
73 872	3	83
83^3...571 787	192	6889
14 085		83
		571787

1058)

641.836	86	
8^3...512	64	86
129 836	3	86
86^3...636 056	192	7396
5 780		86
		636056

1059)

32.548	31	
3^3...27	27	31
5 548		31
31^3...29 791		961
2 757		31
		29791

1060)

150.642	53	
5^3...125	25	53
25 642	3	53
53^3...148 877	75	2809
1 765		53
		148877

1061)

792.430	92	
9^3...729	81	92
63 430	3	92
92^3...778 688	243	8464
13 742		92
		778688

1062)

987.654	99	
9^3...729	81	99
258 654	3	99
99^3...970 299	243	9801
17 355		99
		970299

1063) 12.495.368	232			
2^3... 8	4	23	529	232
4 495	3	23	3	232
23^3...12 167	12	529	1587	53824
328 368		23		232
232^3...12 487 168		12167		12487168
8 200				

1064) 154.372.948	536			
5^3...125	25	53	2809	536
29 372	3	53	3	536
53^3...148 877	75	2809	8427	287296
5 495 948		53		536
536^3...153 990 656		148877		153990656
382 292				

1065) 254.372.840	633			
6^3...216	36	63	3969	633
38 372	3	63	3	633
63^3...250 047	108	3969	11907	400689
4 325 840		63		633
633^3...253 636 137		250047		253636137
736 703				

1066) 16.405.640.752	2540			
2^3... 8	4	25	625	254
8 405	3	25	3	254
25^3...15 625	12	625	1875	64516
780 640		25		254
254^3...16 387 064		15625		16387064
18 576 752				

64516
3
193548

1067) 10.365.400.924 | 2180

2^3...8	
2 365	
21^3...9 261	
1 104 400	
218^3...10 360 232	
5 168 924	

4	21	441	218
3	21	3	218
12	441	1323	47524
	21		218
	9261		10360232

47524
3
142572

1068) 368.549.638.931 | 7169

7^3...343	
25 549	
71^3...357 911	
10 638 638	
716^3...367 061 696	
1 487 942 931	
7169^3...368 447 607 809	
102 031 122	

49	71	5041	716
3	71	3	716
147	5041	15123	512656
	71		716
	357911		367061696

512656	7169
3	7169
1537968	51394561
	7169
	368447607809

1069) 572.467.835.604 | 8303

8^3...512	
60 467	
83^3...571 787	
680 835 604	
8303^3...572 407 234 127	
60 601 477	

64	83	6889	8303
3	83	3	8303
192	6889	2066700	68939809
	83		8303
	571787		572407234127

1070) 90.752.348.651.276 | 44938

```
90.752.348.651.276 | 44938
4³...64
      26 752
44³...85 184
       5 568 348
449³...90 518 849
         233 499 651
4493³..90 700 411 157
          51 937 494 276
44938³.90 748 868 701 672
           3 479 949 604
```

```
16        44       1936        449
 3        44          3        449
48      1936       5808     201601
          44                   449
       85184               90518849

      201601                  4493
           3                  4493
      604803              20187049
                              4493
                        90700411157

    20187049                 44938
           3                 44938
    60561147            2009523844
                             44938
                    90748868701672
```

Exercices sur le cube et sur la racine cubique des fractions.

Élever au cube les fractions :

		Résultats.			Résultats.
1071)	$\frac{1}{2}$	$\frac{1}{8}$;	$\frac{3}{4}$	......	$\frac{27}{64}$
1072)	$\frac{2}{5}$	$\frac{8}{125}$;	$\frac{7}{8}$	......	$\frac{343}{512}$
1073)	$\frac{4}{9}$	$\frac{64}{729}$;	0,3	......	0,027
1074)	$\frac{11}{12}$	$\frac{1331}{1728}$;	$\frac{9}{16}$	......	$\frac{729}{4096}$
1075)	$\frac{3}{8}$	$\frac{27}{512}$;	$\frac{1}{14}$	......	$\frac{1}{2744}$
1076)	0,7	0,343 ;	$\frac{9}{20}$	......	$\frac{729}{8000}$
1077)	$\frac{8}{15}$	$\frac{512}{3375}$;	$\frac{9}{50}$	......	$\frac{729}{125000}$
1078)	0,25	0,015625 ;	0,365	......	0,048627125

Extraire la racine cubique des fractions :

		Résultats.		Résultats.
1079)	$\frac{8}{125}$	$\frac{2}{5}$;	$\frac{27}{64}$	$\frac{3}{4}$
1080)	$\frac{125}{512}$	$\frac{5}{8}$;	$\frac{1}{216}$	$\frac{1}{6}$
1081)	$\frac{27}{343}$	$\frac{3}{7}$;	$\frac{512}{729}$	$\frac{8}{9}$
1082)	$\frac{343}{1728}$	$\frac{7}{12}$;	$\frac{3375}{4096}$	$\frac{15}{16}$

Extraire la racine cubique des fractions :

		Résultats.
1083)	$\frac{51}{64}$	$\frac{3}{4}$ à moins de $\frac{1}{4}$ près.
	$\frac{16}{125}$	$\frac{2}{5}$ à moins de $\frac{1}{5}$ près.
1084)	$\frac{49}{216}$	$\frac{1}{2}$ à moins de $\frac{1}{6}$ près.
	$\frac{109}{512}$	$\frac{1}{2}$ à moins de $\frac{1}{8}$ près.
1085)	0,077	$\frac{2}{5}$ à moins de 0,1 près.
	$\frac{32}{125}$	$\frac{3}{5}$ à moins de $\frac{1}{5}$ près.
1086)	$\frac{100}{729}$	$\frac{4}{9}$ à moins de $\frac{1}{9}$ près.
	$\frac{128}{3375}$	$\frac{1}{5}$ à moins de $\frac{1}{15}$ près.
1087)	$\frac{2}{9}$ ou $\frac{6}{27}$	$\frac{1}{3}$ à moins de $\frac{1}{3}$ près.
	0,5 ou 0,500	0,7 à moins de 0.1 près.
1088)	$\frac{5}{12}$ ou $\frac{90}{216}$	$\frac{2}{3}$ à moins de $\frac{1}{6}$ près.
	$\frac{7}{15}$ ou $\frac{1575}{3375}$	$\frac{11}{15}$ à moins de $\frac{1}{15}$ près.
1089)	$\frac{16}{25}$ ou $\frac{80}{125}$	$\frac{4}{5}$ à moins de $\frac{1}{5}$ près.
	$\frac{3}{20}$ ou $\frac{150}{1000}$	$\frac{1}{2}$ à moins de 0,1 près.
1090)	$\frac{19}{50}$ ou $\frac{380}{1000}$	0,7 à moins de 0,1 près.
	0,44 ou 0,440	0,7 à moins de 0,1 près.

Exercices sur l'extraction de la racine cubique avec approximation.

Extraire la racine cubique :

		Résultats.
1091)	*De* 2 *à moins de* $\frac{1}{5}$ *près*	$1\ \frac{1}{5}$
1092)	*De* 3 *à moins de* $\frac{1}{4}$ *près*	$1\ \frac{1}{4}$
1093)	*De* 4 *à moins de* $\frac{1}{6}$ *près*	$1\ \frac{1}{2}$
1094)	*De* 5 *à moins de* $\frac{1}{12}$ *près*	$1\ \frac{2}{3}$
1095)	*De* 6 *à moins de* $\frac{1}{7}$ *près*	$1\ \frac{5}{7}$
1096)	*De* 9 *à moins de* $\frac{1}{16}$ *près*	$2\ \frac{1}{16}$
1097)	*De* 10 *à moins de* $\frac{1}{8}$ *près*	$2\ \frac{1}{8}$
1098)	*De* 20 *à moins de* $\frac{1}{20}$ *près*	2,7
1099)	*De* 40 *à moins de* $\frac{1}{9}$ *près*	$3\ \frac{1}{3}$
1100)	*De* 100 *à moins de* $\frac{1}{50}$ *près*	$4\ \frac{16}{25}$.
1101)	*De* 3 *à moins de* 0,1 *près*	1,4
1102)	*De* 15 *à moins de* 0,01 *près*	2,46
1103)	*De* 5 *à moins de* 0,01 *près*	1,70
1104)	*De* 9 *à moins de* 0,01 *près*	2,08
1105)	*De* 25 *à moins de* 0,001 *près*	2,924
1106)	*De* $\frac{3}{5}$ *à moins de* $\frac{1}{6}$ *près*	$\frac{5}{6}$
1107)	*De* $\frac{4}{7}$ *à moins de* $\frac{1}{5}$ *près*	$\frac{4}{5}$
1108)	*De* $\frac{4}{7}$ *à moins de* $\frac{1}{4}$ *près*	$\frac{3}{4}$
1109)	*De* $\frac{7}{16}$ *à moins de* 0,1 *près*	0,7
1110)	*De* 0,4 *à moins de* $\frac{1}{8}$ *près*	$\frac{5}{8}$

1111) *De* $24,75$ *à moins de* $\frac{1}{9}$ *près* ...... $2\frac{8}{9}$

1112) *De* $5+\frac{1}{4}$ *à moins de* $\frac{1}{3}$ *près* ...... $1\frac{2}{3}$

1113) *De* $6+\frac{3}{8}$ *à moins de* $\frac{1}{26}$ *près* ...... $1\frac{11}{13}$

1114) *De* $12+\frac{4}{5}$ *à moins de* 0,01 *près* 2,33

1115) *De* $20+\frac{1}{2}$ *à moins de* $\frac{1}{30}$ *près* ...... $2\frac{11}{15}$

Problèmes sur les cubes et sur les racines cubiques.

1116) *4 fois la racine cubique d'un nombre vaut* 60. *Quel est ce nombre ?*

4 fois la racine cubique d'un nombre vaut 60, donc la racine cubique de ce nombre est le quart de 60 ou 15 et le nombre cherché est le cube de 15 ou 3375.

1117) *Le quart du cube d'un nombre vaut* 3456. *Quel est ce nombre ?*

Le quart du cube d'un nombre vaut 3456 ; donc le cube de ce nombre vaut 4 fois 3456 ou 13824, et le nombre cherché est la racine cubique de 13824 ou 24.

1118) *Le produit d'un nombre par les trois quarts de son carré égale* 1296. *Quel est ce nombre ?*

Le produit d'un nombre par les trois quarts de son carré égale les $\frac{3}{4}$ du cube de ce nombre. Donc les $\frac{3}{4}$ du cube du nombre cherché égalent 1296 ; donc $\frac{1}{4}$ de ce cube $= \frac{1}{3}$ de 1296 ou 432 et les $\frac{4}{4}$ de ce cube ou le cube du nombre cherché, $=$ 4 fois 432 ou 1728. Donc le nombre cherché égale la racine cubique de 1728 ou 12.

1119) *La somme des cubes de deux nombre est 23 625 et l'un de ces nombres est 20. Quel est l'autre nombre?*

Le cube de 20 est 8000. Si on retranche 8000 de 23625, il reste 15625 qui est évidemment le cube du 2e nombre. Donc le nombre cherché égale la racine cubique de 15625 ou 25.

1120) *La somme des cubes de deux nombres est 189 000 et la différence des cubes de ces deux nombres est 61 000. Quels sont ces deux nombres?*

La somme des cubes de deux nombres est 189 000. Si les 2 cubes étaient égaux, chacun d'eux égalerait la moitié de 189 000 ou 94 500 ; s'ils différaient de 2, 4, 6..... on les obtiendrait évidemment en retranchant 1, 2, 3....., de l'une des moitiés et en ajoutant 1, 2, 3,..... à l'autre moitié ; mais ils diffèrent de 61 000 dont la moitié est 30 500, donc l'un des cubes est 94 500 + 30 500 ou 125 000 et l'autre 94 500 — 30 500 ou 64 000.

Le 1er nombre égale donc la racine cubique de 125 000 ou 50, et le 2e nombre égale la racine cubique de 64 000 ou 40.

CHAPITRE VIII.

PROPORTIONS.

Calculer le terme inconnu des proportions :

		Résultats.
1121)	$6 : 3 :: 8 : x$	$x = \frac{3 \times 8}{6} = 4$
1122)	$10 : 2 :: 15 : x$	$x = \frac{2 \times 15}{10} = 3$
1123)	$x : 3 :: 32 : 5$	$x = \frac{3 \times 32}{5} = 19 + \frac{1}{5}$
1124)	$4 : 12 :: x : 15$	$x = \frac{4 \times 15}{12} = 5$
1125)	$18 : 24 :: x : 4$	$x = \frac{18 \times 4}{24} = 3$
1126)	$4 : x :: 5 : 75$	$x = \frac{4 \times 75}{5} = 60$
1127)	$5 : x :: 2 : 8$	$x = \frac{5 \times 8}{2} = 20$
1128)	$42 : x :: 6 : 5$	$x = \frac{42 \times 5}{6} = 35$
1129)	$96 : 8 :: x : 6$	$x = \frac{96 \times 6}{8} = 72$
1130)	$x : 3 :: 20 : 4$	$x = \frac{3 \times 20}{4} = 15$
1131)	$x : 48 :: 5 : 6$	$x = \frac{48 \times 5}{6} = 40$
1132)	$44 : 55 :: 4 : x$	$x = \frac{55 \times 4}{44} = 5$
1133)	$42 : 35 :: 7 : x$	$x = \frac{35 \times 7}{42} = 5 + \frac{5}{6}$
1134)	$36 : 45 :: 4 : x$	$x = \frac{4 \times 45}{36} = 5$
1135)	$x : \frac{4}{5} :: \frac{5}{6} : \frac{8}{9}$	$x = \frac{4}{5} \times \frac{5}{6} \times \frac{9}{8} = \frac{3}{4}$

Calculer le terme inconnu des proportions continues

			Résultats.
1136)	$128 : x :: x : 32$	$x=\sqrt{128\times32}$	$=64$
1137)	$288 : x :: x : 18$	$x=\sqrt{228\times18}$	$=72$
1138)	$360 : x :: x : 10$	$x=\sqrt{360\times10}$	$=60$
1139)	$\frac{4}{7} : x :: x : \frac{7}{25}$	$x=\sqrt{\frac{4}{7}\times\frac{7}{25}}$	$=\frac{2}{5}$
1140)	$\frac{80}{243} : x :: x : 0{,}6$	$x=\sqrt{\frac{80}{243}\times0{,}6}$	$=\frac{4}{9}$
1141)	$18{,}49 : x :: x : 0{,}25$	$x=\sqrt{18{,}49\times0{,}25}$	$=2{,}15$

Trouver une moyenne proportionnelle entre :

1142)	25 *et* 4	On a $25 : x :: x : 4$	d'où $x=10$
1143)	16 *et* 9	On a $16 : x :: x : 9$	d'où $x=12$
1144)	44 *et* 11	On a $44 : x :: x : 11$	d'où $x=22$
1145)	24 *et* 6	On a $24 : x :: x : 6$	d'où $x=12$
1146)	56 *et* 14	On a $56 : x :: x : 14$	d'où $x=28$
1147)	72 *et* 50	On a $72 : x :: x : 50$	d'où $x=60$
1148)	20 *et* $\frac{5}{9}$	On a $20 : x :: x : \frac{5}{9}$	d'où $x=3+\frac{1}{3}$
1149)	$\frac{3}{5}$ *et* $\frac{20}{27}$	On a $\frac{3}{5} : x :: x : \frac{20}{27}$	d'où $x=\frac{2}{3}$
1150)	$\frac{3}{4}$ *et* $\frac{25}{48}$	On a $\frac{3}{4} : x :: x : \frac{25}{48}$	d'où $x=\frac{5}{8}$

CHAPITRE IX.

RÈGLES DE TROIS.

Problèmes sur la règle de trois simple.

1151) *Un ouvrier gagne 21 francs en 6 jours. En combien de jours gagnera-t-il 70 francs ?*

Un ouvrier gagne 21 f. en 6 jours, il gagne donc 1 f. en $\frac{6}{21}$ ou $\frac{2}{7}$ de jour et il gagnera 70 f. en 70 fois $\frac{2}{7}$ de jour, c'est-à-dire en 20 jours.

1152) *Une pièce de drap ayant* $8^m,40$ *de long a coûté* $162^f,96$. *Quelle est la longueur d'une pièce du même drap qui a coûté* $405^f,46$ *?*

Pour $162^f,96$ on a eu $8^m,40$ de drap ; donc pour 1 f. on a eu $\frac{8^m,40}{162,96}$ et pour $405^f,46$ on a eu $\frac{8^m,40 \times 405,46}{162,96}$ ou $20^m,90$.

1153) *Un voyageur a parcouru 64 kilomètres en 5 jours. Combien parcourra-t-il de kilomètres en 8 jours dans les mêmes circonstances ?*

En 5 jours le voyageur a parcouru 64 kil.

Donc en 1 j. il a parcouru 5 fois moins ou $\frac{64 \text{ k.}}{5}$

Et en 8 jours il parcourra 8 fois plus ou $\frac{64 \text{ k.} \times 8}{5}$

On trouve $102^k,40$.

1154) *Un régiment avait 308 kilomètres à parcourir, il en a parcouru 132 en 6 jours. En combien de jours parcourra-t-il le reste ?*

Le régiment doit encore parcourir 308 k — 132 k ou 176 k. Or il a parcouru 132 k. en 6 jours, donc il a parcouru 1 k. en $\frac{6}{132}$ ou $\frac{1}{22}$ de jour, et il parcourra les 176 k. qui restent en 176 fois $\frac{1}{22}$ de jour, c'est-à-dire en 8 jours.

1155) *Un équipage n'a plus que pour 10 jours de vivres, mais il doit tenir la mer pendant 18 jours. A combien doit-on réduire la ration de 450 grammes de biscuit par jour ?*

Pour 10 jours de mer la ration est de 450 g. de biscuit par jour ; donc pour un jour de mer, elle doit être 10 fois plus grande ou de 4500 g. et pour 18 jours de mer, elle doit être 18 fois moindre ou de 250 g.

1156) *Une locomotive qui se meut d'un mouvement uniforme parcourt 16 kilomètres en 25 minutes. En combien de temps parcourra-t-elle 120 kilomètres ?*

La locomotive parcourt 16 kilomètres en 25 minutes, donc elle parcourt 1 k. en $\frac{25}{16}$ de minute, et 120 k. en 120 fois $\frac{25}{16}$ de minute, c'est-à-dire en 187 minutes $\frac{1}{2}$ ou en 3 heures et 7 minutes $\frac{1}{2}$.

1157) *Un marchand vend 40 f. un objet qui lui en coûte 32. Combien gagne-t-il pour 100 sur la vente qu'il fait ?*

Sur une vente de 40 f le marchand gagne 40 f. — 32 f. ou 8 f. ; donc sur 1 f. de vente il gagne $\frac{8}{40}$ ou $\frac{1}{5}$ de franc et sur 100 f. de vente, il gagne 100 fois $\frac{1}{5}$ de franc ou 20 f. Il gagne donc 20 pour cent.

1158) *Un marchand gagne 15 pour 100 sur la vente qu'il fait. Il vend un jour pour 300 f. Combien gagne-t-il ?*

Sur 100 f. de vente, le marchand gagne 15 f., donc sur 3 fois 100 f. ou 300 f., il gagne 3 fois 15 f. ou 45 f.

1159) *Combien coûtent 100 œufs à $0^f,75$ la douzaine ?*

12 œufs coûtent $0^f,75$, donc 4 œufs coûtent le tiers de $0^f,75$ ou $0^f,25$ et 100 œufs coûtent 25 fois $0^f,25$ ou $6^f,25$.

1160) 25 *mètres de drap ont coûté* $612^f,50$. *Combien faut-il vendre* 10 *mètres du même drap pour gagner* $3^f,75$ *par mètre ?*

25 mètres de drap ont coûté $612^f,50$; donc un mètre a coûté 25 fois moins ou $24^f,50$. On veut gagner $3^f,75$ par mètre, donc on doit vendre un mètre $24^f,50 + 3^f,75$ ou $28^f,25$ et 10 mètres $282^f,50$.

1161) $3^{st},6$ *de bois ont coûté* $59^f,40$. *Que coûteront* $8^{st},5$ *du même bois ?*

$3^{st},6$ ont coûté $59^f,40$; donc 1 st. a coûté $\frac{59^f,40}{3,6}$ ou $16^f,50$ et $8^{st},5$ coûteront $16^f,50 \times 8,5$ ou $140^f,25$.

1162) *Un vaisseau a* 24 *hommes d'équipage, il reçoit* 16 *naufragés. A combien doit-on réduire la ration de* 64 *décagrammes de biscuit ?*

Pour nourrir 24 hommes, la ration est 640 g. de biscuit par homme; donc pour nourrir un homme elle serait 24 fois plus grande ou 650 g. × 24 et pour en nourrir 24 + 16 ou 40 elle doit être 40 fois moindre ou

$$\frac{640 \text{ g.} \times 24}{40} = 380 \text{ grammes}.$$

1163) *Une citadelle contient* 1,200 *hommes qui ont des vivres pour* 4 *mois. Combien faut-il faire sortir d'hommes pour que les vivres puissent durer* 6 *mois ?*

Il y a des vivres pendant 4 mois pour 1 200 hommes ; donc il y en aurait pendant 1 mois pour 4 fois 1 200 ou 4 800 hommes et pendant 6 mois, pour 6 fois moins ou 800 hommes.

Il faut donc faire sortir de la citadelle 1 200 — 800 ou 400 hommes.

1164) 15 *ouvrières ont fait un trousseau en 14 jours. En combien de jours le feraient 35 ouvrières ?*

15 ouvrières ont fait un trousseau en 14 jours ; donc une ouvrière le ferait en 15 fois plus de temps ou 14 j. × 15 et 35 ouvrières le feraient en 35 fois moins de temps, ou $\frac{14\text{ j.} \times 15}{35}$ c'est-à-dire en 6 jours.

1165) 8 *ouvrières peuvent faire un trousseau en 6 jours. Combien faudrait-il employer d'ouvrières pour le faire en 4 jours ?*

8 ouvrières peuvent faire un trousseau en 6 jours ; donc pour le faire en 1 jour, il faudrait 6 fois 8 ou 48 ouvrières, et pour le faire en 4 jours, il en faudrait 4 fois moins ou 12.

1166) $4^{l},5$ *de vin ont coûté* $3^{f},60$. *Combien aurait-on de litres du même vin pour* $6^{f},40$?

Pour $3^{f},60$ on a eu $4^{l},5$ de vin, donc pour 1 f. on en a eu $\frac{4^{l},5}{3,6}$ et pour $6^{f},40$ on en aurait $\frac{4^{l},5}{3,6} \times 6,40$ ou 8 litres.

1167) *Un vaisseau a 30 hommes d'équipage, il reçoit des naufragés, et on réduit la ration de 96 décagrammes de biscuit à 576 grammes. Combien a-t-il de naufragés ?*

Avec une ration de 960 g. de biscuit par homme, on nourrit 30 hommes ; donc avec une ration d'un gramme on en nourrirait 960 fois plus ou 30 h. × 960, et avec une ration de 576 g. on en nourrirait 576 fois moins ou $\frac{30\text{ h} \times 960}{576}$, c'est-à-dire 50 hommes.

Le vaisseau a donc reçu 50—30 ou 20 naufragés.

1168) *Il a fallu* 72 *mètres de drap ayant* $1^m,50$ *de largeur pour faire un certain nombre d'habits. Combien faudrait-il de mètres si le drap n'avait que* $1^m,20$ *de largeur?*

Il a fallu pour faire les habits 72 m. de drap ayant $1^m,50$ de largeur; si le drap n'avait que 1 mètre de largeur, il en faudrait évidemment 72 m. × 1,50, et s'il avait $1^m,20$, il en faudrait $\frac{72\text{ m.} \times 1,50}{1,20} = 90$ mètres.

1169) *Une personne a économisé* 12 000 *francs en* 9 *ans. Dans combien de temps aura-t-elle* 50 000 *f. d'économie, si elle économise chaque année la même somme?*

Cette personne a économisé 12 000 f. en 9 ans, donc elle a économisé 1 f. en $\frac{9}{12000}$ ou $\frac{3}{4000}$ d'année et elle aura économisé 50 000 f. en 50 000 fois $\frac{3}{4000}$ d'année, c'est-à-dire en 37 ans $\frac{1}{2}$.

1170) *La garnison d'une citadelle se compose de* 300 *hommes qui ont des vivres pour* 15 *jours. De combien d'hommes doit-elle être augmentée, pour que, la ration restant la même, les vivres puissent durer* 12 *jours?*

Il y a des vivres pendant 15 jours pour 300 hommes; donc il y en aurait pendant un jour pour 15 fois 300 ou 4 500 hommes et pendant 12 jours pour 12 fois moins ou 375 hommes.

On doit donc augmenter la garnison de 75 hommes.

Problèmes sur la règle de trois composée.

1171) *6 pièces de drap ayant chacune 18 mètres de longueur et $1^m,20$ de largeur ont coûté 2700 francs. Que coûteraient 4 pièces du même drap ayant chacune 15 mètres de longueur et $0^m,90$ de largeur?*

6 pièces de drap ayant chacune 18 mètres de longueur et $1^m,20$ de largeur ont coûté 2700 f.; donc 1 pièce du même drap coûterait 6 fois moins ou. . . . $\frac{2700 \text{ f.}}{6}$

1 pièce ayant 1 m. de longueur et $1^m,20$ de larg. coûterait 18 fois moins ou. . . . $\frac{2700 \text{ f.}}{6 \times 18}$

1 pièce ayant 1 m. de longueur et 1 m. de largeur coûterait le prix de la précédente divisé par $1^m,20$ ou. . . $\frac{2700 \text{ f.}}{6 \times 18 \times 1,20}$

4 pièces de ce drap coûteraient 4 fois plus ou. . . . . $\frac{2700 \text{ f.} \times 4}{6 \times 18 \times 1,20}$

4 pièces ayant 15 m. de longueur coûteraient 15 fois plus ou. . . . $\frac{2700 \text{ f.} \times 4 \times 15}{6 \times 18 \times 1,20}$

Et 4 pièces ayant 15 m. de longueur et $0^m,90$ de largeur coûteraient le prix précédent, multiplié par 0,90 ou. . . . . $\frac{2700 \text{ f.} \times 4 \times 15 \times 0,90}{6 \times 18 \times 1,20}$

On trouve 1125 francs.

1172) *Un maître de pension a dépensé 750 francs pour la nourriture de 60 élèves pendant 10 jours. Combien aurait-il dépensé pour la nourriture de 90 élèves pendant 15 jours?*

Un maître de pension a dépensé 750 f. pour la nourriture de 60 élèves pendant 10 jours; donc pour la nourriture d'un élève pendant 10 jours il dépenserait 60 fois moins ou. . . . . $\frac{750 \text{ f.}}{60}$

Pour la nourriture d'un élève pendant 1 j., il dépenserait 10 fois moins ou. . . $\frac{750 \text{ f.}}{60 \times 10}$

Pour la nourriture de 90 élèves pendant 1 j., il dépenserait 90 fois plus ou. . . $\frac{750 \text{ f.} \times 90}{60 \times 10}$

Et pour la nourriture de 90 élèves pendant 15 jours, il dépenserait 15 fois plus ou. . . . . $\frac{750 \text{ f.} \times 90 \times 15}{60 \times 10}$

On trouve $1687^{f},50$.

1173) *6 personnes ont dépensé pour leur nourriture dans un hôtel 216 f. en 8 jours ; combien de personnes dépenseraient aux mêmes conditions 90 f. en 5 jours?*

216 f. ont été dépensés en 8 jours par 6 personnes, donc 1 f. serait dépensé en 8 jours par 216 fois moins de personnes ou. . . . . $\frac{6}{216}$

1 f. serait dépensé en un jour par 8 fois plus ou. . . . . $\frac{6 \times 8}{216}$

90 f. seraient dépensés en un jour par 90 fois plus ou. . . . . $\frac{6 \times 8 \times 90}{216}$

Et 90 f. seraient dépensés en 5 jours par 5 fois moins ou. . . . . $\frac{6 \times 8 \times 90}{216 \times 5}$

On trouve 4 personnes.

1174) *Un voyageur a parcouru 120 kilomètres en marchant 8 heures par jour pendant 5 jours. Combien en parcourrait-il en marchant 6 heures par jour pendant 10 jours?*

Un voyageur en marchant 8 heures par jour pendant 5 jours a parcouru 120 k.; donc en marchant 1 heure par jour pendant 5 jours, il en parcourrait 8 fois moins ou . . . . $\frac{120 \text{ k.}}{8}$

En marchant 1 heure par jour pendant 1 jour, il en parcourrait 5 fois moins ou. $\frac{120\text{k.}}{8\times5}$

En marchant 6 heures par jour pendant un jour, il en parcourrait 6 fois plus ou. $\frac{120\text{k.}\times6}{8\times5}$

Et en marchant 6 h. par jour pendant 10 jours, il en parcourrait 10 fois plus ou $\frac{120\text{k.}\times6\times10}{8\times5}$

On trouve 180 kilomètres.

1175) *Le transport de 4 caisses de marchandises, pesant chacune 120 kilogrammes, a coûté 96 f. Quel est le poids de 10 caisses dont le transport à la même distance a coûté 300 f. ?*

4 caisses pesant chacune 120 k., pèsent ensemble 4 fois 120 k. ou 480 k.; or, pour 96 f., on a fait transporter 480 k.; donc pour 1 f., on en ferait transporter 96 fois moins ou. . . . . $\frac{480\text{ k.}}{96}$

Et pour 300 f. on en ferait transporter 300 fois plus ou. . . . . $\frac{480\text{ k.}\times300}{96}$

On trouve 1500 k.

Les 10 caisses pèsent donc ensemble 1500 k.; donc chaque caisse pèse 150 k.

1176) *Le transport de 480 kilogrammes de marchandises à une distance de 50 kilomètres a coûté 24 f. Quel est le poids d'une caisse de marchandises dont le transport à 40 kilomètres a coûté 14f,40 ?*

Pour 24 f. on a fait transporter à 50 kilomètres, 480 k. de marchandises; donc pour 1 f. on ferait transporter à 50 k. 24 fois moins ou. . $\frac{480\text{ k.}}{24}$

Pour 1 f. on ferait transporter à 1 k. 50 fois plus ou. . . . . $\frac{480\text{ k.}\times50}{24}$

Pour $14^f,40$ on ferait transporter à 1 kilom. . . . . $\frac{480\text{k.}\times 50\times 14,40}{24}$

Et pour $14^f,40$, on ferait transporter à 40 kilom. 40 fois moins ou. $\frac{480\text{k.}\times 50\times 14,40}{24\times 40}$

On trouve 360 kilog.

1177) 6 *ouvriers ont gagné* 200 *f. en travaillant* 8 *heures par jour pendant* 10 *jours. Combien d'heures par jour ont travaillé* 5 *ouvriers qui ont gagné* 225 *f. en* 12 *jours?*

6 ouvriers ont gagné 200 f. en 10 jours en travaillant 8 heures par jour; donc 1 ouvrier gagnerait 200 f. en 10 jours en travaillant 6 fois plus d'heures ou. $8\text{ h.}\times 6$

1 ouvrier gagnerait 1 f. en 10 j. en travaillant 200 fois moins d'heures ou. . . . $\frac{8\text{ h.}\times 6}{200}$

1 ouvrier gagnerait 1 f. en 1 jour en travaillant 10 fois plus d'heures ou. . . . $\frac{8\text{h.}\times 6\times 10}{200}$

5 ouvriers gagneraient 1 f. en 1 jour en travaillant 5 fois moins d'heures ou. . . . . $\frac{8\text{h.}\times 6\times 10}{200\times 5}$

5 ouvriers gagneraient 225 f. en 1 jour en travaillant 225 fois plus d'heures ou. . . . . $\frac{8\text{h.}\times 6\times 10\times 225}{200\times 5}$

Et 5 ouvriers gagneraient 225 f. en 12 jours en travaillant 12 fois moins d'heures ou. . . . . . . $\frac{8\text{h.}\times 6\times 10\times 225}{200\times 5\times 12}$

On trouve 9 heures.

1178) 4 *ouvriers ont fait en* 6 *jours* 40 *mètres d'ouvrage. Combien faudrait-il employer d'ouvriers pour faire* 75 *mètres du même ouvrage en* 9 *jours?*

40 mètres d'ouvrage ont été faits en 6 jours par 4 ouvriers ; donc 1 mètre d'ouvrage serait fait en 6 jours par 40 fois moins d'ouvriers ou. . . $\frac{4}{40}$

1 mètre d'ouvrage serait fait en 1 jour par 6 fois plus d'ouvriers ou. . . . . $\frac{4\times6}{40}$

75 mètres d'ouvrage seraient faits en 1 jour par 75 fois plus d'ouvriers ou. . . $\frac{4\times6\times75}{40}$

Et 75 mètres d'ouvrage seraient faits en jours par 9 fois moins d'ouvriers ou. . . $\frac{4\times6\times75}{40\times9}$

On trouve 5 ouvriers.

1179) 2 *pièces de drap ayant chacune* 20 *mètres de longueur et* 1^{m},20 *de largeur ont coûté* 900 *f. Quelle serait la largeur de* 3 *pièces du même drap ayant chacune* 16 *mètres de longueur et qui coûteraient* 1125 *f.?*

900 f. sont le prix de 2 pièces de drap ayant 20 m. de longueur et 1^{m},20 de largeur ; donc 1 f. serait le prix de 2 pièces du même drap ayant 20 m. de longueur et une largeur 900 fois moindre, c.-à-d. . . . . . $\frac{1^{m},20}{900}$

1 f. serait le prix d'une pièce ayant 20 m. de longueur et une largeur double, c'est-à-dire. . . . . $\frac{1^{m},20\times2}{900}$

1 f. serait le prix d'une pièce ayant 1 m. de longueur et une largeur 20 fois plus grande, c'est-à-dire. . . . $\frac{1^{m},20\times2\times20}{900}$

1125 f. seraient le prix d'une pièce ayant 1 m. de long et une largeur 1125 plus grande, c.-à-d. $\frac{1^{m},20\times2\times20\times1125}{900}$

1125 f. seraient le prix de 3 pièces ayant 1 m. de long et une largeur 3 fois moindre, c'est-à-dire. $\frac{1^{m},20\times2\times20\times1125}{900\times3}$

Et 1125 f. seraient le prix de 3 pièces ayant 16 m. de long et une largeur 16 fois moindre, c'est-à-dire. . . . . $\frac{1^m,20\times2\times20\times1125}{900\times3\times16}$

On trouve $1^m,25$.

1180) *10 ouvriers ont gagné 750 f. en 25 jours. En combien de jours 8 ouvriers gagneraient-ils 480 f. aux mêmes conditions?*

10 ouv. ont gagné 750 f. en 25 jours, donc 1 ouv. gagnerait 750 f. en 10 fois plus de jours ou. . . . $25\text{ j.}\times10$

1 ouvrier gagnerait 1 f. en 750 fois moins de jours ou. . . . . $\frac{25\text{ j.}\times10}{750}$

8 ouvriers gagneraient 1 f. en 8 fois moins de jours ou. . . . . $\frac{25\text{ j.}\times10}{750\times8}$

Et 8 ouvriers gagneraient 480 f. en 480 fois plus de jours ou. . . . . $\frac{25\text{ j.}\times10\times480}{750\times8}$

On trouve 20 jours.

1181) *On a payé 360 francs à 15 ouvriers qui ont travaillé 8 heures par jour pendant 9 jours. Combien aurait-on à payer à 20 ouvriers qui travailleraient 10 heures par jour pendant 12 jours?*

15 ouvriers qui ont travaillé 8 heures par jour pendant 9 jours, ont reçu 360 f., donc 1 ouvrier travaillant le même temps recevrait 15 fois moins ou. . . . . . $\frac{360\text{ f.}}{15}$

1 ouvrier travaillant 1 heure par jour pendant 9 jours recevrait 8 fois moins, ou . . . . $\frac{360\text{ f.}}{15\times8}$

1 ouvrier travaillant 1 heure par jour pendant 1 jour recevrait 9 fois moins ou. . . . . $\frac{360\text{ f.}}{15\times8\times9}$

20 ouvriers travaillant 1 heure par jour pendant 1 jour recevraient 20 fois plus, ou. . . . . $\frac{360 \text{ f.} \times 20}{15 \times 8 \times 9}$

20 ouvriers travaillant 10 heures par jour pendant 1 jour recevraient 10 fois plus, ou. . . . . . . $\frac{360 \times 20 \times 10}{15 \times 8 \times 9}$

Et 20 ouvriers travaillant 10 heures par jour pendant 12 jours recevraient 12 fois plus, ou. . . . $\frac{360 \text{ f.} \times 20 \times 10 \times 12}{15 \times 8 \times 9}$

On trouve 800 f.

1182) *Un voyageur a parcouru* 150 *kilomètres en marchant* 8 *heures par jour pendant* 5 *jours. Combien devrait-il marcher d'heures par jour pendant* 10 *jours pour parcourir* 225 *kilomètres?*

Un voyageur a parcouru 150 k. en 5 jours en marchant 8 heures par jour ; donc il parcourrait 1 k. en 5 j. en marchant 150 fois moins d'heures par j. ou. . . $\frac{8 \text{ h.}}{150}$

Il parcourrait 1 k. en 1 jour en marchant 5 fois plus d'heures par jour, ou . . $\frac{8 \text{ h.} \times 5}{150}$

Il parcourrait 225 k. en 1 jour, en marchant 225 fois plus d'heures par jour, ou $\frac{8 \text{ h.} \times 5 \times 225}{150}$

Et il parcourrait 225 k. en 10 jours, en marchant 10 fois moins d'heures par jour, ou. . . . . $\frac{8 \text{ h.} \times 5 \times 225}{150 \times 10}$

On trouve 6 heures.

1183) 8 *personnes ont dépensé dans un hôtel* 240 *francs en* 5 *jours. En combien de jours* 10 *personnes y dépenseraient-elles* 600 *francs aux mêmes conditions?*

8 personnes ont dépensé dans un hôtel 240 f. en 5 jours; donc 1 personne aux mêmes conditions y dépenserait 240 f. en 8 fois plus de jours, ou. . . . . $5j.\times 8$

1 personne y dépenserait 1 f. en 240 fois moins de jours, ou. . . . . $\frac{5j.\times 8}{240}$

10 personnes y dépenseraient 1 f. en 10 fois moins de jours, ou. . . . . $\frac{5j.\times 8}{240\times 10}$

Et 10 personnes y dépenseraient 600 f. en 600 fois plus de jours, ou. . . . . . $\frac{5j.\times 8\times 600}{240\times 10}$

On trouve 10 jours.

1184) *Il a fallu 12 pièces de drap de 25 mètres de longueur et de $1^m,25$ de largeur pour habiller 150 hommes. Combien peut-on habiller d'hommes avec 15 pièces de drap de 30 mètres de longueur et de $1^m,20$ de largeur?*

Avec 12 pièces de drap de 25 m. de longueur et de $1^m,25$ de largeur on a habillé 150 hommes; donc avec une pièce de drap de même longueur et de même largeur on en habillerait 12 fois moins ou. . . . . $\frac{150}{12}$

Avec une pièce d'un mètre de longueur et de $1^m,25$ de largeur, on en habillerait 25 fois moins, ou. . . . . . $\frac{150}{12\times 25}$

Avec une pièce d'un mètre de longueur et d'un mètre de largeur, on en habillerait le nombre précédent divisé par 1,25, ou. . . . . $\frac{150}{12\times 25\times 1,25}$

Avec 15 pièces de drap d'un mètre de long et d'un mètre de large, on en habillerait 15 fois plus, ou. . . $\frac{150\times 15}{12\times 25\times 1,25}$

Avec 15 pièces de 30 mètres de longueur et d'un mètre de largeur, on en habillerait 30 fois plus, ou. . . $\frac{150\times 15\times 30}{12\times 25\times 1,25}$

Et avec 15 pièces de 30 mètres de longueur et de $1^m,20$ de largeur, on en habillerait le nombre précédent × 1,20, ou. . . . . $\frac{150\times15\times30\times1,20}{12\times25\times1,25}$

On trouve 216 hommes.

1185) *Il a fallu 12 rouleaux de papier ayant 25 mètres de longueur et $1^m,50$ de largeur pour tapisser un appartement. Combien faudrait-il de rouleaux de 20 mètres de longueur et de $0^m,90$ de largeur?*

Il a fallu 12 rouleaux de papier ayant 25 m. de longueur et $1^m,50$ de largeur pour tapisser un appartement; si donc les rouleaux de papier avaient 1 m. de longueur et $1^m,50$ de largeur, il en faudrait 25 fois plus, ou 12×25,

S'ils avaient 1 m. de longueur et 1 m. de largeur, il en faudrait le nombre précédent × 1,50 ou $12\times25\times1,50$

S'ils avaient 20 m. de longueur et 1 m. de largeur, il en faudrait 20 fois moins, ou $\frac{12\times25\times1,50}{20}$

Et s'ils avaient 20 m. de longueur et $0^m,90$ de largeur, il en faudrait le nombre précédent divisé par 0,90, ou. . . . $\frac{12\times25\times1,50}{20\times0,90}$

On trouve 25 rouleaux.

Problèmes sur la règle d'intérêt simple.

1186) *Que rapportent 16 000 francs en 4 mois $\frac{1}{2}$ à 4 pour cent?*

100 f. en 12 mois rapportent 4 f.; donc 100 f. en 1 mois rapportent 12 fois moins ou . . . . $\frac{4 \text{ f.}}{12}$

16 000 f. en 1 mois rapportent 160 fois plus ou. . . . , ... $\frac{4 \text{ f.}\times160}{12}$

Et 16 000 f. en 4 mois $\frac{1}{2}$ rapportent l'intérêt précédent multiplié par 4,5, ou $\frac{4\text{ f.}\times 160\times 4,5}{12}$

On trouve 240 f.

1187) *A quel taux* 9 000 *francs rapportent-ils* 33 *francs en* 24 *jours ?*

9 000 f. en 24 jours rapportent 33 f. ; donc 100 f. en 24 j. rapportent 90 fois moins, ou. . $\frac{33\text{ f.}}{90}$

100 f. en 1 jour rapportent 24 fois moins, ou. . . . . $\frac{33\text{ f.}}{90\times 24}$

Et 100 f. en 360 jours rapportent 360 fois plus, ou. . . . . $\frac{33\text{f.}\times 360}{90\times 24}$

On trouve 5f,50.

1188) *Quel est le capital qui rapporte* 112f,05 *en* 1 *an* $\frac{1}{2}$ *à* 6 *pour cent ?*

6 f. sont rapportés en 1 an par 100 f. ; donc 1 f. est rapporté en 1 an par. . . . . . $\frac{100\text{ f.}}{6}$

112f,05 sont rapportés en 1 an par le capital précédent multiplié par 112,05, ou. . . . . $\frac{100\text{ f.}\times 112,05}{6}$

Et 112f,05 sont rapportés en 1 an $\frac{1}{2}$ par le capital précédent divisé par 1,5, ou $\frac{100\text{ f.}\times 112,05}{6\times 1,5}$

On trouve 1245 f.

1189) *En combien de temps* 6 000 *francs rapportent-ils* 42 *francs à* 5f,25 *pour cent ?*

100 f. rapportent 5f,25 en 12 mois ; donc 6000 f. rapportent 5f,25 en 60 fois moins de temps, ou. . $\frac{12\text{ m.}}{}$

6 000 f. rapportent 1 f. dans le temps précédent divisé par 5,25 ou. . . . . $\frac{12\text{ m.}}{60\times5,25}$

Et 6000 f. rapportent 42 f. en 42 fois plus de temps, ou . . . . $\frac{12\text{ m.}\times42}{60\times5,25}$

On trouve 1 mois et $\frac{3}{5}$, c'est-à-dire 1 mois et 18 jours.

1190) *Que deviennent* 5400 *francs avec leurs intérêts en* 3 *mois et* 10 *jours à* $4^f,75$ *pour cent?*

100 f. en 12 mois rapportent $4^f,75$; donc 5 400 f. en 12 mois rapportent 54 fois plus, ou . . . $4^f,75\times54$

5400 f. en 1 mois rapportent 12 fois moins, ou . . . . $\frac{4^f5\times54,7}{12}$

Et 5400 f. en 3 mois et $\frac{1}{3}$ ou $\frac{10}{3}$ de mois rapporteront l'intérêt précédent multiplié par $\frac{10}{3}$, ou. . . . . $\frac{4^f,75\times54\times10}{12\times3}$

On trouve $71^f,25$; donc 5 400 f. deviennent avec leurs intérêts $5471^f,25$.

1191) *A quel taux* 4 500 *francs deviennent-ils avec leurs intérêts en* 5 *mois* $4567^f,50$?

Les 4 500 f. rapportent évidemment en 5 mois $4567^f,50$ — 4500 f. ou $67^f,50$; donc 100 f. rapportent en 5 mois 45 fois moins ou. . . . . $\frac{67^f,50}{45}$

100 f. rapportent en 1 mois 5 fois moins ou. . . . . $\frac{67^f,50}{45\times5}$

Et 100 f. rapportent en 12 mois 12 fois plus, ou. . . . . $\frac{67^f,50\times12}{45\times5}$

On trouve $3^f,60$.

1192) *Quel est le capital qui devient avec ses intérêts* 3375 *francs en* 2 *ans* $\frac{1}{2}$ *à* 5 *pour cent?*

100 f. en 1 an rapportent 5f.; donc 100 f. en 2 ans $\frac{1}{2}$ rapportent 5 f. × 2,5 ou 12f,50; donc 100 f. deviennent 112f,50 en 2 ans $\frac{1}{2}$ avec leurs intérêts à 5 pour cent. Si 112f,50 proviennent de 100 f., 1 f. provient de $\frac{100\text{ f.}}{112{,}50}$

et 3375 f. proviennent de $\frac{100\text{ f.} \times 3375}{112{,}50} = 3\,000\text{ f.}$

On peut vérifier que 3000 f. rapportent 375 f. en 2 ans $\frac{1}{2}$ à 5 pour cent.

1193) *En combien de temps* 1856f,25 *deviennent-ils avec leurs intérêts* 1866f,15 *à* 4f,80 *pour cent ?*

1856f,25 rapportent évidemment pendant le temps cherché 1866f,15 — 1856,25 ou 9f,90. Le problème revient donc à chercher en combien de temps 1856f,25 rapportent 9f,90 à 4f,80 pour cent.

On trouve 1 mois et 10 jours.

1194) *On emprunte* 800 *francs pour* 4 *mois à* 5f,40 *pour cent. Combien aura-t-on à rembourser ?*

On aura à rembourser 800 f. plus les intérêts de 800 f. pendant 4 mois à 5f,40 pour cent. On trouve que ces intérêts sont 14f,40 ; on aura donc à rembourser 814f,40.

1195) *Un débiteur ne peut donner que* 60 *pour cent à deux créanciers ; il doit au premier* 835 *francs et au second* 648 *francs. Combien chacun d'eux recevra-t-il ?*

Si pour 100 f. le débiteur donne 60 f. à ses créanciers, pour 1 f. il donne 0f,60 ; donc pour 835 f. il donne 835 fois 0f,60 ou 501 f. et pour 648 f. il donne 648 fois 0f,60 ou 388f,80.

1196) *Un débiteur donne 36 pour cent à deux créanciers. Le premier reçoit* 1281^f,60 *et le second* 986^f,40. *Combien devait-il à chacun ?*

Si le débiteur donne 36 f. pour 100 f. à ses créanciers, il donne 1 f. pour $\frac{100 \text{ f.}}{36}$; donc il donne 1281,60 pour $\frac{100 \text{ f}}{36} \times 1281{,}60$, ou 3560 f., et il donne 986^f,40 pour $\frac{100 \text{ f.}}{36} \times 986{,}40$ ou 2740 f. Il devait donc au premier créancier 3560 f. et au deuxième 2740 f.

1197) 1500 *francs ont rapporté* 37^f,50 *en* 5 *mois. Combien* 1800 *francs rapportent-ils en* 8 *mois au même taux ?*

1500 f. ont rapporté en 5 mois 37^f,50 ; donc 100 f. ont rapporté en 5 mois 15 fois moins, ou . . . . $\frac{37^f{,}50}{15}$

100 f. ont rapporté en 1 mois 5 fois moins ou.. . . . . $\frac{37^f{,}50}{15 \times 5}$

1800 f. ont rapporté en 1 mois 18 fois plus, ou . . . . $\frac{37^f{,}50 \times 18}{15 \times 5}$

Et 1800 f. ont rapporté en 8 mois 8 fois plus, ou. . . . . $\frac{37^f{,}50 \times 18 \times 8}{15 \times 5}$

On trouve 72 f.

1198) *On emprunte* 1500 *francs pour* 6 *mois à* 6 *pour cent. Combien aura-t-on à rembourser ?*

On aura à rembourser 1500 f. plus les intérêts de 1500 f. à 6 pour cent pendant 6 mois. Or on trouve que ces intérêts sont 45 f. ; on aura donc à rembourser 1545 f.

1199) *Vaut-il mieux placer* 10000 *francs à* 4 $\frac{1}{2}$ *pour cent que d'en placer le quart à* 4 *pour cent et le reste à* 5 $\frac{3}{4}$ *pour cent ?*

D'une part 10000 f. rapportent 450 f. à 4 $\frac{1}{2}$ pour cent ; d'une autre part, le quart de 10000 f. ou 2500 f. rapportent 100 f. à 4 pour cent, et le reste ou 7500 f. rapportent 431f,25 à 5,75 pour cent. Or, 100 f. + 431f,25 = 531f,25 ; il vaut donc mieux faire le deuxième placement que le premier.

1200) *On refuse de prêter* 10000 *francs pour un an à* 4 $\frac{1}{2}$ *pour cent ; trois mois après on les prête pour le reste de l'année à* 5 $\frac{1}{2}$ *pour cent. A-t-on bien fait d'attendre ?*

D'une part, 10000 f. rapportent 450 f. en 1 an à 4 $\frac{1}{2}$ pour cent ; d'une autre part 10000 f. rapportent 412f,50 en 9 mois à 5 $\frac{1}{2}$ pour cent. On a donc perdu, à attendre, 450 f. — 412f,50 ou 37f,50.

1201) *Un négociant achète pour* 2500 *francs une marchandise qu'il vend en gagnant* 15 *pour cent sur le prix d'achat. Combien la vend-il ?*

Sur 100 f. le négociant gagne 15 f. ; donc sur 2500 f. il gagne 25 fois 15 f., ou 375 f. Il vend donc la marchandise 2500 f. + 375 f. ou 2875 f.

1202) *Un débiteur ne peut donner que* 40 *pour cent à trois créanciers ; il doit au premier* 8000 *francs, au second* 15000 *francs, et au troisième* 24000 *francs. Combien chacun d'eux recevra-t-il ?*

Chaque créancier pour 100 f. reçoit 40 ; donc pour 8000 f. le 1er créancier recevra 80 fois 40 f. ou 3200 f.
Pour 15000 f. le 2e recevra 150 fois 40 f. ou 6000 f.
Et pour 24000 f. le 3e recevra 240 fois 40 f. ou 9600 f.

1203) 6000 *francs ont rapporté* 80 *francs en* 4 *mois. Quel est le capital qui rapporte* 150 *francs en* 10 *mois au même taux ?*

80 f. sont rapportés en 4 mois par 6000 f. ; donc 1 f. est rapporté en 4 m. par 80 fois moins ou. . . . . $\frac{6000 \text{ f.}}{80}$

1 f. est rapporté en 1 mois par 4 fois plus, ou . . . . $\frac{6000 \text{ f.} \times 4}{80}$

150 f. sont rapportés en 1 mois par 150 fois plus, ou. . . . . $\frac{6000 \text{ f.} \times 4 \times 150}{80}$

Et 150 f. sont rapportés en 10 mois par 10 fois moins, ou . . . . . . $\frac{6000 \text{ f.} \times 4 \times 150}{80 \times 10}$

On trouve 4500 f.

1204) *Quel est le capital qui devient avec ses intérêts* 768f,75 *en* 5 *mois à* 6 *pour cent ?*

100 f. rapportent 2f,50 en 5 mois à 6 pour cent ; donc 100 f. deviennent 102f,50 en 5 mois avec leurs intérêts à 6 pour cent. Si 102f,50 proviennent de 100 f. ; 1 f. provient de $\frac{100 \text{ f.}}{102,50}$ et 768f,75 proviennent de $\frac{100 \text{f.} \times 768,75}{102,50}$

On trouve 750 f. On peut vérifier que 750 f. rapportent 18f,75 en 5 mois à 6 pour cent.

1205) *Est-il plus avantageux de placer* 2400 *francs à* 5 *pour cent que d'en placer le tiers à* 6 *pour cent et le reste à* $4 \frac{1}{2}$ *pour cent ?*

D'une part 2400 f. rapportent 120 f. à 5 pour cent ; d'une autre part le tiers de 2400 f. ou 800 f. rapporte 48 f. à 6 pour cent et le reste ou 1600 f. rapporte 72 f. à 4f,50 pour cent. Or, 72 f. + 48 f. = 120 ; les avantages sont donc les mêmes.

Problèmes sur les intérêts composés.

1206) *Que rapportent 12 500 francs placés pendant 3 ans à intérêts composés à 4 pour cent ?*

12500 f. rapportent en 1 an, à 4 pour cent. . . 500 f.

Donc le capital placé la deuxième année est 12500 f. + 500 f. ou. . . . . 13 000 f.

13000 f. rapportent en 1 an, à 4 pour cent. . . 520 f.

Donc le capital placé la troisième année est 13 000 f. + 520, ou. . . . . 13 520 f.

13 520 f. rapportent en 1 an, à 4 pour cent. 540f,80

Le capital définitif est donc 13 520 f. + 540f,80 ou. 14060,80

Donc l'intérêt composé de 12 500 f. pendant 3 ans à 4 pour cent est 14060f,80—12500 f. ou 1560f,80.

1207) *Que rapportent 40 000 francs placés pendant 4 ans à intérêts composés à 5 pour cent ?*

40 000 f. rapportent en 1 an à 5 pour cent. 2000 f.

Donc le capital placé la deuxième année est 40 000 f. + 2 000 + ou. . . . . 42000 f.

42 000 f. rapportent en 1 an à 5 pour cent. 2100 f.

Donc le capital placé la troisième année est 42 000 f. + 2 100 f. ou. . . . . 44100 f.

44 100 f. rapportent en 1 an à 5 pour cent. . 2205 f.

Donc le capital placé la quatrième année est 44 100 f. + 2 205 ou. . . . . 46305 f.

46 305 rapportent en 1 an à 5 pour cent. . 2315f,25

Le capital définitif est donc 46 305 f. + 2315f,25 ou. 48620f,25

Donc l'intérêt composé de 40 000 f. pendant 4 ans à 5 pour cent est 48620f,25—40000 f. ou 8620f,25.

1208) *Une personne place 400 francs à 5 pour cent, au commencement de chaque année, pendant 3 ans. Quel capital aura-t-elle après ces 3 années ?*

400 f. rapportent en 1 an à 5 pour cent . . 20 f.

Donc le capital placé la deuxième année sera 400 f. + 20 f. + 400 f. ou. . . . . 820 f.

820 f. rapportent en 1 an à 5 pour cent. . 41 f.

Donc le capital placé la troisième année sera 820 f. + 41 f. + 400 f. ou. . . . . 1261 f.

1261 f. rapportent en 1 an à 5 pour cent. . . 63f,05

Le capital définitif est donc 1261 f. + 63f,05 ou. 1324f,05

La personne aura donc au bout de 3 ans 1324f,05.

1209) *Une personne place 500 francs à 4 pour cent, au commencement de chaque année pendant 4 ans. Quel capital aura-t-elle après ces 4 années ?*

500 f. rapportent en 1 an à 4 pour cent. . 20 f.

Donc le capital placé la deuxième année sera 500 f. + 20 f. + 500 f. ou. . . . . . 1020 f.

1020 f. rapportent en 1 an à 4 pour cent.. 40f,80

Donc le capital placé la troisième année sera 1020 f. + 40f,80 + 500 f. ou. 1560f,80

1560f,80 rapportent en 1 an à 4 pour cent. 62f,43...

Donc le capital placé la quatrième année sera 1560f,80 + 62f,43... + 500 f. ou. . . 2123f,23...

2123f,23 rapportent en 1 an à 4 pour cent. 84f,93...

Donc le capital définitif est 2123f,23 + 84f,93 ou. . . . . 2208f,16...

1210) *Une personne place 1600 francs à 5 pour cent au commencement de chaque année pendant 5 ans. Quel capital aura-t-elle après ces cinq années?*

1600 f. rapportent en 1 an à 5 pour cent 80 f.

Donc le capital placé la 2e année est 1600 f. + 80 f. + 1600 f., ou. . . . . 3280 f.

3280 f. rapportent en 1 an, à 5 pour cent. 164 f.

Donc le capital placé la 3e année est 3280 f. + 164 f. + 1600 f., ou. . . . . 5044 f.

5044 f. rapportent en 1 an, à 5 pour cent. 252f,20

Donc le capital placé la 4e année sera 5044 f. + 252f,20 + 1600 f., ou. 6896f,20

6896^f,20 rapportent en 1 an, à 5 pour cent. 344^f,81
Donc le capital placé la 5e année sera
6896^f,20 + 344^f,81 + 1600 f., ou. . . . . 8841^f,01
8841^f,01 rapportent en 1 an, à 5 pour cent. 442^f,05...
Donc le capital définitif sera 8841^f,01,
+ 442^f,05..., ou. . . . . 9283^f,06...

Problèmes sur les rentes.

1211) *Que coûtent 400 francs de rentes 5 pour cent au cours de 60 francs ?*

5 f. de rente coûtent 60 f. ; donc 1 f. de rente coûte 5 fois moins, ou 12 f., et 400 f. de rente coûtent 400 fois plus, ou 4800 f.

1212) *Combien aurait-on de rentes 5 pour cent au cours de 90 francs pour 4500 f. ?*

90 f. rapportent 5 f. ; donc 1 f. rapporte $\frac{5}{90}$ ou $\frac{1}{18}$ de franc, et 4500 f. rapportent 4500 fois $\frac{1}{18}$ de franc, ou 250 f.

1213) *On a eu 800 francs de rentes 5 pour cent pour 16200 francs. Quel était le cours de la rente ?*

800 f. de rentes 5 pour cent coûtent 16200 f. ; donc 1 f. de rente coûte 800 fois moins, ou $\frac{16200 \text{ f.}}{800}$ et 5 f. de rente coûtent 5 fois plus, ou $\frac{16200 \text{ f.} \times 5}{800}$.

On trouve 101^f,25.

1214) *On achète 600 francs de rentes 5 pour cent au*

cours de 92 francs, qu'on vend lorsque la rente est au pair. Combien gagne-t-on?

Sur 5 f. de rentes on gagne 100 f.—92 f. ou 8 f.; donc sur 1 f. de rente on gagne $\frac{8}{5}$ de franc, et sur 600 f. on gagne 600 fois $\frac{8}{5}$ de franc ou 960 f.

1215) *On achète 1000 francs de rentes 5 pour cent au cours de 125 francs, qu'on vend au cours de 80 francs. Combien perd-on?*

Sur 5 francs de rentes on perd 125 f. — 80 f., ou 45 f. Donc sur 1 f. de rente, on perd le 5e de 45 f., ou 9 f., et sur 1000 f. on perd 1000 fois 9 f., ou 9000 f.

1216) *On achète pour 12 000 francs de la rente 3 pour cent au cours de 45 francs. On la vend au cours de 60 francs. Combien gagne-t-on?*

Pour 12000 f. on a 800 f. de rentes 3 pour cent au cours de 45 f.; or, 800 f. de rentes 3 pour cent au cours de 60 f., valent 16000 f.; on gagne donc 16000 f. — 12000 f. ou 4000 f.

1217) *On achète 400 francs de rentes 5 pour cent au cours de 60 francs, qu'on vend lorsque la rente est au pair. Combien gagne-t-on?*

Sur 5 f. de rentes on gagne 100 f.—60 f. ou 40 f.; donc sur 1 f. de rente on gagne le 5e de 40 f., ou 8 f., et sur 400 f. de rentes on gagne 400 fois 8 f., ou 3200 f.

1218) *On achète 200 francs de rentes 5 pour cent au cours de 120 francs, qu'on vend au cours de 90 francs. Combien perd-on?*

Sur 5 f. de rentes on perd 120 f.—90 f., ou 30 f.; donc sur 1 f. de rente on perd le 5e de 30 f., ou 6 f., et sur 200 f. de rentes on perd 200 fois 6 f., ou 1200 f.

1219) *Que coûtent 360 francs de rentes 5 pour cent lorsqu'elle est au pair?*

5 f. de rentes au pair coûtent 100 f.; donc 1 f. coûte le 5ᵉ de 100 f., ou 20 f., et 360 f. de rentes coûtent 360 fois 20 f., ou 7200 f.

1220) *A quel taux place-t-on son argent quand on achète de la rente 5 pour cent au cours de 80 francs?*

Lorsque la rente 5 pour cent est au cours de 80 f., 80 f. rapportent 5 f.; donc 1 f. rapporte $\frac{5}{80}$ ou $\frac{1}{16}$ de franc, et 100 f. rapportent 100 fois $\frac{1}{16}$ de franc, ou $6^f,25$.

On place donc son argent à 6,25 pour cent.

1221) *Vaut-il mieux acheter de la rente 5 pour cent au cours de 75 francs que de placer son argent à $6\frac{1}{2}$ pour cent?*

Lorsque la rente 5 pour cent est au cours de 75 f., 75 f. rapportent 5 f.; donc 1 f. rapporte $\frac{5}{75}$ ou $\frac{1}{15}$ de franc, et 100 f. rapportent 100 fois $\frac{1}{15}$ de franc, ou $6^f,66$...

Il vaut donc mieux acheter de la rente.

1222) *Lorsque la rente 5 pour cent est au cours de 75 francs et que la rente 3 pour cent est au cours de 48 francs, quel est le plus élevé de ces deux cours?*

La rente 5 pour cent est au cours de 75 f.; donc 5 f. de rentes sont rapportés par 75 f., et 1 f. est rapporté par le 5ᵉ de 75 f., ou 15 f.

De même la rente 3 pour cent est au cours de 48 f.; donc 3 f. de rentes sont rapportés par 48 f., et 1 f. par le tiers de 48 f., ou 16 f.

Donc le cours de la rente 3 pour cent est le plus élevé.

1223) *Vaut-il mieux acheter de la rente 5 pour cent au cours de 80 francs que de la rente 3 pour cent au cours de 48 francs?*

La rente 5 pour cent est au cours de 80 f.; donc 80 f. rapportent 5 f., et 1 f. rapporte $\frac{5}{80}$ ou $\frac{1}{16}$ de franc.

De même la rente 3 pour cent est au cours de 48; donc 48 f. rapportent 3 f., et 1 f. rapporte $\frac{3}{48}$ ou $\frac{1}{16}$ de franc.

Il est donc indifférent d'acheter du 5 pour cent ou du 3 pour cent.

1224) *Lorsque le cours de la rente 5 pour cent s'élève de 0f,75, de combien devrait s'élever le cours de la rente 3 pour cent?*

Quand le cours de la rente 5 pour cent s'élève de 0f,75 le cours de la rente 1 pour cent devrait évidemment s'élever 5 fois moins, ou de 0f,15, et le cours de la rente 3 pour cent devrait s'élever 3 fois plus, ou de 0f,45

1225) *Une personne se retire des affaires avec 500 000 francs, qu'elle emploie à acheter un hôtel. Comme elle ne doit le payer que 6 mois après, elle achète pour 500 000 francs de la rente 5 p. cent au cours de 125 francs. Au bout de 6 mois, elle vend sa rente 5 pour cent qu'une révolution a fait tomber au cours de 50 francs. Comme elle n'a pas alors assez pour payer l'hôtel, elle le vend 240 000 francs. Que lui reste-t-il de sa fortune?*

Pour 500 000 f. on a 20 000 f. de rentes 5 pour cent au cours de 125 f. Mais ces 20 000 f. de rentes 5 pour cent ne valent plus que 200 000 f. au cours de 50 f. La personne vend son hôtel 240 000 f.; elle a donc en tout 200 000 f. +240 000 f. ou 440 000 f.; comme elle en doit 500 000, il lui reste de sa fortune 60 000 f. de dettes.

Problèmes sur les assurances.

1226) *Une maison qui vaut 96 000 f. est assurée à 0f,75 par 1000 f. Quelle est la prime d'assurance?*

La prime d'assurance pour 1000 f. est 0f,75; donc pour 96 000 f. elle vaut 96 fois 0f,75 ou 72 f.

1227) *La cargaison d'un vaisseau vaut 450 000 f., elle est assurée à 8 pour cent ; $\frac{1}{12}$ est avarié. Que perd la Compagnie d'assurances ?*

100 f. rapportent à la Compagnie 8 f. ; donc 450000f. lui rapportent 4 500 fois 8 f. ou 36 000 f. Or, $\frac{1}{12}$ de la cargaison est avarié, la Compagnie doit donc rembourser $\frac{1}{12}$ de 450 000 f. ou 37 700 f. ; elle perd donc 35 500 f. — 36000 f. ou 1 500 f.

1228) *Un mobilier évalué 6 000 f. est assuré annuellement à 1f,25 par 1 000 f. Quelle est la prime d'assurance ?*

La prime d'assurance pour 1 000 f. est 1f,25 ; donc pour 6 000 f. elle vaut 6 fois 1f,25 ou 7f,50.

1229) *On a assuré à 12 pour cent sur un vaisseau le transport de 75 000 f. de marchandises ; ce vaisseau fait naufrage. Combien la Compagnie d'assurances a-t-elle à rembourser ?*

100 f. rapportent à la Compagnie 12 f., donc 75 000 f. lui rapportent 750 fois 12 f. ou 9 000 f. Or, le vaisseau fait naufrage ; donc la Compagnie doit rembourser 75 000 f. — 9 000 f. ou 66 000 f.

1230) *Quelle est la valeur d'une maison assurée 22f,50 par an à 0f,50 pour 1 000 f. ?*

La maison coûte évidemment autant de mille francs que 0f,50 sont contenus de fois dans 22f,50, c.-à-d. 45 000 f.

1231) *Une maison évaluée 15 300 f. est assurée 21 f. par an. Quel est le taux de la prime d'assurance ?*

Pour 17 500 f. ou 175 fois 100 f. la prime d'assurance est 21 f. par an. Donc pour 100 f., la prime d'assurance est $\frac{1}{175}$ de 21 f. ou 0f,12. Le taux de la prime est donc 0f,12 pour cent ou 1f,20 par 1 000 f.

1232) *La cargaison d'un vaisseau vaut 240 000 f. Elle est assurée à 9 pour cent, et la Compagnie d'assurances gagne 18 000 f. Quelles sont les avaries ?*

La prime d'assurance égale évidemment 2 400 fois 9 f. ou 21 600 f.; or la Compagnie ne gagne que 18 000 f., donc les avaries valent 21 600 f. — 18 000 f. ou 3 600 f.

1233) *Quelle est la valeur d'un mobilier assuré 18 f. par an à 1f,50 par 1 000 f. ?*

Le mobilier coûte évidemment autant de 1 000 f. que 1f,50 sont contenus de fois dans 18 f., c'est-à-dire 12 000 f.

1234) *Un mobilier évalué 7 200 f. est assuré 9 f. par an. Quel est le taux de la prime d'assurance ?*

La prime d'assurance est 9 f. pour 72 fois 100 f.; donc pour 100 f. elle vaut $\frac{1}{72}$ de 9 f. ou 0f,125. Le taux de la prime d'assurance est donc 0f,125 pour cent ou 1f,25 par 1 000 f.

1235) *On assure à 6 $\frac{1}{2}$ pour cent des marchandises qui éprouvent pour 850 f. d'avaries, et il reste à la Compagnie d'assurances 1 392f,50 de bénéfice après avoir réglé le compte. Quelle est la valeur des marchandises ?*

La prime d'assurance égale évidemment 1 392f,50 + 850 f. ou 2 242f,50. Or, les marchandises sont assurées à 6f,50 pour cent. Elles valent donc autant de fois 100 f. que 6f,50 sont contenus de fois dans 2 242f,50, c'est-à-dire 345 fois 100 f. ou 34 500 f.

1236) *La cargaison d'un vaisseau est assurée 27 000 f. à 5 pour cent; ce vaisseau fait naufrage. Combien la Compagnie d'assurances a-t-elle à rembourser ?*

La cargaison vaut évidemment autant de fois 100 f. que 5 f. sont contenus de fois dans 27 000 f., c'est-à-dire 5 400 fois 100 f. ou 540 000 f. La Compagnie doit donc rembourser 540 000 f. — 27 000 f. ou 513 000 f.

1237) *Quelle est la valeur d'une maison qui a coûté 432 f. pour 8 années d'assurances à* 0f,90 *par* 1000 *f.* ?

La maison a coûté 432 f. pour 8 années d'assurances, donc pour une année elle a coûté le 8e de 432 f. ou 54 f. Or, elle est assurée à 0f,90 pour 1000 f. Donc elle vaut autant de 1000 f. que 0f,90 sont contenus de fois dans 54 f., c'est-à-dire 60 fois 1000 f. ou 60000 f.

1238) *A quel taux un mobilier évalué* 8500 *f. est-il assuré* 112f,20 *en* 12 *ans* ?

Le mobilier est assuré 112f,20 en 12 ans ; donc en un an il est assuré le 12e de 112f,20 ou 9f,35. Donc 8500 f. rapportent 9f.35 et 100 f. rapportent $\frac{1}{85}$ de 9f,35 ou 0f,11 f. Le taux de l'assurance est donc 0f,11 pour cent ou 1f,10 par 1000 f.

1239) *Quelle est la valeur d'un mobilier qui a coûté* 43f,20 *pour* 18 *années d'assurances à* 0f,80 *par* 1000 *f.* ?

Le mobilier a coûté 43f,20 pour 18 années d'assurances, donc pour 1 année, il a coûté le 18e de 43f,20 ou 2f,40. Or, il est assuré à 0f,80 par 1000 f., il vaut donc autant de 1000 f. que 0f,80 sont contenus de fois dans 2f,40, c'est-à-dire 3000 f.

1240) *La cargaison d'un vaisseau vaut* 100 000 *f. ; elle éprouve pour* 8 400 *f. d'avaries, et la Compagnie d'assurances perd* 1 800 *f. Quel est le taux de la prime d'assurance* ?

La prime d'assurance égale évidemment 8400 f. — 1800 f. ou 6600 f. Donc 100 000 f. sont assurés 6600 f., et 100 f. sont assurés 0,001 de 6600 f. ou 6f,60. Le taux est donc 6f,60 pour cent.

Problèmes sur la règle d'escompte

1241 *et* 1242) *Escompter en dehors et en dedans à 6 pour cent un billet de 8060 f. payable dans un mois et demi.*

1° L'escompte en dehors est l'intérêt de 8060 f. à 6 pour cent pendant 1 mois et demi ou 45 jours.

Or, 100 f. en 360 jours rapportent 6 f., donc 1 f. en 360 jours rapporte 6 fois moins ou. . . . . . $\frac{6\text{ f.}}{100}$

1 f. en 1 jour rapporte.. . . . . $\frac{6\text{ f.}}{100 \times 360}$

8060 f. en 1 jour rapportent. . . . . $\frac{6\text{ f.} \times 8060}{100 \times 360}$

Et 8060 f. en 45 jours rapportent. $\frac{6\text{ f.} \times 8060 \times 45}{100 \times 360}$

On trouve $60^{f},45$; donc l'escompte en dehors, à 6 pour cent, d'un billet de 8060 f. payable dans un mois et demi est $60^{f},45$.

2° L'escompte en dedans est l'intérêt de la valeur actuelle du billet à 6 pour cent pendant 45 jours.

Or, 100 f. en 360 jours rapportent 6 f. ; donc 100 f. en 1 jour rapportent 360 fois moins ou $\frac{6\text{ f.}}{360}$ et 100 f. en 45 jours rapportent $\frac{6\text{ f.} \times 45}{360}$ ou $0^{f},75$. Donc l'escompte en dedans à 6 pour cent d'un billet de $100^{f},75$ payable dans 1 mois et demi serait $0^{f},75$; car si l'escompte est $0^{f},75$, la valeur actuelle de ce billet est $100^{f},75 - 0^{f},75$ ou 100 f. et l'escompte $0^{f},75$ est bien l'intérêt de la valeur actuelle du billet.

Donc l'escompte de 1 f. est. . . . $\frac{0^{f},75}{100,75}$

Et l'escompte de 8060 f. est. . . . $\frac{0^{f},75 \times 8060}{100,75}$

On trouve 60 f. ; donc l'escompte en dedans, à 6 pour cent, d'un billet de 8060 f. payable dans 1 mois et demi est 60 f.

1243 et 1244) *Escompter en dehors et en dedans à 6 pour cent un billet de 1255 f. payable dans 24 jours ?*

1° L'escompte en dehors est l'intérêt de 1255 f. en 24 jours à 6 pour cent ; on trouve que cet intérêt est $5^f,02$.

2° Pour avoir l'escompte en dedans, nous dirons : 100 f. en 24 jours, à 6 pour cent, rapportent $0^f,40$; donc l'escompte en dedans de $100^f,40$ est $0^f,40$; donc l'escompte de 1 f. est $\frac{0^f,40}{100,40}$ et l'esc. de 1255 f. est $\frac{0^f,40 \times 1255}{100,40}$ ou 5 f.

1245) *On achète pour 3 600 f. des marchandises payables dans 6 mois ; on offre de payer comptant en profitant d'un escompte en dehors à $4^f,75$ pour cent par an. Combien doit-on payer ?*

100 f. en 12 mois rapportent $4^f,75$; donc 100 f. en 6 mois rapportent la moitié ou $2^f,375$ et 3600 rapportent 36 fois $2^f,375$ ou $85^f,50$. L'escompte en dehors de 3 600 f. payables dans 6 mois à $4^f,75$ pour cent est donc $85^f,50$; on doit donc payer 3 600 f. — $85^f,50$ ou $3\,514^f,50$.

1246) *Un négociant gagne 15 pour cent sur le prix d'achat en vendant 2875 f. une marchandise. Combien l'a-t-il achetée ?*

Un négociant gagne 15 pour cent sur le prix d'achat d'une marchandise, c'est-à-dire qu'il vend 115 f. ce qui lui coûte 100 f., donc il vend 1 f. ce qui lui coûte $\frac{100 \text{ f.}}{115}$ et il vend 2 875 f. une marchandise qu'il a achetée $\frac{100 \text{ f.} \times 2875}{115}$ ou 2 500 f.

1247) *Quel est le capital qui, augmenté de ses intérêts pendant 15 jours à 5 pour cent, devient 4810 f. ?*

100 f. en 15 jours, à 5 pour cent, rapportent $\frac{5\text{ f.}}{24}$

donc 100 f. $+ \frac{5\text{ f.}}{24}$ ou $\frac{2\,405\text{ f.}}{24}$ proviennent de 100f.;

donc $\frac{1}{24}$ de franc provient de. . . . . . . $\frac{100\text{ f.}}{2\,405}$

donc 1 f. provient de. . . . . $\frac{100\text{ f.} \times 24}{2\,405}$

et 4810 f. proviennent de . . $\frac{100\text{ f.} \times 24 \times 4810}{2\,405}$

On trouve 4800 f.

1248) *On achète 12 pièces de drap de 25 mètres chacune à 18 f. le mètre; on en paye les $\frac{2}{3}$ comptant, et on fait pour le reste un billet payable dans 3 mois avec les intérêts comptés à 6 pour cent. Quel doit être le montant de ce billet ?*

Chaque mètre vaut 18 f., donc chaque pièce qui contient 25 m. vaut 25 fois 18 f. ou 450 f. et les 12 pièces valent 12 fois 450 f. ou 5 400 f. On en paie les $\frac{2}{3}$ comptant; on doit donc encore le tiers de 5 400 f. ou 1 800 f. Or, l'intérêt de 1 800 f. pendant 3 mois, à 6 pour cent, est 27 f. Le montant du billet à souscrire est donc 1 800 f. + 27 f. ou 1 827 f.

1249) *On achète 500 kilogrammes de marchandise (poids brut) à* $1^{f},50$ *le kilogramme, avec une remise de 6 pour cent pour l'emballage. Combien doit-on ?*

Le kilog. de marchandise vaut $1^{f},50$; donc les 500 k. valent 500 fois $1^{f},50$ ou 750 f. Or, on a une remise de 6 f. pour 100 f. ou de $0^{f},60$ pour 10 f.; donc pour 750 f. on a une remise de 75 fois $0^{f},60$ ou de 45 f. On doit donc 750 f. — 45 f. ou 705 f.

1250) *A quelle époque était payable un billet de 2 525 f., escompté en dedans 25 f. à 5 pour cent ?*

La valeur actuelle du billet égale évidemment le montant du billet moins l'escompte en dedans, c'est-à-dire 2525 f. — 25 f. ou 2 500 f. Le problème revient donc à celui-ci : En combien de temps 2 500 f. rapportent-ils 25 f., à 5 pour cent ? On trouve 2 mois et 12 jours.

1251) *Quel est le montant d'un billet payable dans 4 mois et demi, escompté en dehors à $5^f,50$ pour cent, et pour lequel on a reçu 6 268 f. ?*

100 f. en 360 jours rapportent $5^f,50$; donc 100 f. en 1 jour rapportent $\frac{5^f,50}{360}$ et 100 f. en 4 mois et demi ou 135 jours rapportent $\frac{5^f,50 \times 135}{360}$ ou $2^f,0625$.

Donc l'escompte en dehors, à 5,50 pour cent, d'un billet de 100 f. payable dans 4 mois et demi serait $2^f,0625$, de sorte qu'on recevrait 100 f. — $2^f,0625$ ou $97^f,9375$. Donc on reçoit 1 f. pour un billet de $\frac{100 \text{ f.}}{97,9375}$ et on reçoit 6 268 f. pour un billet de $\frac{100 \text{ f.} \times 6\,268}{97,9375}$.

On trouve 6400 f.

1252) *Quel est le montant d'un billet escompté en dedans $6^f,40$ et pour lequel on a reçu 512 f. ?*

Le montant de ce billet égale évidemment 512 f. + $6^f,40$ ou $518^f,40$.

1253) *A quel taux le billet suivant, payable 3 mois après, a-t-il été escompté en dehors $31^f,95$: « Bon pour la « somme de 2130 f. pour prix des chevaux Castor et « Pollux, payable au porteur du présent, valeur reçue en « chevaux ? »*

Cela revient à chercher à quel taux 2130 f. rapportent 31f,95 en trois mois.

On trouve 6 pour cent.

1254) *On achète des marchandises payables dans 3 mois. On paie comptant en profitant d'un escompte en dehors de 6f,75 à 5 pour cent par an. Quel est le prix des marchandises ?*

Cela revient à chercher quelle est la somme qui, placée 5 pour cent, rapporte 6f,75 en trois mois.

On trouve 540 f.

1255) *A quelle époque étaient payables 900 f. de marchandises qu'on a payées comptant 852 f. en profitant d'un escompte en dehors à 8 pour cent par an?*

L'escompte est évidemment 900 f. — 852 f. ou 48 f. Le problème revient donc à celui-ci : En combien de temps 900 f. placés à 8 pour cent rapportent-ils 48 f.?

On trouve 8 mois.

1256) *A quel taux a été escompté en dehors un billet de 4 000 f. payable dans un mois et demi et pour lequel on a reçu 3 977f,50 ?*

L'escompte est évidemment 4 000 f. — 3977f,50 ou 22f,50. Le problème revient donc à celui-ci : A quel taux 4 000 f. rapportent-ils 22f,50 en 1 mois et demi?

On trouve 4f,50 pour cent.

1257) *A quel taux a été escompté en dedans un billet de 1513f,50 payable dans 2 mois, et pour lequel on a reçu 1 500 f. ?*

L'escompte est évidemment 1 513f,50—1 500 ou 13f,50. Le problème revient donc à celui-ci : A quel taux 1 500 f. rapportent-ils 13f,50 en 2 mois.

On trouve 5f,40 pour cent.

1258) *On achète des marchandises payables dans 6 mois. On paie comptant 1 764 f. en profitant d'un escompte en dehors à 4 pour cent par an. Quel est le prix des marchandises ?*

On profite d'un escompte de 2 pour cent pour 6 mois ; donc on paie 98 f. pour 100 f., ou paie 1 f. pour $\frac{100 \text{ f.}}{98}$

et on paie 1 764 f. pour $\frac{100 \text{ f.} \times 1\,764}{98}$ ou 1 800 f.

1259) *Un négociant gagne 108 f. en vendant 708 f. une marchandise. Combien gagne-t-il pour cent sur le prix d'achat ?*

Le négociant a évidemment acheté la marchandise 708 f. — 108 f. ou 600 f. Or, il gagne 108 f. sur 600 f. Donc sur 100 f., il gagne le 6e de 108 f. ou 18 f. Il gagne donc 18 pour cent sur le prix d'achat.

1260) *Un négociant achète une marchandise à 2^{f},50 le kilogramme. On lui fait une remise de 7^{f},50 pour cent pour l'emballage, et il paie 277^{f},50. Combien a-t-il acheté de kilogrammes de cette marchandise (poids brut) ?*

On fait au marchand une remise de 7^{f},50 pour cent, c'est-à-dire qu'il paie 100 f.—7^{f},50 ou 92^{f},50 pour 100 f. Donc il paie 1 f. pour $\frac{100 \text{ f.}}{92,50}$ et il paie 277^{f},50 pour $\frac{100 \text{ f.} \times 277,50}{92,50}$ ou 300 f.

Or, chaque kilogramme coûte 2^{f},50 ; donc le négociant a acheté autant de kilogrammes de marchandise que 2^{f},50 sont contenus de fois dans 300 f. ou 120 kilogrammes.

Problèmes sur la règle de partage.

1261) *Une personne laisse en mourant 500 000 f. à partager entre 5 héritiers dans le rapport des nombres 1 $\frac{1}{2}$,*

$2\frac{1}{3}$, $3\frac{1}{4}$, $4\frac{1}{5}$ *et* $5\frac{1}{6}$. *Que revient-il à chacun, les frais de succession s'élevant à 6 500 f. ?*

Les frais de succession s'élevant à 6500 f., il ne reste à partager entre les héritiers que 500000 f. — 6500 f. ou 493500 f. Soient x, y, z, t et u les 5 parts. On doit avoir la suite des rapports égaux :

$$x : 1\frac{1}{2} :: y : 2\frac{1}{3} :: z : 3\frac{1}{4} :: t : 4\frac{1}{5} :: u : 5\frac{1}{6}.$$

Mais dans une suite de rapports égaux, la somme des antécédents est à la somme des conséquents comme un antécédent est à son conséquent ; on a donc en observant que $x + y + z + t + u = 493\,500$ f. et que $1\frac{1}{2} + 2\frac{1}{3} + 3\frac{1}{4} + 4\frac{1}{5} + 5\frac{1}{6} = 16\frac{9}{20}$ les proportions suivantes :

$$\left.\begin{array}{l} 493\,500 : 16\frac{9}{20} :: x : 1\frac{1}{2} \\ 493\,500 : 16\frac{9}{20} :: y : 2\frac{1}{3} \\ 493\,500 : 16\frac{9}{20} :: z : 3\frac{1}{4} \\ 493\,500 : 16\frac{9}{20} :: t : 4\frac{1}{5} \\ 493\,500 : 16\frac{9}{20} :: u : 5\frac{1}{6} \end{array}\right\} \text{d'où} \left\{\begin{array}{l} x = 45\,000 \\ y = 70\,000 \\ z = 97\,500 \\ t = 126\,600 \\ u = 155\,000 \end{array}\right.$$

On peut vérifier que la somme des parts égale 493 500 f. On peut aussi résoudre ce problème sans le secours des proportions.

1262) *Trois ouvriers ont travaillé à un même ouvrage ; le premier y a travaillé 4 jours, le second 5 jours, et le troisième 6 jours ; ils ont reçu* 48f,75. *Que revient-il à chacun ?*

Pour 4 + 5 + 6 ou 15 journées, les trois ouvriers ont reçu 48f,75 ; le prix de la journée est donc le 15e de 48f,75 ou 3f,25.

Donc il revient au premier ouvrier 4 fois 3f,25 ou 13 f.
Au deuxième ouvrier 5 fois 3f,25 ou. . . . 16f,25.
Et au troisième 6 fois 3f,25 ou. . . . . 19f,50.
On peut vérifier que 13 f. + 16f,25 + 19f,50 = 48f,75.

1263) *Trois troupes d'ouvriers ont gagné 7 875 f. pour un travail fait en commun ; la première troupe était composée de 12 ouvriers, la seconde de 15, et la troisième de 18. Partager le gain entre ces trois troupes.*

Les trois troupes d'ouvriers qui ont gagné ensemble 7875 f. se composent de 12 + 15 + 18 ou de 45 ouvriers.

Donc 1 ouvrier a gagné le 45ᵉ de 7875 f. ou 175 f.

La première troupe d'ouvriers recevra donc 12 fois 175 f. ou. . . . . 2 100 f.

La deuxième troupe recevra 15 fois 175 f. ou 2 625 f.

Et la troisième troupe recevra 18 fois 175 f. ou 3 150 f.

On peut vérifier que la somme des gains = 7 875 f.

1264) *Un débiteur ne peut donner que 18 800 f. à trois créanciers. Il doit 8 000 f. au premier, 15 000 f. au second et 24 000 f. au troisième. Combien chaque créancier recevra-t-il ?*

Le débiteur doit en tout 8 000 f. + 15 000 f. + 24 000 f. ou 47 000 f. Donc pour 47 000 f., il donne 18 800 f., et pour 1 f., il donne $\frac{18\,800 \text{ f.}}{47\,000}$ ou $0^f,40$.

Donc pour 8 000 f., il donne au premier créancier 8 000 fois $0^f,40$ ou. . . . . 3 200 f.

Pour 15 000 f., il donne au deuxième créancier 15 000 fois $0^f,40$ ou. . . . . 6 000 f.

Et pour 24 000 f., il donne au troisième créancier 24 000 fois $0^f,40$ ou. . . . . . . 9 600 f.

On peut vérifier que la somme des parts = 18 800 f.

1265) *Trois joueurs ont fait un bénéfice commun de 18 f. Le premier avait mis au jeu 16 f., le second 20 f. et le troisième 24 f. Combien revient-il à chacun ?*

Les trois joueurs avaient mis ensemble 16 f. + 20 f. + 24 f. ou 60 f. Or, pour 60 f., il leur revient 18 f. ; donc pour 1 f., il leur revient $\frac{1}{60}$ de 18 f. ou $0^f,30$.

Pour 16 f., il revient au 1ᵉʳ 16 fois $0^f,30$ ou $4^f,80$.

Pour 20 f., il revient au 2ᵉ, 20 fois $0^f,30$ ou 6 f.

Et pour 24 f., il revient au 3e, 24 fois 0^f,30 ou 7^f,20.
On peut vérifier que 4^f,80 + 6 f. + 7^f,20 = 18 f.

1266) *Un homme lègue à un ami en mourant la moitié de son bien évalué* 57 500 *f., les deux tiers à son fils et les trois quarts à sa veuve. Quelle est la part de chacun ?*

Comme le défunt a donné plus qu'il n'avait, il faut partager son bien proportionnellement aux nombres $\frac{1}{2}$, $\frac{2}{3}$ et $\frac{3}{4}$. Soient x, y, z les trois parts, on a la suite de rapports égaux : $x : \frac{1}{2} :: y : \frac{2}{3} :: z : \frac{3}{4}$; d'où en remarquant que $x + y + z = 57\,500$ f. et que $\frac{1}{2} + \frac{2}{3} + \frac{3}{4} = \frac{23}{12}$, on tire les proportions :

$$\left.\begin{array}{l} 57\,500 : \frac{23}{12} :: x : \frac{1}{2} \\ 57\,500 : \frac{23}{12} :: y : \frac{2}{3} \\ 57\,500 : \frac{23}{12} :: z : \frac{3}{4} \end{array}\right\} \text{d'où} \left\{\begin{array}{l} x = 15\,000 \text{ f.} \\ y = 20\,000 \text{ f.} \\ z = 22\,500 \text{ f.} \end{array}\right.$$

On peut vérifier que la somme des parts égale l'héritage.

1267) *Partager* 3 450 *f. entre* 3 *personnes, de manière que la part de la première soit à celle de la deuxième comme* 4 *est à* 5, *et que la part de la première soit à celle de la troisième comme* 5 *est à* 6.

Soient x, y et z les trois parts ; on doit avoir

$$x : y :: 4 : 5 \text{ et } x : z :: 5 : 6.$$

Ces deux proportions ont le même premier antécédent, on peut les ramener à avoir le même second antécédent, en multipliant par 5 les deux termes du deuxième rapport de la première proportion et par 4 les deux termes du deuxième rapport de la deuxième proportion. Il vient alors :

$$x : y :: 20 : 25 \text{ et } x : z :: 20 : 24$$

d'où $$x : 20 :: y : 25 :: z : 24;$$

d'où en observant que $x + y + z = 3\,450$ f. et que $20 + 25 + 24 = 69$;

$$\left.\begin{array}{l} 3450 : 69 :: x : 20 \\ 3450 : 69 :: y : 25 \\ 3450 : 69 :: z : 24 \end{array}\right\} \text{d'où} \left\{\begin{array}{l} x = 1000 \\ y = 1250 \\ z = 1200 \end{array}\right.$$

On peut vérifier que la somme des parts = 3 450 f.

1268) *Deux étourdis, l'un de 14 ans et l'autre de 16 ans, ont fait pour 45 f. de dégâts dans une maison. Combien doivent-ils payer chacun, s'ils paient des sommes proportionnelles à leur âge?*

Soient x et y les deux sommes à payer. On doit avoir

$$x : y :: 14 : 16 \text{ ou } x : 14 :: y : 16.$$

D'où l'on tire, en remarquant que $x + y = 45$ et que $14 + 16 = 30$,

$$45 : 30 :: x : 14 \text{ et } 45 : 30 :: y : 16.$$

D'où $x = 21$ et $y = 24$,

Le plus jeune paiera donc 21 f., et l'autre 24 f. On voit que 21 f. + 24 f. = 45 f.

1269) *Partager 5320 f. entre 4 personnes, de manière que la part de la première soit à celle de la deuxième comme 1 est à 2, que la part de la deuxième soit à celle de la troisième comme 3 est à 4, et que la part de la troisième soit à celle de la quatrième comme 5 est à 6.*

Soient x, y, z, u les 4 parts, on doit avoir :

$$x : y :: 1 : 2 ;\ y : z :: 3 : 4, \text{ et } z : u :: 5 : 6.$$

Si on multiplie les deux premières proportions terme à terme, on aura $x : z :: 3 : 8$. Si on fait encore le produit des trois proportions terme à terme, il vient $x : u :: 5 : 16$. On a donc :

$$x : y :: 1 : 2 ;\ x : z :: 3 : 8, \text{ et } x : u :: 5 : 16.$$

D'où $x : y :: 15 : 30$; $x : z :: 15 : 40$, et $x : u :: 15 : 48$.

D'où l'on tire la suite de rapports égaux

$$x : 15 :: y : 30 :: z : 40 :: u : 48.$$

D'où l'on conclut, en observant que $x + y + z + u = 5320$ f. et que $15 + 30 + 40 + 48 = 133$

$$\left.\begin{array}{l} 5\,320 : 133 :: x : 15 \\ 5\,320 : 133 :: y : 30 \\ 5\,320 : 133 :: z : 40 \\ 5\,320 : 133 :: u : 48 \end{array}\right\} \text{d'où} \left\{\begin{array}{l} x = 600 \\ y = 1\,200 \\ z = 1\,600 \\ u = 1\,920 \end{array}\right.$$

On peut vérifier que la somme des parts $= 5\,320$ f.

1270) *Un oncle laisse en mourant 21 600 f. à partager entre deux neveux et deux nièces, de manière que la part du premier soit à celle du deuxième comme 1 est à 2, que la part du deuxième soit à celle de la première nièce comme 2 est à 3, et que la part de la première nièce soit à celle de la deuxième comme 3 est à 4. Que revient-il à chaque neveu et à chaque nièce si les frais de la succession s'élèvent à $2\frac{1}{2}$ pour cent du bien de l'oncle ?*

Pour 100 f. les frais de succession sont $2^f,50$; donc pour 21 600 f. ils valent 216 fois $2^f,50$ ou 540 f. Il reste donc à partager 21 600 f. — 540 f. ou 21 060 f.

Soient x, y, z et u les 4 parts, on doit avoir :

$$x : y :: 1 : 2;\ y : z :: 2 : 3 \text{ et } z : u :: 3 : 4.$$

Si on multiplie les deux premières proportions terme à terme, on a $x : z :: 1 : 3$; si on fait encore le produit des 3 proportions, on a $x : u :: 1 : 4$. On a donc :

$$x : y :: 1 : 2;\ x : z :: 1 : 3, \text{ et } x : u :: 1 : 4.$$

D'où l'on peut conclure la suite de rapports égaux :

$$x : 1 :: y : 2 :: z : 3 :: u : 4.$$

D'où l'on conclut, en remarquant que $x + y + z + u = 21\,060$, et que $1 + 2 + 3 + 4 = 10$

$$\left.\begin{array}{l} 21\,060 : 10 :: x : 1 \\ 21\,060 : 10 :: y : 2 \\ 21\,060 : 10 :: z : 3 \\ 21\,060 : 10 :: u : 4 \end{array}\right\} \text{d'où} \left\{\begin{array}{l} x = 2\,106 \\ y = 4\,212 \\ z = 6\,318 \\ u = 8\,424 \end{array}\right.$$

Le premier neveu recevra donc 2106 f., le deuxième, 4212 f. ; la première nièce recevra 6318 f. et la deuxième, 8424 f.

On peut vérifier que la somme des parts, plus les frais de la succession = 21600 f.

Problèmes sur la règle de société.

1271) *Les mises de trois associés sont* 300 *f.*, 600 *f. et* 1200 *f. On demande de partager le bénéfice* 350 *f. proportionnellement à ces mises ?*

La somme des mises 2100 f. a rapporté 350 f. ; donc 1 f. a rapporté $\frac{1}{2100}$ de 350 f. ou $\frac{1}{6}$ de f. ; 300 f. ont rapporté 300 fois $\frac{1}{6}$ de f. ou 50 f. ; 600 f. ont rapporté le double ou 100 f., et 1200 f. ont rapporté 200 f.

On peut vérifier que 50 f. + 100 f. + 200 f. = 350 f.

1272) *Les mises de quatre associés sont* 1800 *f.*, 2700 *f.*, 3300 *f. et* 4200 *f. Le bénéfice est* 21600 *f. Quelle est la part de chaque associé ?*

La somme des mises 12000 f. a rapporté 21600 f. Donc 1 f. a rapporté $\frac{1}{12000}$ de 21600 f. ou $1^f,80$.

1800 f. ont rapporté 1800 fois $1^f,80$ ou. . . . 3240 f.
2700 f. ont rapporté 2700 fois $1^f,80$ ou. . . . 4860 f.
3300 f. ont rapporté 3300 fois $1^f,80$ ou. . . . 5940 f.
Et 4200 f. ont rapporté 4200 fois $1^f,80$ ou. 7560 f.

On peut vérifier que la somme des parts égale 21600 f.

1273) *Les mises de trois associés sont égales ; celle du premier est restée* 6 *mois dans l'association, celle du deuxième* 8 *mois, et celle du troisième* 10 *mois. Partager le bénéfice* 1500 *f. proportionnellement au temps.*

On peut résoudre ce problème à l'aide des proportions. On peut dire aussi :

Une seule mise d'un des associés aurait rapporté 1500 f. en restant 6 mois + 8 mois + 10 mois ou 24 mois dans l'association ; donc en 1 mois elle rapporte le 24e de 1500 f. ou $62^f,50$.

Donc en 6 mois la première mise a rapporté 6 fois 62f,50 ou. . . . . 375 f.

En 8 mois la deuxième mise a rapporté 8 fois 62f,50 ou . . . . 500 f.

Et en 10 mois la troisième mise a rapporté 10 fois 62f,50 ou. . . . . 625 f.

On peut vérifier que 375 f.+500 f.+625 f.=1500 f.

1274) *Une personne commence une entreprise avec 2000 f.; 5 mois après elle prend un associé qui apporte 3000 f. Au bout d'un an il y a un bénéfice égal à 3600 f. Que revient-il à chacun des deux associés?*

Les 2000 f. de l'entrepreneur sont restés 12 mois dans l'association, tandis que les 3000 f. de l'associé n'y sont restés que 7 mois ; mais 2000 f. en 12 mois rapportent autant que 12 fois 2000 f. ou 24000 f. en 1 mois et 3000 f. en 7 mois rapportent autant que 7 fois 3000 f. ou 21000 f. en 1 mois. Le problème est donc ramené à celui-ci :

Les mises des deux associés sont 24000 f. et 21000 f.; elles sont restées le même temps dans la société ; partager le bénéfice 3600 f. proportionnellement à ces mises. On trouve pour la part du premier associé 1920 f.; et pour celle du deuxième 1680 f.

1275) *Une personne commence une entreprise avec 25000 f.; 4 mois après un capitaliste lui prête 7500 f.; 2 mois après ce premier emprunt, un autre capitaliste lui prête 15000 f. Au bout d'un an il y a eu bénéfice égal à 18450 f. Que revient-il à chacun, l'entrepreneur prélevant une prime à raison de 8 pour cent?*

La prime à 8 p. cent, égale 18450 fois 0f08 ou 1476 f., de sorte qu'il reste à partager 18450 f. — 1476 f. ou 16974 f. Or, les 25000 f. de l'entrepreneur restent 12 mois dans l'association; ils rapportent donc autant que 12 fois 25000 ou 300000 f. en 1 mois. Les 7500 f. du premier capitaliste ne restent que 8 mois dans la société, ils rapportent donc autant que 8 fois 7500 f. ou 60000 f. en

1 mois ; et les 15 000 f. du deuxième capitaliste ne restent que 6 mois dans la société, ils rapportent donc autant que 6 fois 15 000 f. ou 90 000 f. en 1 mois.

Le problème revient donc à celui-ci : Les mises de trois associés sont 300 000 f., 60 000 f., et 90 000 f., elles sont restées le même temps dans la société ; partager le bénéfice 16 974 f. proportionnellement aux mises.

On trouve qu'il revient au premier capitaliste 2263f,20, au deuxième 3 394f,80 et à l'entrepreneur 11 316 f. qui avec 1 476 f. de prime lui font 12 792 f.

1276) *Deux négociants se sont associés ; la mise du premier, qui est triple de celle du second, est restée* 5 *mois dans la société et celle du second y est restée* 10 *mois. Ils éprouvent une perte de* 800 *f. Pour quelle somme chacun doit-il y participer ?*

La mise du premier associé est triple de celle du deuxième ; elle est restée 5 mois dans la société ; donc elle rapporte autant qu'une mise égale à celle du deuxième et qui serait restée 15 mois dans l'association.

Le problème revient donc à celui-ci : Les mises des deux associés sont égales ; celle du premier est restée 15 mois dans la société, et celle du deuxième 10 mois ; pour combien chacun d'eux doit-il participer à une perte de 800 f. ?

On trouve 480 f. pour le premier et 320 f. pour le deuxième.

1277) *La somme des mises de deux associés est* 32 760 *f. et celle du premier excède celle du deuxième de* 15 980 *f. Ils font un bénéfice égal au quart de leur mise. Combien revient-il à chacun ?*

Si les mises des deux associés étaient égales, elles vaudraient chacune la moitié de 32760 f. ou 16 380 f. ; mais la mise du premier excède celle du deuxième de 15 980 f., il faut donc ôter la moitié de 15 980 f. ou 7 990 f. de la première moitié de la somme pour l'ajouter à la deuxième, de sorte que les mises des deux associés sont 16 380 f. + 7 990 f. ou 24 370 f. et 16 380 f. — 7 990 f. ou 8 390 f. Or, le bénéfice égale le quart de leur mise ; donc la part du premier associé est le quart de 24 370 f. ou 6092f,50, et celle du deuxième est le quart de 8 390 f. ou 2097f,50.

1278) *Trois associés ont fait un bénéfice de 2 250 f. Le premier a reçu pour sa part 625 f. et le deuxième 750 f. La somme des mises est 18 000 f. Quelle est la mise de chacun?*

2 250 f. de bénéfice ont été rapportés par 18 000 f. Donc 1 f. a été rapporté par 2 250 fois moins ou 8 f.

Donc 625 f. ont été rapportés par 625 fois 8 f. ou 5 000 f.

Et 750 f. ont été rapportés par 750 fois 8 f. ou 6 000 f.

Donc la mise du 1er associé est 5 000 f., celle du 2e, 6 000 f.; et celle du 3e, 18 000 f. moins 11 000 f., somme des deux autres, c'est-à-dire 7 000 f.

1279) *Les mises de deux associés sont 20 000 f. et 25 000 f. La mise du premier est restée 3 mois dans la société, et celle du deuxième 4 mois. Le premier associé reçoit pour sa part de bénéfice 4687f,50. Quel est le bénéfice total?*

Les 20 000 f. du premier associé, qui sont restés 3 mois dans la société, rapportent autant que 3 fois 20 000 f. ou 60 000 f. en un mois, et les 25 000 f. du deuxième associé qui sont restés 4 mois dans la société rapportent autant que 4 fois 25 000 f. ou 100 000 f. en un mois. Or, le premier associé reçoit 4687f,50, c'est-à-dire que 60 000 f. rapportent 4687f,50 de bénéfice ; donc 1 f. rapporte 60 000 fois moins ou $\frac{4687^f,50}{60000}$ et 60 000 f. + 100 000 f. ou 160 000 f. rapportent 160 000 fois plus, c.-à-d. $\frac{4687^f,50 \times 160\,000}{60\,000}$ ou 12 500 f.

Donc le bénéfice total est 12 500 f.

1280) *Une personne laisse en mourant 90 000 f. à trois*

héritiers, à la condition de faire une pension annuelle de 600 f. à un ancien serviteur. Le premier héritier reçoit 24 000 f., et le deuxième 30 000 f. Quelle partie de la pension chacun des trois héritiers doit-il payer ?

Sur 90 000 f. d'héritage, il faut payer une pension de 600 f. ; pour 1 f., il faudrait donc payer le 90 000e de 600 f. ou $\frac{1}{150}$ de f. Donc pour 24 000 f., le premier héritier doit payer 24 000 fois $\frac{1}{150}$ de f. ou 160 f., et pour 30 000 f., le deuxième doit payer 30 000 fois $\frac{1}{150}$ de f. ou 200 f. Ils payent à eux deux 360 f., de sorte que le troisième doit payer 600 f. — 360 f. ou 240 f.

Problèmes sur la règle de mélange.

1281) *On mélange 25 litres de vin à 0f,80 le litre et 75 litres de vin à 0f,60 le litre. On vend 0f,75 le litre du mélange. Combien gagne-t-on sur la totalité ?*

25 litres de vin à 0f,80 le litre coûtent 25 fois 0f,80 ou 20 f. et 75 de vin à 0f,60 le litre coûtent 75 fois 0f,60 ou 45 f. ; donc 25+75 ou 100 litres du mélange coûtent 20 f. + 45 f. ou 65 f.

Mais on vend chaque litre du mélange 0f,75 ; donc on vend 100 litres 100 fois 0f,75 ou 75 f., et on gagne 75 f. — 65 f. ou 10 f.

1282) *On verse 12 litres d'eau dans 96 litres de vin à 0f,90 le litre. Quel est le prix d'un litre du mélange ?*

96 litres de vin à 0f,90 le litre coûtent 96 fois 0f90 ou 86f,40 ; donc 96 l. + 12 l. ou 108 litres du mélange coûtent le même prix, et 1 litre coûte le 108e de 86f,40 ou 0f,80.

1283) *On mélange 9 kilogrammes de thé à 30 f. le kilogramme et 6 kilogrammes de thé à 36 f. le kilogramme. Quel est le prix d'un kilogramme du mélange ?*

9 k. de thé à 30 f. le kilog. coûtent 9 fois 30 f. ou 270 f., et 6 k. de thé à 36 f. le kilog. coûtent 6 fois 36 f. ou 216 f.;

donc 9 k. + 6 k. ou 15 k. du mélange coûtent 270 f. + 216 f. ou 486 f. et 1 kilogramme coûte le 15ᵉ de 486 f. ou 32ᶠ,40.

1284) *On mélange 50 l. de vin à 0ᶠ,75 le litre, 25 l. à 0ᶠ,50 le litre, et 25 l. à 0ᶠ40 le litre. Quel est le prix d'un litre du mélange*

50 l. de vin à 0ᶠ,75 le l. coûtent 50 fois 0ᶠ,75 ou 37ᶠ,50.
25 l. de vin à 0ᶠ,50 le l. coûtent 25 fois 0ᶠ,50 ou 12ᶠ,50.
Et 25 l. de vin à 0ᶠ,40 le l. coûtent 25 fois 0ᶠ,40 ou 10 f.

Donc 50 l. + 25 l. + 25 l. ou 100 litres du mélange coûtent 37ᶠ,50 + 12ᶠ,50 + 10 f. ou 60 f., et 1 litre coûte le 100ᵉ de 60 f. ou 0ᶠ,60.

1285) *Dans quel rapport peut-on mélanger du vin à 0ᶠ,75, à 0ᶠ,50 et à 0ᶠ,45 le litre pour avoir du vin à 0ᶠ,60 le litre ?*

Pour chaque litre de vin à 0ᶠ,75 qu'on vendra 0ᶠ,60, on perdra 0ᶠ,15.

Pour chaque litre de vin à 0ᶠ,50 qu'on vendra 0ᶠ,60, on gagnera 0ᶠ,10.

Et pour chaque litre de vin à 0ᶠ,45, qu'on vendra 0ᶠ,60, on gagnera 0ᶠ,15.

Donc on pourra prendre pour 4 l. de vin de la première qualité, 6 l. de la seconde, ou pour 2 l. de la première, 3 l. de la seconde, et pour 1 l. de la première qualité, 1 l. de la troisième, c'est-à-dire qu'on pourra prendre pour 2 l. + 1 l. ou 3 l. de la première qualité, 3 l. de la seconde, et 1 l. de la troisième.

Vérification : 3 l. de vin à 0ᶠ,75 le litre coûtent 2ᶠ,25, 3 l. de vin à 0ᶠ,50 le litre coûtent 1ᶠ,50, et 1 l. de la troisième qualité coûte 0ᶠ,45 ; donc 3 l. + 3 l. + 1 l. ou 7 l. du mélange coûtent 2ᶠ,25 + 1ᶠ,30 + 0ᶠ,45 ou 4ᶠ,20, et 1 litre coûte le 7ᵉ de 4ᶠ,20 ou 0ᶠ,60.

1286) 60 *litres d'un mélange de vins à 0ᶠ,75 à 0ᶠ,50 et*

à $0^f,40$ le litre coûtent 36 f. Combien ce mélange peut-il contenir de litres de vin de chaque espèce ?

60 litres du mélange coûtent 36 f., donc 1 l. coûte le 60e de 36 f. ou $0^f,60$. Le problème revient donc à celui-ci : Dans quel rapport peut-on mélanger du vin à $0^f,75$, $0^f,50$ et à $0^f,40$ le litre pour avoir 60 l. de vin à $0^f,60$ le litre. En raisonnant comme au numéro précédent, on trouve qu'il faut prendre pour 2 l. de la première qualité 1 l. de la deuxième, et 1 l. de la troisième, ce qui fait 4 litres du mélange ; donc 1 l. du mélange contient $\frac{1}{2}$ litre de la première qualité, $\frac{1}{4}$ de litre de la deuxième, et $\frac{1}{4}$ de litre de la troisième, et 60 l. contiennent 60 fois $\frac{1}{2}$ litre ou 30 l. de la première qualité, 60 fois $\frac{1}{4}$ de l. ou 15 l. de la deuxième, et autant de la troisième qualité.

1287) *On mélange 5 l. de blé à $0^f,45$ le litre, 15 l. à $0^f,40$ le litre, et 30 l. à $0^f,35$ le litre. Quel est le prix du décalitre du mélange?*

5 l. de blé à $0^f,45$ le litre, coûtent 5 fois $0^f,45$ ou $2^f,25$.
15 l. de blé à $0^f,40$ le l., coûtent 15 fois $0^f,40$ ou 6 f.
Et 30 l. de blé à $0^f,35$ le l., coûtent 30 fois $0^f,35$ ou $10^f,50$.

Donc 5 l. + 15 l. + 30 l. ou 50 l. du mélange coûtent $2^f,25$ + 6 f. + $10^f,50$ ou $18^f,75$, donc 10 coûtent le 5e de $18^f,75$ ou $3^f,75$.

1288) *Combien peut-on mélanger de litres de blé à $0^f,45$, à $0^f,40$ et à $0^f,35$ le litre pour avoir un hectolitre de blé à $37^f,50$?*

Pour chaque litre de blé à $0^f,45$ qu'on vend $0^f,375$, on perd $0^f,075$.

Pour chaque litre de blé à $0^f,40$ qu'on vend $0^f,375$, on perd $0^f,025$.

Et pour chaque litre de blé à $0^f,35$ qu'on vend $0^f,375$, on gagne $0^f,025$.

On peut donc prendre pour 25 l. de la première qualité, 75 de la troisième, ou pour 1 l. de la première, 3 l. de la troisième, et pour 1 l. de la deuxième, 1 l. de la troisième, c'est-à-dire qu'on peut prendre pour 1 l. de la première qualité, 1 l. de la deuxième, et 3 l. + 1 l. ou 4 l. de la troisième, ce qui donne 6 l. du mélange ; donc 1 l. du mélange contient $\frac{1}{6}$ de litre de la première qualité, autant de la deuxième, et $\frac{4}{6}$ ou $\frac{2}{3}$ de litre de la troisième, et un hectolitre du mélange contiendra 100 fois $\frac{1}{6}$ de l. ou 16 l. $\frac{2}{3}$ de la première qualité, autant de la deuxième, et 100 fois $\frac{2}{3}$ de l. ou 66 l. $\frac{2}{3}$ de la troisième qualité.

On peut vérifier.

1289) *Dans quel rapport peut-on mélanger du vin à* $0^f,80$, *à* $0^f,60$, *à* $0^f,45$ *et à* $0^f,40$ *le litre pour avoir du vin à* $0^f,50$ *le litre?*

Pour chaque litre de vin à $0^f,80$ le litre qu'on vend $0^f,50$, on perd $0^f,30$; mais pour chaque litre à $0^f,40$ qu'on vend $0^f,50$, on gagne $0^f,10$. On peut donc prendre pour 10 l. de la première qualité, 30 l. de la quatrième, ou pour 1 l. de la première qualité, 3 l. de la quatrième. De même pour chaque litre de vin à $0^f,60$ le litre, qu'on vend $0^f,50$, on perd $0^f,10$; mais pour chaque litre de vin à $0^f,45$ le litre qu'on vend $0^f,50$, on gagne $0^f,05$; on peut donc prendre pour 5 l. de la deuxième qualité, 10 l. de la troisième, ou pour 1 l. de la deuxième, 2 l. de la troisième; ainsi on peut prendre pour 1 l. de la première qualité, 1 l. de la deuxième, 2 l. de la troisième, et 3 l. de la quatrième.

Il est facile de vérifier.

1290) *Dans quel rapport faut-il mélanger du vin à* $0^f,60$ *le litre et de l'eau pour avoir un mélange à* $0^f,50$ *le litre?*

Pour chaque litre de vin à $0^f,60$ le litre qu'on vend $0^f,50$, on perd $0^f,10$; mais pour chaque litre d'eau, on gagne $0^f,50$. Il faut donc mélanger le vin et l'eau dans le rapport de 50 l. à 10 l., ou de 5 l. à 1 l.

1291) *Combien faut-il mélanger de litres de vin à* $0^f,75$ *le litre et de litres d'eau pour avoir un hectolitre du mélange à* $0^f,60$ *le litre?*

Pour chaque litre de vin à $0^f,75$ qu'on vend $0^f,60$, on perd $0^f,15$; mais par chaque litre d'eau, on gagne $0^f,60$. Il faut donc mélanger le vin et l'eau dans le rapport de 60 l. à 15 l. ou de 4 l. à 1 l. ce qui fait 5 l. de mélange. Or, on en veut avoir 100 l.; il faut donc prendre autant de fois 4 l. de vin et 1 l. d'eau que 5 est contenu de fois dans 100, c'est-à-dire 80 l. de vin et 20 l. d'eau.

1292) *Combien faut-il mélanger de thé à 24 f. et à 30 f. le kilogramme pour avoir 45 hectogrammes de thé à 25 f. le kilogramme?*

Pour chaque kilog. de thé à 24 f. qu'on vend 25 f., on gagne 1 f.; mais pour chaque kilog. de thé à 30 f. qu'on vend 25 f., on perd 5 f. Il faut donc prendre 5 k. de thé à 24 f., pour 1 k. à 30 f., ce qui fait 6 k. de mélange. Donc 6 hectog. du mélange contiennent 5 hectog. de la deuxième qualité, et 1 hectog. de la première ; 1 hectog. du mélange contient donc $\frac{5}{6}$ d'hectog. de la deuxième qualité, et $\frac{1}{6}$ d'hectog. de la première, et 45 hectog. contiennent 45 fois $\frac{5}{6}$ d'hectog. ou 375 décag. de la deuxième qualité et 45 fois $\frac{1}{6}$ d'hectog. ou 75 décag. de la première.

1293) 20 *k. d'un mélange de thé à* 25 *f. et à* 30 *f. le kilogramme coûtent* 560 *f. Combien ce mélange contient-il de kilogrammes de thé de chaque espèce?*

20 k. du mélange coûtent 560 f., donc 1 k. coûte le 20e de 560 f. ou 28 f. Il reste à chercher combien il faut mélanger de kilogrammes de thé à 25 f. et à 30 f. pour avoir 20 k. à 28 f. En raisonnant comme précédemment, on trouve que le mélange contient 8 k. à 25 f. et 12 k. à 30 f.

Vérification : 8 k. à 25 f. le kilog. coûtent 200 f. et 12 k. à 30 f. le kilog. coûtent 360 f. Donc 8 k. + 12 k. ou 20 k. du mélange coûtent 200 f. + 360 f. ou 560 f.

1294) 75 *l. d'un mélange de vin à* $0^f,50$ *le litre et d'eau ont coûté* $33^f,75$. *Combien ce mélange contient-il de litres de vin et d'eau?*

75 l. du mélange coûtent $33^f,75$; donc 1 l. coûte le 75e de $33^f,75$ ou $0^f,45$. Il reste à chercher dans quel rapport on mélange du vin à $0^f,50$ le litre et de l'eau, si le mélange coûte $0^f,45$; or, sur 1 litre de vin, on perd $0^f,05$, mais sur 1 l. d'eau, on gagne $0^f,45$; on a donc mélangé le vin et l'eau dans le rapport de 45 l. à 5 l. ou de 9 l. à 1 l.

Donc 10 l. du mélange contiennent 9 l. de vin et 1 l. d'eau; 1 l. du mélange contient donc $0^l,9$ de vin et $0^l,1$ d'eau, et 75 l. du mélange contiennent 75 fois $0^l,9$ ou $67^l,50$ de vin et 75 fois $0^l,1$ ou $7^l,50$ d'eau.

1295) *Combien peut-on mélanger de litres de vin à* $0^f,45$, *à* $0^f,50$ *et à* $0^f,75$ *le litre pour avoir 42 litres de vin à* $0^f,60$ *le litre ?*

En vendant $0^f,60$ un litre de vin qui coûte $0^f,75$, on perd $0^f,15$.

En vendant $0^f,60$ un litre de vin qui coûte $0^f,50$, on gagne $0^f,10$.

Et en vendant $0^f,60$ un litre de vin qui coûte $0^f,45$, on gagne $0^f,15$.

Donc on peut prendre pour 10 l. de vin de la première qualité, 15 l. de la deuxième, ou pour 2 l. de la première, 3 de la deuxième, et pour 1 l. de la première, 1 l. de la troisième. Donc pour 2 l. + 1 l. ou 3 l. de la première qualité, on peut prendre 3 l. de la deuxième, et 1 l. de la troisième, ce qui donne 7 l. du mélange. Donc pour avoir 42 l. de mélange, on peut prendre 6 fois 3 l. ou 18 l. de la première qualité, autant de la deuxième, et 6 l. de la troisième.

Vérification : 18 l. à $0^f,75$ le litre, coûtent $13^f,50$; 18 l. à $0^f,50$, coûtent 9 f. et 6 l. à $0^f,45$, coûtent $2^f,70$. Donc 18 l. + 18 l. + 6 l. ou 42 l. du mélange coûtent $13^f,50$ + 9 f. + $2^f,70$ ou $25^f,20$, et 1 l. coûte le 42e de $25^f,20$ ou $0^f,60$.

Problèmes sur la règle d'alliage.

1296) *Le bronze des canons et des statues est formé de*

90 parties de cuivre et de 10 d'étain. Le kilogramme de cuivre coûtant 1^f,50 et le kilogramme d'étain 2^f,50, quel est le prix d'un kilogramme de bronze?

90 k. de cuivre à 1^f,50 le k. coûtent 90 fois 1^f,50 ou 135 f.

10 k. d'étain à 2^f,50 le k. coûtent 10 fois 2^f,50 ou 25 f.

Donc 90 k. + 10 k. ou 100 k. de bronze coûtent 135 f. + 25 f. ou 160 f., et 1 k. de bronze coûte 0,01 de 160 f. ou 1^f,60.

1297) *Les caractères d'imprimerie sont formés de 80 parties de plomb et de 20 d'antimoine (ils contiennent encore quelques traces de cuivre). Quel est le prix d'un kilogramme de cet alliage, le plomb coûtant 0^f,75 le kilogramme, et l'antimoine 3 f. le kilogramme?*

80 k. de plomb à 0^f,75 le k. coûtent 80 fois 0^f,75 ou 60 f.

20 k. d'antimoine à 3 f. le k. coûtent 20 fois 3 f. ou 60 f.

Donc 80 k. + 20 k. ou 100 k. d'alliage coûtent 60 f. + 60 f. ou 120 f., et 1 k. coûte 1^f,20.

1298) *La soudure des plombiers est formée de 60 parties de plomb et de 40 d'étain. Quel est le prix d'un kilogramme de cet alliage, le plomb coûtant 0^f,75 le kilogramme, et l'étain 2^f,50 le kilogramme?*

60 k. de plomb à 0^f,75 le k. coûtent 60 fois 0^f,75 ou 45 f.

40 k. d'étain à 2^f,50 le k. coûtent 40 fois 2^f,50 ou 100 f.

Donc 60 k. + 40 k. ou 100 k. d'alliage coûtent 100 f. + 45 f. ou 145 f., et 1 k. d'alliage coûte 1^f,45.

1299) *On fond ensemble 250 grammes d'un alliage d'argent et de cuivre au titre de 0,800 et 250 grammes d'argent pur. Quel est le titre du nouvel alliage?*

1 g. d'alliage contient 0^g,800 d'argent ; donc 250 g. en contiennent 250 fois 0^g,800 ou 200 g. Si donc on ajoute à l'alliage 250 g. d'argent pur, 250 g. + 250 g. ou 500 g. du nouvel alliage contiendront 200 g. + 250 g. ou 450 g. d'argent pur; donc 1 g. en contiendra le 500e de 450 g. ou 0^g,900, c'est-à-dire que le nouvel alliage est au titre de 0,900.

1300) *Le laiton est formé de 75 parties de cuivre et de 25 de zinc. Combien 12 kilog. de laiton contiennent-ils de cuivre et de zinc?*

100 k. de laiton contiennent 75 k. de cuivre et 25 k. de zinc; donc 1 k. de laiton contient $0^k,75$ de cuivre et $0^k,25$ de zinc et 12 k. de laiton contiennent 12 fois $0^k,75$ ou 9 k. de cuivre et 12 fois $0^k,25$ ou 3 k. de zinc.

1301) *Le bronze des canons est formé de 90 parties de cuivre et de 10 d'étain. Combien une pièce de canon du poids de 160 kilog. contient-elle de cuivre et d'étain?*

1 k. de bronze contient $0^k,90$ de cuivre et $0^k,10$ d'étain. Donc 160 k. de bronze contiennent 160 fois $0^k,90$ ou 144 k. de cuivre et 160 fois $0^k,10$ ou 16 k. d'étain.

1302) *On fond ensemble 270 grammes d'un lingot d'or au titre de 0,920 et 240 grammes d'un autre lingot au titre de 0,750. Quel est le titre du nouveau lingot?*

1 g. du premier lingot contient $0^g,920$ d'or; donc 270 g. de ce lingot contiennent 270 fois $0^g,920$ ou $248^g,40$ d'or. D'un autre côté, 1 g. du second lingot contient $0^g,750$ d'or; donc 240 g. contiennent 240 fois $0^g,750$ ou 180 g. d'or. Donc 270 g. + 240 g. ou 510 g. du nouveau lingot contiendront $248^g,40$ + 180 g. ou $428^g,40$ d'or, et 1 g. contiendra le 510e de $428^g,40$ d'or ou $0^g,840$, c'est-à-dire que le nouveau lingot est au titre de 0,840.

1303) *Le laiton contient 75 parties de cuivre et 25 de zinc. Quel est le prix d'un kilog. de cuivre, si le kilog. de zinc coûte $1^f,10$ et le kilog. de laiton $1^f,40$?*

1 k. de zinc coûte $1^f,10$. Mais 3 k. de cuivre et 1 k. de zinc ou 4 k. de laiton coûtent 4 fois $1^f,40$ ou $5^f,60$; donc 3 k. de cuivre coûtent $5^f,60-1^f,10$ ou $4^f,50$ et 1 k. coûte le tiers de $4^f,50$ ou $1^f,50$.

1304) *Dans quel rapport faut-il allier un lingot d'or au titre de* 0,920 *et un autre lingot au titre de* 0,750 *pour avoir un nouveau lingot au titre de* 0,900 ?

Le nouveau lingot doit être au titre de 0,900; donc 1 g. du lingot au titre de 0,920 f. contient $0^g,020$ d'or de trop, et sur 1 g. du deuxième lingot au titre de 0,750 f., il manque $0^g,900 - 0^g,750$ ou $0^g,150$ d'or; donc il faut prendre pour 150 g. du premier lingot 20 g. du deuxième. En effet, d'une part il y aura de trop 150 fois $0^g,020$ d'or; d'une autre part, il manquera 20 fois 150 g., mais 150 fois $0^g,020$ = 20 fois $0^g,150$; il y aura donc compensation. Le rapport de 150 à 20 est égal au rapport de 15 à 2. Donc il faut prendre pour 15 g. du premier lingot, 2 g. du deuxième.

Vérification : 2 g. du lingot au titre de 0,750 contiennent 2 fois $0^g,750$ ou $1^g,500$ d'or et 15 g. du lingot au titre de $0^g,920$ contiennent 15 fois $0^g,920$ ou $13^g,800$ d'or. Donc 2 g. + 15 g. ou 17 g. du nouveau lingot contiennent $1^g,500 + 13^g,800$ ou $15^g,300$ d'or, et 1 g. contient le 17^e de $15^g,300$ ou $0^g,900$; le nouveau lingot est donc au titre de 0,900.

1305) *Combien faut-il allier de grammes d'un lingot d'or au titre de* 0,900 *et d'un autre lingot au titre de* 0,750 *pour avoir* 1 *kilogramme d'un lingot au titre de* 0,840?

On peut chercher d'abord dans quel rapport il faut allier un lingot d'or au titre de 0,900 et un autre lingot au titre de 0,750 pour avoir un 3^e lingot au titre de 0,840. On trouve qu'il faut prendre pour 3 g. du 1er lingot, 2 g. du 2^e ; on dira ensuite :

3 g. + 2 g. ou 5 g. du nouveau lingot contiennent 3 g. du 1er et 2 g. du 2e ; donc 1 g. contient $\frac{3}{5}$ de g. du 1er lingot et $\frac{2}{5}$ de g. du 2e, et 1 k. du nouveau lingot contiendra 1000 fois $\frac{3}{5}$ de g. ou 600 g. du 1er lingot et 1000 fois $\frac{2}{5}$ de g. ou 400 g. du 2e.

Vérification : 600 g. du lingot au titre de 0,900 contiennent 600 fois $0^g,900$ ou 540 g. d'or, et 400 g. du lingot au titre de 0,750 contiennent 400 fois $0^g,750$ ou 300 g. d'or ; donc 600 g. + 400 g. ou 1000 g. du nouvel alliage contiennent 540 g. + 300 g. ou 840 g. d'or, et 1 g. en contient 0,840.

1306) *Dans quel rapport faut-il allier un lingot d'or au titre de 0,840 et de l'or pur pour en élever le titre à 0,900?*

Le nouveau lingot doit être au titre de 0,900; donc sur 1 g. d'alliage au titre de 0,840, il manque $0^g,060$ d'or et 1 g. d'or contient de trop 1 g.—$0^g,900$ ou $0^g,100$ d'or.

Il faut donc prendre pour 100 g. du lingot 60 g. d'or pur ou pour 5 g. du lingot 3 g. d'or pur.

Vérification: 5 g. d'un lingot au titre de 0,840 contiennent 5 fois $0^g,840$ ou $4^g,200$ d'or. Si on ajoute à cet alliage 3 g. d'or pur, 5 g.+3 g. ou 8 g. du nouveau lingot contiendront $4^g,200$+3 g. ou $7^g,200$ d'or; donc 1 g. du lingot en contiendra le 8e de $7^g,200$ ou $0^g,900$.

1307) *On a 1 kilogramme d'un lingot d'or au titre 0,900. Combien doit-on y ajouter d'or pur pour en élever le titre à 0,920?*

Le nouveau lingot doit être au titre de 0,920; donc sur 1 g. d'alliage au titre de 0,920, il manque $0^g,020$ d'or, et 1 g. d'or contient de trop 1 g.—$0^g,920$ ou $0^g,080$. Il faut donc prendre pour 80 g. du lingot 20 g. d'or ou pour 4 g. du lingot 1 g. d'or, et pour 1000 g. du lingot 250 g. d'or.

On peut vérifier.

1308) *Combien faut-il allier de grammes de cuivre et de grammes d'un lingot d'argent au titre de 0,900 pour avoir 1800 g. d'un lingot au titre de 0,800?*

On peut chercher d'abord dans quel rapport il faut allier du cuivre et un lingot d'argent au titre de 0,900 pour avoir un lingot au titre de 0,800. On trouve qu'il faut prendre pour 1 g. de cuivre 8 g. du lingot. Donc 9 g. du nouvel alliage contiennent 1 g. de cuivre et 8 g. du lingot et 1800 g., ou 200 fois plus, contiennent 200 g. de cuivre et 1600 g. du lingot.

1309) *Un orfèvre a 2 lingots d'or de 3 kilogrammes chacun, l'un au titre de 0,750, et l'autre au titre de 0,900.*

Combien doit-il ajouter de grammes du 2e au 1er pour en élever le titre à 0,800?

On peut chercher d'abord dans quel rapport il faut allier un lingot au titre de 0g,750 et un autre lingot au titre de 0,900 pour en avoir un 3e au titre de 0,800. On trouve qu'il faut prendre pour 2 g. du 1er lingot 1 g. du 2e. Donc pour 1 g. du 1er il faut ajouter 0g,5 du 2e, et pour 3 k. du 1er il faut prendre 3000 fois 0g,5 ou 1500 g. du 2e.

1310 *Un orfèvre a deux lingots d'argent : le 1er contient 475 g. d'argent et 25 g. de cuivre, et le 2e contient 360 g. d'argent et 90 g. de cuivre. Combien doit-il prendre de grammes de chaque lingot pour avoir 540 g. d'un lingot qui contienne 486 d'argent?*

Le 1er lingot contient 475 g. d'argent et 25 g. de cuivre. Donc 475 g. + 25 g. ou 500 g. du lingot contiennent 475 g. d'argent ; donc 1000 g. en contiennent 950 g., c.-à-d. que le 1er lingot est au titre de 0,950. Le 2e lingot contient 360 g. d'argent et 90 g. de cuivre. Donc 360 g. + 90 g. ou 450 g. du lingot contiennent 360 g. d'argent et 1 g. en contient 450 fois moins ou 0g,800, c.-à-d. que le 2e lingot est au titre de 0,800.

540 g. du nouveau lingot doivent contenir 486 g. d'argent ; donc 1 g. doit contenir 540 fois moins ou 0g,900, c.-à-d. qu'il doit être au titre de 0,900. Le problème revient donc à celui-ci : Combien doit-on prendre de grammes d'un lingot au titre de 0,950 et d'un autre lingot au titre de 0,800 pour avoir 540 g. d'un lingot au titre de 0,900? On trouve qu'il faut allier 360 g. du 1er lingot avec 180 g. du 2e.

Problèmes divers.

1311) *La somme de deux nombres est 450 et leur différence est 250. Quels sont ces deux nombres?*

Si les deux nombres étaient égaux, chacun d'eux serait égal à la moitié de 450 ou à 225. Si on ôte une unité de la première moitié pour l'ajouter à la seconde, on a deux nombres dont la somme est toujours 450 et qui diffèrent évidemment de deux unités ; si on ôte deux unités de la première moitié pour les ajouter à la deuxième, on a deux nombres dont la somme est 450, et la différence, 4, et ainsi de suite. Pour que la différence soit 250, il faut ôter la moitié de 250 ou 125 de l'une des moitiés de 450 et l'ajouter à l'autre ; de sorte que les deux nombres cherchés sont 225 — 125 ou 100 et 225 + 125 ou 350.

On peut vérifier que 350 + 100 = 450
et que 350 — 100 = 250.

1312) *Deux frères, Castor et Casimir, ont gagné, à la fête de leur village, le premier un chapeau et le deuxième un pantalon. On demande le prix des deux objets, sachant qu'ils valent 21 f. à eux deux et que le chapeau vaut 6 f. de moins que le pantalon ?*

Ce problème revient à trouver deux nombres dont la somme est 21 et la différence 6. On trouve pour le prix du pantalon 10^f^,50+3 f. ou 13^f^,50 et pour le prix du chapeau 10^f^,50 — 3 f. ou 7^f^,50.

On peut vérifier que 13^f^,50 + 7^f^,50 = 21 f.
et que 13^f^,50 — 7^f^,50 = 6 f.

1313) *Deux personnes héritent de 24 000 f. à elles deux. La moitié de la part de la première, plus le quart de la part de la deuxième fait 8 500 f. Quelle est la part de chacune?*

La moitié de la première part plus la moitié de la deuxième = la moitié 24 000 f. ou 12 000 f. ; mais la moitié de la première part plus le quart de la deuxième = 8 500 f. ; donc la moitié de la deuxième part moins le quart de cette part = 12 000 f. — 8 500 f., c'est-à-dire que le quart de la deuxième part = 3 500 f. ; donc la deuxième part = 4 fois 3 500 f. ou 14 000 f., et par conséquent, la première part = 24 000 f. — 14 000 f. ou 10 000 f.

On peut vérifier que la moitié de 10 000 f. ou 5000 f. plus le quart de 14 000 f. ou 3 500 f. = 8 500 f.

1314) *Deux tiroirs d'un meuble contiennent en tout*

1 800 f. et $\frac{1}{4}$ de l'argent du premier tiroir, plus $\frac{1}{5}$ de l'argent du deuxième fait 410 f. Combien y a-t-il dans chaque tiroir ?

Un quart de l'argent du premier tiroir, plus $\frac{1}{5}$ de l'argent du deuxième = 410 f. ; donc tout l'argent du premier tiroir plus les $\frac{4}{5}$ de l'argent du deuxième = 4 fois 410 f. ou 1 640 f. Mais l'argent du premier tiroir, plus l'argent du deuxième = 1 800 f.; donc l'argent du deuxième tiroir moins les $\frac{4}{5}$ de cet argent ou $\frac{1}{5}$ de cet argent = 1 800 f. — 1 640 f. ou 160 f. ; donc tout l'argent contenu dans le deuxième tiroir égale 5 fois 160 f. ou 800 f., et par conséquent le premier tiroir contient 1 800 f. — 800 f. ou 1 000 f.

On peut vérifier que le quart de 1 000 f. ou 250 f. plus le cinquième de 800 f. ou 160 f. = 410 f.

1315) *Deux régiments se composent de 4 050 hommes à eux deux, $\frac{1}{4}$ du nombre des hommes du premier régiment égale $\frac{1}{5}$ du nombre des hommes du second. De combien d'hommes se compose chaque régiment ?*

$\frac{1}{4}$ du premier nombre d'hommes = $\frac{1}{5}$ du deuxième ; donc le premier nombre = les $\frac{4}{5}$ du deuxième. Mais le premier nombre, plus le deuxième = 4 050. Donc les $\frac{4}{5}$ du deuxième nombre, plus ce nombre = 4 050 ou $\frac{9}{5}$ du deuxième nombre = 4 050. Donc $\frac{1}{5}$ du deuxième nombre = $\frac{1}{9}$ de 4 050 ou 450 et le deuxième nombre = 5 fois 450 ou 2 250. Donc le deuxième régiment se composait de 2 250 hommes et le premier de 4050 — 2 250 ou de 1 800 hommes.

On peut vérifier que $\frac{1}{4}$ de 1 800 = $\frac{1}{5}$ de 2 250.

1316) *Trois frères ont fait un héritage :*

$\frac{1}{3}$ de la part du 1er + $\frac{1}{4}$ de la part du 2e = 1 845 f.

$\frac{1}{3}$ de la part du 1er + $\frac{1}{5}$ de la part du 3e = 2 356 f.

et $\frac{1}{4}$ de la part du 2e + $\frac{1}{5}$ de la part du 3e = 2 795 f.

Quelle est la valeur de l'héritage et quelle est la part de chaque héritier ?

La somme des 3 nombres 1845 f. + 2356 f. + 2795 f.,

ou 6996 f. = $\frac{2}{3}$ de la part du premier héritier, plus $\frac{2}{4}$ de la part du deuxième, plus $\frac{2}{5}$ de la part du troisième ; donc la moitié de 6996 f. ou 3498 f. = $\frac{1}{3}$ de la part du premier, plus $\frac{1}{4}$ de la part du deuxième, plus $\frac{1}{5}$ de la part du troisième. Si de 3498 f., on ôte $\frac{1}{4}$ de la part du deuxième, plus $\frac{1}{5}$ de la part du troisième ou 2 795 f., on a pour reste 703 f. qui égalent $\frac{1}{3}$ de la part du premier. Le premier a donc 3 fois 703 f. ou 2109 f.

Si de 3 498 f., on ôte $\frac{1}{3}$ de la part du premier, plus $\frac{1}{5}$ de la part du troisième ou 2356 f., on a pour reste 1 142 f. qui égalent $\frac{1}{4}$ de la part du deuxième. Le second a donc 4 fois 1 142 f. ou 4568 f. Et si de 3498 f., on ôte $\frac{1}{3}$ de la part du premier, plus $\frac{1}{4}$ de la part du deuxième, c'est-à-dire 1845 f., on a pour reste 1653 f. qui égalent $\frac{1}{5}$ de la part du troisième. Le troisième a donc 5 fois 1653 f. ou 8265 f. L'héritage vaut donc 2109 f. + 4568 f. + 8265 f. ou 14 942 f.

1317) *Un instituteur interrogé sur le nombre de ses élèves, répond : J'en ai 100 au plus, et en les comptant 3 à 3 et 7 à 7 il en reste 1 ; mais en les comptant 5 à 5 il n'en reste pas. Combien a-t-il d'élèves ?*

En comptant les élèves 3 à 3 et 7 à 7, il en reste 1 ; le nombre des élèves est donc un multiple de 3 et de 7 augmenté de 1. Or, les multiples de 3 et de 7 inférieurs à 100 sont 3 × 7 ou 21, 2 fois 21 ou 42, 3 fois 21 ou 63 et 4 fois 21 ou 84 ; il faut donc chercher quel est celui de ces 4 nombres qui, augmenté d'une unité, est divisible par 5 ; 84 satisfait à cette condition ; donc l'instituteur a 85 élèves.

1318) *Un avare en comptant ses pièces de 20 f. 3 à 3, 4 à 4 et 5 à 5, trouve qu'il en reste toujours une ; mais en les comptant 11 à 11 il trouve qu'il n'en reste pas ; on demande combien il en a, sachant qu'il en a 150 au plus*

En comptant ses pièces 3 à 3, 4 à 4 et 5 à 5, l'avare trouve qu'il en reste toujours une ; le nombre des pièces est donc un multiple de 3, de 4 et de 5, augmenté de 1. Or, les multiples de 3, 4 et 5, inférieurs à 150 sont 3 × 4 × 5 ou 60 et 2 fois 60 ou 120. Mais en comptant les pièces

11 à 11, il n'en reste pas ; donc le nombre des pièces est un multiple de 11. Il faut donc chercher quel est celui des 2 nombres 60 et 120 qui, augmenté de 1, est divisible par 11 ; 121 satisfait à cette condition.

Donc l'avare a 121 pièces.

1319) *On demande de payer 95 f. avec 10 pièces de monnaie, en ne prenant que des pièces de 5 f. et de 20 f.*

Si on prend 10 pièces de 5 f., on a 50 f., et il manque, par conséquent, 45 f. Mais si on remplace une pièce de 5 f. par une pièce de 20 f., on a 15 f. de plus. Donc autant de fois 45 f. contiennent 15 f., autant de fois il faudra faire cette substitution, c'est-à-dire qu'il faut remplacer 3 pièces de 5 f. par 3 pièces de 20 f. Donc il faut prendre 7 pièces de 5 f. et 3 pièces de 20 f.

En effet, 7 fois 5 f. ou 35 f. + 3 fois 20 f. ou 60 f. = 95 f.

1320) *On a payé 5000 f. avec 7 billets de banque de 500 f. et de 1 000 f. Combien a-t-on donné de billets de chaque espèce ?*

Si on donnait 7 billets de 1 000 f. ou 7 000 f., on donnerait 2 000 f. de trop. Mais en remplaçant un billet de 1000 f. par un billet de 500 f., on a 500 f. de moins. Il faut donc faire autant de fois cette substitution que 500 f. sont contenus de fois dans 2 000 f., c'est-à-dire 4 fois. Donc on a donné 4 billets de 500 f. et 3 de 1 000 f.

En effet, 4 fois 500 f. ou 2 000 f. + 3 fois 1 000 f. = 5 000 f.

1321) *Une voiture de 15 places, les unes à 1f,50 et les autres à 2 f. donne 24 f. de recette quand elle est pleine de voyageurs. Combien cette voiture a-t-elle de places à 1f,50 et à 2 f.?*

S'il n'y avait que des places à 1f,50, la recette serait 15 fois 1f,50 ou 22f,50 et il manquerait 1f,50.

Si on remplace une place à 1f,50 par une place à 2 f.

la recette augmente de $0^f,50$; donc pour qu'elle augmente de $1^f,50$, il faut faire 3 fois cette substitution.

La voiture a donc 3 places à 2 f. et 12 places à $1^f,50$.

En effet, 3 fois 2 f. ou 6 f. + 12 fois $1^f,50$ ou 18 f. = 24 f.

1322) *Une personne qui possède 80 000 f. en a placé une partie à $4^f,75$ pour cent et l'autre partie à $5^f,25$ pour cent, ce qui lui fait un revenu de 4 050 f. Quelles sont les deux sommes placées à $4^f,75$ et à $5^f,25$ pour cent ?*

Si tout le capital était placé à $4^f,75$ pour cent, le revenu serait 800 fois $4^f,75$ ou 3 800 f., et il manquerait 250 f. Si on remplace 100 f. placés à $4^f,75$ pour cent par 100 f. placés à $5^f,25$ pour cent, le revenu augmente de $0^f,50$. Pour qu'il augmente de 250 f., il faut faire 500 fois cette substitution. Donc 50 000 f. sont placés à $5^f,25$ pour cent, et par conséquent 30 000 f. à $4^f,75$ pour cent.

En effet, 50 000 f. à $5^f,25$ pour cent rapportent 2 625 f., et 30 000 f. à $4^f,75$ pour cent rapportent 1 425 f.

Or, 2 625 f. + 1 425 f. = 4050 f.

1323) *Un père a 50 ans et son fils en a 20. Combien y a-t-il d'années que l'âge du père était quadruple de celui de son fils ?*

Le père a 30 ans de plus que son fils; donc quand l'âge du père était quadruple de celui de son fils, l'âge du père moins l'âge du fils égalait 30 ans, ou 4 fois l'âge du fils moins l'âge du fils égalait 30 ans, c'est-à-dire que 3 fois l'âge du fils valait 30 ans; donc il avait 10 ans ; mais il a 20 ans ; donc il y a 10 ans que l'âge de son père était quadruple du sien. En effet, le père avait 40 ans et le fils 10 ans, et 40 égale 4 fois 10.

1324) *Un père a 30 ans de plus que son fils, et dans 5 ans son âge sera triple de celui de son fils. Quel est l'âge de chacun d'eux ?*

Dans 5 ans l'âge du père moins l'âge du fils égalera 30 ans; mais l'âge du père sera triple de celui de son fils, donc 3 fois l'âge du fils moins l'âge du fils, ou 2 fois l'âge du fils égaleront 30 ans ; donc le fils aura 15 ans. Donc il a 10 ans, et son père en a 40.

En effet, dans 5 ans le père aura 45 ans, et le fils 15 ans, et 45 est le triple de 15.

1325) *Dans une société le nombre des hommes excède de 24 celui des femmes, et après le départ de 4 hommes et de 4 femmes le nombre des hommes est triple de celui des femmes. Combien y avait-il d'abord d'hommes et de femmes ?*

Après le départ de 4 hommes et de 4 femmes, le nombre des hommes excède toujours de 24 celui des femmes; mais alors le nombre des hommes est triple de celui des femmes; donc 3 fois le nombre des femmes moins le nombre des femmes ou 2 fois ce nombre égale 24 ; donc il y a 12 femmes. Donc il y avait 12 + 4 ou 16 femmes, et 16 + 24 ou 40 hommes.

Après le départ de 4 hommes et de 4 femmes, il reste en effet 36 hommes et 12 femmes, et 36 est le triple de 12.

1326) *Un mulet et un âne portent des charges inégales. L'âne se plaint de la sienne et dit au mulet : ta charge n'excède la mienne que de 20 kilogrammes. Le mulet répond : oui, mais si on nous ôtait à chacun 40 kilogrammes, j'aurais une charge triple de la tienne. Combien portaient-ils chacun ?*

Si on ôte à chacun 40 k., la différence entre les deux charges est toujours 20 k. ; mais alors la charge du mulet est triple de celle de l'âne ; donc 3 fois la charge de l'âne moins la charge de l'âne ou 2 fois cette charge égale 20 k. Donc l'âne porte 10 k. Donc il portait 10 k. + 40 k. ou 50 k. et le mulet 50 k. + 20 k. ou 70 k.

En effet, si on ôte à chacun 40 k., le mulet porte 30 k. et l'âne 10 k. et 30 = 3 fois 10.

1327) *Deux joueurs conviennent que le perdant doublera l'argent de l'autre. Ils perdent chacun une partie et quittent le jeu avec 35 f. chacun. Combien chaque joueur avait-il en se mettant au jeu?*

Appelons A le joueur qui perd la première partie et B celui qui perd la deuxième.

Le joueur B qui perd la deuxième partie double l'argent du joueur A; donc avant la deuxième partie les deux joueurs avaient :

A... $17^f,50$, et B... $52^f,50$.

De même le joueur A qui perd la première partie a doublé l'argent du joueur B; donc avant la première partie, c'est-à-dire avant de se mettre au jeu, les deux joueurs avaient :

A... $43^f,75$, et B... $26^f,25$.

Vérification : Le joueur A qui perd la première partie double l'argent du joueur B; donc après la première partie, les deux joueurs ont :

A... $17^f,50$ et B... $52^f,50$.

Puis le joueur B qui perd la deuxième partie double l'argent du joueur A; donc après la deuxième partie, les deux joueurs ont :

A... 35 f., et B... 35 f.

1328) *Deux joueurs conviennent que le perdant doublera l'argent de l'autre. Ils perdent chacun une partie et quittent le jeu le premier avec 6 f. et le deuxième avec 21 f. Combien chaque joueur avait-il en se mettant au jeu?*

En raisonnant comme au numéro précédent, on trouve que le premier joueur avait 15 f. et le deuxième 12 f.

1329) *Trois joueurs conviennent qu'à chaque partie le perdant doublera l'argent des deux autres. Ils se retirent du jeu avec 32 f. chacun, après avoir perdu chacun une partie. Combien chaque joueur avait-il en se mettant au jeu?*

Appelons A le joueur qui a perdu la première partie,
B celui qui a perdu la deuxième,
et C celui qui a perdu la troisième.

Le joueur C ayant perdu la troisième partie a doublé l'argent des deux autres joueurs ; donc avant la troisième partie, les trois joueurs avaient :

A... 16 f., B... 16 f., et C... 64 f.

Le joueur B ayant perdu la deuxième partie a doublé l'argent des deux autres joueurs ; donc avant la deuxième partie, les trois joueurs avaient :

A... 8 f., B... 56 f., et C... 32 f.

Enfin, le joueur A ayant perdu la première partie a doublé l'argent des deux autres joueurs ; donc avant la première partie, c'est-à-dire avant de se mettre au jeu, les trois joueurs avaient :

A... 52 f., B... 28 f., et C... 16 f.

Vérification : Le joueur A qui perd la première partie double l'argent des deux autres joueurs ; donc après la première partie, les trois joueurs ont,

A... 8 f., B... 56 f., et C... 32 f.

Le joueur B qui perd la deuxième partie double l'argent des deux autres joueurs ; donc après la troisième partie, les trois joueurs ont :

A... 16 f., B... 16 f., et C... 64 f.

Enfin, le joueur C qui perd la troisième partie double l'argent des deux autres joueurs ; donc après la troisième partie, les trois joueurs ont :

A... 32 f., B... 32 f., et C... 32 f.

1330) *Trois joueurs conviennent qu'à chaque partie le perdant doublera l'argent des deux autres. Ils perdent chacun une partie et quittent le jeu le premier avec 12 f., le deuxième avec 20 f., et le troisième avec 24 f. Combien chaque joueur avait-il en se mettant au jeu ?*

En raisonnant comme au numéro précédent, on trouve que le premier joueur avait 29f,50, le deuxième 16f,50 et le troisième 10 f.

1331) *Quatre joueurs conviennent qu'à chaque partie le perdant doublera l'argent des trois autres. Après 4 parties chacun des joueurs en ayant perdu une se retire avec 48 f. Quelle somme chaque joueur avait-il en se mettant au jeu ?*

Appelons A le joueur qui a perdu la première partie,
B celui qui a perdu la deuxième,
C celui qui a perdu la troisième,
Et D celui qui a perdu la quatrième.

Le joueur D ayant perdu la quatrième partie double l'argent des trois autres; donc avant la quatrième partie, les quatre joueurs avaient :

A... 24 f., B... 24 f., C... 24 f., et D... 120 f.

Le joueur C ayant perdu la troisième partie double l'argent des trois autres; donc avant la troisième partie, les quatre joueurs avaient :

A... 12 f., B... 12 f., C... 108 f., et D... 60 f.

Le joueur B ayant perdu la deuxième partie, double l'argent des trois autres; donc avant la deuxième partie, les quatre joueurs avaient :

A... 6 f., B... 102 f., C... 54 f., et D... 30 f.

Enfin, le joueur A ayant perdu la première partie, double l'argent des trois autres ; donc avant la première partie les quatre joueurs avaient :

A... 99 f., B... 51 f., C... 27 f., et D... 15 f.

Vérification : Le joueur A qui perd la première partie double l'argent des trois autres; donc après la première partie, les quatre joueurs ont :

A... 6 f., B... 102 f., C... 54 f., et D... 30 f.

Le joueur B qui perd la deuxième partie double l'argent des trois autres; donc après la deuxième partie, les quatre joueurs ont :

A... 12 f., B... 12 f., C... 108 f., et D... 60 f.

Le joueur C qui perd la troisième partie double l'argent des trois autres ; donc après la troisième partie, les quatre joueurs ont :

A... 24 f., B... 24 f., C... 24 f., et D... 120 f.

Enfin, le joueur D qui perd la quatrième partie double l'argent des trois autres ; donc après la quatrième partie, les quatre joueurs ont :

A... 48 f., B... 48 f., C... 48 f., et D... 48 f.

1332) *Quatre joueurs conviennent qu'à chaque partie le perdant doublera l'argent des trois autres. Ils perdent chacun une partie et quittent le jeu le premier avec 16 f., le deuxième avec 32 f., le troisième avec 48 f., et le quatrième avec 60 f. Combien chaque joueur avait-il en, se mettant au jeu ?*

En raisonnant comme au numéro précédent, on trouve que le premier joueur avait 79 f., le deuxième 41 f., le troisième $22^{f},50$, et le quatrième $13^{f},50$.

1333) *Une personne dit : doublez mon argent et je donne 5 f. aux pauvres. On lui double deux fois son argent ; elle donne deux fois 5 f. aux pauvres et il ne lui reste rien ; combien avait-elle ?*

Il ne lui reste rien, et elle vient de donner aux pauvres 5 f. qui proviennent de son argent doublé ; donc elle avait $2^{f},50$ auparavant ; mais avant cela, elle a donné 5 f. aux pauvres ; donc elle avait d'abord $7^{f},50$, et comme ces $7^{f},50$ proviennent de son argent doublé, elle avait primitivement $3^{f},75$.

Vérification : On lui double son argent, cela lui fait $7^{f},50$; elle en donne 5, il lui reste $2^{f},50$. On lui double encore son argent, cela lui fait 5 f. qu'elle donne aux pauvres ; il ne lui reste rien.

1334) *Un chef de cuisine a des œufs ; trois de ses aides lui en demandent. Il donne au premier la moitié de ses œufs plus la moitié d'un œuf ; au deuxième la moitié de ce qui lui reste plus la moitié d'un œuf, et au troisième la moitié du nouveau reste plus la moitié d'un œuf. Il lui en reste une demi-douzaine. Combien en avait-il ?*

Il lui en reste une demi-douzaine, et il a donné au troisième aide, en second lieu, la moitié d'un œuf, et auparavant, la moitié de ce qui lui restait; donc il avait 2 fois 6 œufs $\frac{1}{2}$ ou 13 œufs. Il a donné au deuxième aide, en second lieu, la moitié d'un œuf, et auparavant, la moitié de ce qui lui restait; donc il avait 2 fois 13 œufs $\frac{1}{2}$ ou 27 œufs. Enfin, il a donné au premier aide, en second lieu, la moitié d'un œuf, et auparavant, la moitié de ce qu'il avait. Donc il avait d'abord 2 fois 27 œufs $\frac{1}{2}$ ou 55 œufs.

Vérification. Il donne au premier la moitié de ce qu'il a, c'est-à-dire 27 œufs $\frac{1}{2}$, plus la moitié d'un œuf, il lui en reste 27. Il donne alors au deuxième la moitié de ce qu'il a, c'est-à-dire 13 $\frac{1}{2}$ plus la moitié d'un œuf, il lui en reste alors 13. Il donne enfin au troisième la moitié de ce qu'il a ou 6 œufs $\frac{1}{2}$ plus la moitié d'un œuf, donc il lui en reste 6.

1335) *Un chef de cuisine a 8 omelettes à faire en $\frac{3}{4}$ d'heure. Deux de ses aides lui offrent d'en préparer quelques-unes. On demande s'il peut faire les omelettes sans eux, sachant qu'il lui faut 5 minutes pour chaque omelette ?*

Trois quarts d'heure font 45 minutes. Or le chef met 5 minutes à faire chaque omelette; donc pour faire 8 omelettes, il lui faut 8 fois 5 ou 40 minutes; donc il peut se passer de ses aides, car il lui reste 5 minutes.

1336) *Une femme de campagne porte des œufs dans une ville de guerre. Elle entre dans trois corps-de-garde. Elle vend dans le premier la moitié de ses œufs plus la moitié d'un œuf; dans le deuxième la moitié des œufs qui lui restent plus la moitié d'un œuf, et dans le troisième la moitié des œufs qui lui restent plus la moitié d'un œuf. Elle arrive au marché avec 36 œufs. Combien en avait-elle, et combien en a-t-elle laissé dans chaque corps-de-garde ?*

Il lui reste 36 œufs et elle a laissé dans le troisième corps-de-garde, en second lieu, la moitié d'un œuf, et auparavant, la moitié de ce qu'elle avait; elle avait donc 2 fois 36 œufs $\frac{1}{2}$ ou 73 œufs, et elle en a laissé 37. Elle a vendu dans le deuxième corps-de-garde, en second lieu, la moitié d'un œuf, et auparavant, la moitié de ce qu'elle avait, et il lui en reste 73; donc elle avait 2 fois 73 œufs $\frac{1}{2}$ ou 147 œufs, et elle en a laissé 74. Enfin, elle a vendu dans le premier corps-de-garde, en second lieu, la moitié d'un œuf, et auparavant, la moitié de ce qu'elle avait, et il lui en reste 147. Donc elle avait 2 fois 147 œufs $\frac{1}{2}$ ou 295 œufs, et elle en a laissé 148.

Vérification : Elle vend dans le premier corps-de-garde la moitié de ses œufs, plus la moitié d'un œuf, c'est-à-dire 148 œufs; il lui en reste 147. Elle vend dans le deuxième la moitié de ses œufs, plus la moitié d'un œuf, c'est-à-dire 74 œufs ; il lui en reste 73. Enfin, elle vend dans le troisième, la moitié de ses œufs, plus la moitié d'un œuf ou 37 œufs ; donc il lui en reste 36.

1337) *Même problème, en supposant qu'elle arrive au marché avec une douzaine d'œufs.*

En raisonnant comme au numéro précédent, on trouve qu'elle avait 103 œufs, et qu'elle en a laissé 52 dans le premier corps-de-garde, 26 dans le deuxième, et 13 dans le troisième.

1338) *Un père laisse à l'aîné de ses enfants* 100 *f.* $+ \frac{1}{10}$ *du reste de son bien, au deuxième* 200 *f.* $+ \frac{1}{10}$ *de ce qui reste, au troisième* 300 *f.* $+ \frac{1}{10}$ *du nouveau reste, et ainsi de suite. Il ne reste rien et les enfants ont des parts égales. Quelle est la part de chaque enfant, quel est le nombre des enfants, et quel est le bien du père ?*

L'avant-dernier héritier prend un certain nombre de fois 100 f., plus $\frac{1}{10}$ du reste, le dernier prend 100 f. de plus et il ne doit rien rester, car s'il y avait un reste, le dernier héritier en prendrait $\frac{1}{10}$, et il y aurait un nouveau reste, ce qui est contraire à l'énoncé du problème. Or, le bien du père est également partagé; donc la part de l'avant-dernier héritier égale la part du dernier.

Donc un certain nombre de fois 100 f. $+ \frac{1}{10}$ du reste $=$ le même nombre de fois 100 f. $+$ 100 f.

Donc $\frac{1}{10}$ de ce reste = 100 f. et ce reste = 1 000 f. Mais l'avant-dernier prend $\frac{1}{10}$ de ce reste ou 100 f., donc le dernier héritier a 9 fois 100 f. ou 900 f.; donc il est le 9e, c'est-à-dire qu'il y a 9 enfants, ils ont chacun 900 f., et le bien du père vaut 9 fois 900 f. ou 8 100 f.

Vérification : L'aîné a 100 f., plus $\frac{1}{10}$ du reste, c'est-à-dire + 800 f. en tout 900 f.; il reste 7200 f. Le deuxième enfant a 200 f., plus $\frac{1}{10}$ du reste, c'est-à-dire + 700 f. en tout 900 f., et ainsi de suite.

1339) *Même problème en supposant que l'aîné ait 500 f. + $\frac{1}{8}$ du reste, le deuxième 1000 f. + $\frac{1}{8}$ du reste, et ainsi de suite.*

En raisonnant comme au numéro précédent, on trouve qu'il y a 7 enfants, que chaque enfant a 3500 f. et que le bien du père est 24 500 f.

1340) *Une personne a un vase de 12 litres plein de vin; elle veut en donner la moitié à un ami; mais elle n'a pour la mesurer que deux autres vases, l'un de 7 litres et l'autre de 5 litres. Comment doit-elle faire pour mettre 6 litres de vin dans le vase de 7 litres?*

Appelons A le vase de 12 litres,
B le vase de 7 litres,
Et C le vase de 5 litres.

Je remplis de vin le vase B, les trois vases contiendront :

A... 5 l., B... 7 l., et C... 0 l.

Je remplis de vin le vase C avec le vase B, ils contiendront :

A... 5 l., B... 2 l., et C... 5 l.

Je verse le vin du vase C dans le vase A, ils contiendront :

A... 10 l., B... 2 l., et C... 0 l.

Je verse le vin du vase B dans le vase C, ils contiendront :

A... 10 l., B... 0 l., et C... 2 f.

Je remplis le vase B avec le vase A, ils contiendront :

A... 3 l., B... 7 l., et C... 2 l.

Je remplis le vase C avec le vase B, ils contiendront :

A... 3 l., B... 4 l., et C... 5 l.

Je verse le vin du vase C dans le vase A, ils contiendront :

A... 8 l., B... 4 l., et C... 0 l.

Je verse le vin du vase B dans le vase C, ils contiendront :

A... 8 l., B... 0 l., et C... 4 l.

Je remplis le vase B avec le vase A, ils contiendront :

A... 1 l., B... 7 l., et C... 4 l.

Enfin, j'achève de remplir le vase C avec le vase B, les 3 vases contiendront alors :

A... 1 l., B... 6 l., et C... 5 l.,

et le problème sera résolu

CHAPITRE X.

PROGRESSIONS.

Exercices et problèmes sur les progressions par différence.

1341) *Trouver le 10e terme d'une progression croissante par différence, dont le premier terme est 15 et la raison* 5.

Dans toute progression croissante par différence, un terme quelconque égale le premier plus autant de fois la raison qu'il y a de termes avant lui; donc le 10e terme de la progression, dont le premier terme est 15 et la raison 5 $= 15 + 9$ fois $5 = 15 + 45 = 60$.

1342) *Trouver la somme des 18 premiers termes d'une progression dont le premier terme est 5 et la raison 4.*

Le 18e terme de cette progression égale $5 + 17$ fois $4 = 5 + 68 = 73$. Or, la somme des termes d'une progression par différence est égale à la moitié du produit de la somme des termes extrêmes par le nombre des termes de la progression. Donc la somme cherchée $= \frac{5 + 73}{2} \times 18$ ou 702.

1343) *Trouver le premier terme d'une progression croissante par différence dont le 12e terme est 400 et la raison* 25.

Dans toute progression croissante par différence, un terme quelconque égale le dernier moins autant de fois la raison qu'il y a de termes après lui; donc le premier terme de la progression dont le douzième terme est 400 et la raison 25 $= 400 - 11$ fois $25 = 400 - 275 = 125$.

1344) *Trouver la somme des 12 premiers termes d'une progression dont le dernier terme est 100 et la raison 5.*

Le premier terme de cette progression $= 100 - 11$ fois $5 = 100 - 55 = 45$. Donc la somme des termes $= \frac{(100+45)\times 12}{2} = 870$.

1345) *Trouver la somme des 50 premiers nombres entiers.*

La suite des 50 premiers nombres entiers forme une progression par différence dont le premier terme est 1, la raison 1, et le dernier terme 50; donc la somme cherchée $= \frac{51 \times 50}{2} = 1275$.

1346) *Des lampions sont disposés sur 12 rangs; le premier rang contient un lampion, le deuxième rang 2 lampions, le troisième rang 3 lampions, et ainsi de suite. Quel est le nombre total de ces lampions et quel en est le prix à 15 centimes le lampion?*

Le nombre total des lampions égale évidemment la somme des 12 premiers nombres entiers, c'est-à-dire $\frac{13 \times 12}{2}$ ou 78. Ils coûtent 78 fois $0^f,15$ ou $11^f,70$.

1347) *Des hirondelles voyagent ensemble sur 25 rangs; une hirondelle occupe le premier rang, 2 hirondelles le second rang, 3 hirondelles le troisième rang, et ainsi de suite. Quel est le nombre de ces hirondelles?*

Le nombre des hirondelles égale évidemment la somme des 25 premiers nombres entiers, c'est-à-dire $\frac{26 \times 25}{2}$ ou 325.

1348) *Trouver le 20e nombre impair et la somme des 20 premiers nombres impairs.*

Le 20e nombre impair est le 20e terme d'une progression croissante par différence, dont le premier terme est 1 et la raison 2 ; ce terme égale donc 1 + 19 fois 2 ou 39 ; et la somme des 20 premiers nombres impairs $= \frac{(1+39) \times 20}{2}$ ou 400.

1349) *Une personne a fait 12 paiements de mois en mois. Le premier mois elle a payé 40 f., le deuxième mois 55 f., le troisième mois 70 f., et ainsi de suite en augmentant chaque paiement de 15 f. Quel a été le dernier paiement, et combien cette personne devait-elle ?*

Le dernier paiement égale le 12e terme d'une progression croissante par différence dont le premier terme est 40 et la raison 15 ; ce dernier terme $= 40 + 11$ fois $15 = 40 + 165$ ou 205 ; donc le dernier paiement a été 205 f. La somme des termes de cette progression est $\frac{(40+205) \times 12}{2}$ ou 1470 ; donc la personne devait 1 470 f.

1350) *Une personne a fait 12 paiements de mois en mois, en augmentant chaque paiement de 20 f. Le douzième mois elle a payé 225 f. Quel a été le premier paiement, et combien cette personne devait-elle ?*

Le premier paiement égale le premier terme d'une progression croissante par différence dont le 12e terme est 225 et la raison 20 ; ce premier terme $= 225 - 11$ fois $20 = 225 - 220$ ou 5 ; donc le premier paiement a été 5 f. La somme des termes de cette progression

$= \frac{(5 + 225) \times 12}{2}$ ou 1380; donc la personne devait 1 380 f.

1351) *Un voyageur a fait en 10 jours 8 lieues le premier jour, 10 lieues le deuxième jour, 12 lieues le troisième jour, et ainsi de suite, en faisant chaque jour 2 lieues de plus que le jour précédent. Combien a-t-il fait de lieues le dixième jour, et combien en a-t-il fait pendant ces 10 jours?*

Le nombre de lieues que le voyageur a parcourues le 10ᵉ jour est le 10ᵉ terme d'une progression croissante par différence dont le premier terme est 8 et la raison 2; ce 10ᵉ terme $= 8 + 9$ fois 2 ou 26 ; donc le voyageur a fait 26 lieues le 10ᵉ jour. La somme des termes de cette progression $= \frac{(8 + 26) \times 10}{2}$ ou 170; donc il a fait en tout 170 lieues.

1352) *On a 8 fagots en ligne droite à $4^m,25$ de distance les uns des autres. Quel chemin a-t-on à parcourir en partant du premier fagot pour réunir les autres un à un au premier ?*

Pour réunir le deuxième fagot au premier, on a à parcourir 2 fois $4^m,25$ ou $8^m,50$. Pour réunir le troisième fagot au premier, on a à parcourir 2 fois $8^m,50$ ou 17 m. Pour réunir le 4ᵉ fagot au 1ᵉʳ, on a à parcourir 3 fois $8^m,50$ ou $25^m,50$, et ainsi de suite. Enfin, pour réunir le dernier fagot au premier, on a à parcourir 7 fois $8^m,50$ ou $59^m,50$.

Ces nombres forment une progression croissante par différence dont le premier terme est 8,50, le dernier 59,50, et qui a 7 termes. La somme des termes de cette progression est $\frac{(8,50 + 59,50) \times 7}{2}$ ou 238; donc on a 238 m. à parcourir.

1353) *Une personne a fait des économies pendant 12 mois; le premier mois elle a économisé 40 f., le deuxième mois 50 f., le troisième mois 60 f., et ainsi de suite, en écono-*

misant chaque mois 10 f. de plus que le mois précédent. Combien a-t-elle économisé le douzième mois, et quelle somme a-t-elle économisée pendant ces 12 mois?

Le nombre de francs qu'elle a économisé le 12ᵉ mois est le 12ᵉ terme d'une progression croissante par différence dont le premier terme est 40 et la raison 10; ce terme $= 40 + 11$ fois 10 ou 150; donc elle a économisé 150 f. La somme des termes de cette progression $= \frac{(40+150)\times 12}{2}$ ou 1140; elle a donc économisé en tout 1 140 f.

1354) *Une personne a fait des économies pendant 15 mois chaque mois elle a économisé 20 f. de plus que le mois précédent, et le dernier mois elle a économisé 360 f. Combien a-t-elle économisé le premier mois et quelle somme a-t-elle économisée pendant ces 15 mois?*

Le nombre de francs qu'elle a économisé le premier mois est le premier terme d'une progression croissante par différence dont le 15ᵉ terme est 360 et la raison 20 ; ce premier terme égale $360 - 14$ fois 20 ou 80; elle a donc économisé 80 f., le premier mois. La somme des termes de cette progression $= \frac{(80 + 360) \times 15}{2}$ ou 3 300; donc elle a économisé en tout 3300 f.

1355) *Un corps pesant abandonné à lui-même parcourt 4ᵐ,90 pendant la première seconde de sa chute, 3 fois 4ᵐ90 pendant la deuxième, 5 fois 4ᵐ,90 pendant la troisième, et ainsi de suite. Quel espace parcourt-il en 8 secondes?*

Pendant la huitième seconde il parcourt 4ᵐ,90 répétés un nombre de fois marqué par le huitième terme d'une progression croissante, dont le premier terme est 1 et la raison 2 ; ce huitième terme est $1 + 7$ fois 2 ou 15; il parcourt donc 15 fois 4ᵐ,90. Il parcourt donc en tout 4ᵐ,90 répétés un nombre de fois représenté par $1+3+5+\ldots+15$, c'est-à-dire par $\frac{(1+15)\times 8}{2}$ ou 64, de [illegible]e qu'il parcourt en 8 secondes 64 fois $4^{m},90$ ou $313^{m},60$.

Exercices et problèmes sur les progressions par quotient.

1356) *Trouver le sixième terme d'une progression croissante par quotient dont le premier terme est 3 et la raison 4; et trouver la somme des 6 termes de cette progression.*

Cette progression est

$$\div\div 3 : 12 : 48 : 192 : 768 : 3072.$$

Mais pour obtenir la somme des termes d'une progression croissante par quotient, on multiplie le dernier terme par la raison, puis on retranche du produit le premier terme de la progression, et on divise le reste par la raison moins un ; donc la somme cherchée $= \frac{3072 \times 4 - 3}{3}$ ou 4095.

1357) *Trouver le huitième terme d'une progression croissante par quotient dont le premier terme est 5 et la raison 3 ; et trouver la somme des 8 termes de cette progression.*

La progression est

$$\div\div 5 : 15 : 45 : 135 : 405 : 1215 : 3645 : 10935 ;$$

et la somme cherchée $= \frac{10935 \times 3 - 5}{2}$ ou 16400.

1358) *Trouver le cinquième terme d'une progression décroissante par quotient dont le premier terme est 50 et la raison $\frac{2}{5}$; et trouver la somme des 5 termes de cette progression.*

La progresssion est

$$\div\div 50 : 20 : 8 : \tfrac{16}{5} : \tfrac{32}{25}.$$

Le 5e terme est donc $\frac{32}{25}$ ou $1 + \frac{7}{25}$. Pour avoir la somme des termes de cette progression, on peut la considérer comme une progression croissante par quotient dont le premier terme est $1\frac{7}{25}$ le dernier 50 et la raison $\frac{5}{2}$. On multiplie le dernier terme 50 par $\frac{5}{2}$, ce qui donne 125, puis on ôte du produit le premier terme $1\frac{7}{25}$, ce qui donne $123\frac{18}{25}$, et on divise ce reste par $\frac{5}{2} - 1$ ou $\frac{3}{2}$, c'est-à-dire qu'on en prend les $\frac{2}{3}$, ce qui donne pour résultat $82 + \frac{12}{25}$.

1359) *Un mathématicien vend un très-beau cheval 1f,25; mais on doit lui payer en outre 5 centimes pour le premier clou du cheval, 10 centimes pour le deuxième clou, 20 centimes pour le troisième clou, 40 centimes pour le quatrième clou, et ainsi de suite, en doublant toujours les centimes. Le cheval a 24 clous. Quelle somme le mathématicien recevra-t-il ?*

Le 24e terme d'une progression croissante par quotient dont le 1er terme est 0,05 et la raison 2, est 419 430,40; et la somme des termes de cette progression est égale à $419\,430{,}40 \times 2 - 0{,}05$ ou 838 860,75. Le mathématicien recevra donc 1f,25 + 838 860f,75 ou 838 862 f.

1360) *Un mathématicien vend une très-belle propriété 25 f. ; mais on doit lui payer en outre, pendant un mois, 1 centime le premier jour, 2 centimes le deuxième jour, 4 centimes le troisième jour, 8 centimes le quatrième jour, et ainsi de suite en doublant toujours les centimes jusqu'au trentième jour du mois. Quelle somme le mathématicien recevra-t-il ?*

Le 30e terme d'une progression croissante par quotient dont le premier terme est 0,01 et la raison 2 est 5 368 709,12 ; et la somme des termes de cette progression est $5\,368\,709{,}12 \times 2 - 1$ ou 10 737 418,23. Le mathématicien recevra donc 25 f. + 10 737 418f,23 ou 10 737 443f,23.

SUPPLÉMENT.

CHAPITRE Ier.

NUMÉRATION DES ROMAINS.

Écrire en chiffres romains les nombres :

		Résultats.		Résultats.
1361)	31	XXXI	42	XLII
1362)	53	LIII	64	LXIV
1363)	75	LXXV	86	LXXXVI
1364)	97	XCVII	108	CVIII
1365)	215	CCXV	326	CCCXXVI
1366)	437	CDXXXVII	548	DXLVIII
1367)	659	DCLIX	718	DCCXVIII
1368)	821	DCCCXXI	932	CMXXXII
1369)	976	CMLXXVI	1024	MXXIV
1370)	1248	MCCXLVIII	1315	MCCCXV
1371)	1572	MDLXXII	1852	MDCCCLII
1372)	2345	MMCCCXLV	2456	MMCDLVI
1373)	2567	MMDLXVII	3456	MMMCDLVI
1374)	3578	MMMDLXXVIII	4680	MMMMDCLXXA
1375)	4734	MMMMDCCXXXIV	4999	MMMMCMXCIX

Écrire en chiffres arabes les nombres suivants :

		Résultats.		Résultats.
1376)	XXXV. . .	35	LIV.	54
1377)	XLVI. . .	46	LXXII.	72
1378)	LXXXIX. .	89	XCVIII.	98
1379)	CLIV. . .	154	CCXXVII. . . .	227
1380)	CCCLVI. .	356	CDLXVII. . . .	467
1381)	DLXXXI. .	581	DXCVI.	596
1382)	DCXXVIII. .	628	DCLXXXV. . . .	685
1383)	DCCXLII. .	742	DCCCLXXXIV. . .	884
1384)	DCCCXC. .	890	CMLIX.	959
1385)	MCXI. . .	1111	MMCCCXLI. . .	2341
1386)	MDXVI. . .	1516	MMDCCCIV. . .	2804
1387)	MCMXLVIII.	1948	MMDCCLIX. . .	2759
1388)	MMCCCXLV.	2345	MMMCDLXVII. . .	3467
1389)	MMDCCCLXXXVI. .	2886	MMMDCXCVIII. .	3698
1390)	MMMCMXCVI	3996	MMMMDCCCLXXXIV	4884

CHAPITRE II.

ANCIENNES MESURES DE FRANCE, PRINCIPALES MESURES ÉTRANGÈRES.

Exercices sur la conversion des anciennes mesures de France en nouvelles.

1° MESURES DE LONGUEUR.

TABLES DE RÉDUCTION DE CES MESURES EN NOUVELLES *.

Toises.	Mètres.	Pieds.	Mètres.	Pouc.	Mètres.	Lign.	Millimèt.
1	1,949	1	0,325	1	0,027	1	2,26
2	3,898	2	0,650	2	0,054	2	4,51
3	5,847	3	0,975	3	0,081	3	6,77
4	7,796	4	1,299	4	0,108	4	9,02
5	9,745	5	1,624	5	0,135	5	11,28
6	11,694	6	1,949	6	0,162	6	13,54
7	13,643	7	2,274	7	0,189	7	15,79
8	15,592	8	2,599	8	0,217	8	18,05
9	17,541	9	2,924	9	0,244	9	20,30
10	19,490	10	3,248	10	0,271	10	22,56
100	194,904	100	32,484	11	0,298	11	24,81
1000	1949,037	1000	324,839	12	0,325	12	27,07

1391) *Convertir en mètres 4 toises, 5 pieds, 6 pouces, 8 lignes.*

On trouve dans les tables de réduction :

* Voyez pour la formation de ces tables et des suivantes le *Traité d'Arithmétique théorique et pratique* de MM. J.-F.-A. Dumouchel et J. Dupuis.

	4 toises	$= 7^m,796$
	5 pieds	$= 1^m,624$
	6 pouces	$= 0^m,162$
	et 8 lignes	$= 0^m,018$
Donc 4 t., 5 pi., 6 po., 8 li.		$= 9^m,600$.

1392) *Convertir en mètres 5 toises, 4 pieds, 3 pouces, 2 lignes.*

On a	5 toises	$= 9^m,745$
	4 pieds	$= 1^m,299$
	3 pouces	$= 0^m,081$
	et 2 lignes	$= 0^m,005$
Donc 5 t., 4 pi., 3 po., 2 li.		$= 11^m,130$

Convertir en mètres :

	Résultats *.
1393) 10 *toises,* 3 *pieds,* 4 *pouces,* 10 *lignes.*	$20^m,596$
1394) 25 *toises,* 2 *pieds,* 10 *pouces,* 5 *lignes.*	$49^m,657$
1395) 56 *toises,* 1 *pied,* 5 *pouces,* 6 *lignes.*	$109^m,618$

2° MESURES DE SURFACE.

TABLES DE RÉDUCTION DE CES MESURES EN NOUVELLES.

ARPENTS DE PARIS.				ARPENTS DES EAUX-ET-FORÊTS.			
Arpents	Ares.	Arpents	Ares.	Arpents	Ares.	Arpents	Ares.
1	34,19	6	205,13	1	51,07	6	306.43
2	68,38	7	239 32	2	102,14	7	357,50
3	102,57	8	273,71	3	153,22	8	408,58
4	136,75	9	307,70	4	204,29	9	459,65
5	170,94	10	341,89	5	255,36	10	510,72
Perche de Paris, $34^{mq},19$.				Perc. des E.-et-Forêts, $51^{mq},07$.			

* On trouve ces résultats et les suivants, avec les tables de réduction, comme aux numéros 1391 et 1392.

1396) *Convertir en ares 5 arpents de Paris et 40 perches.*

On a 5 arpents de Paris = 170ª,94
et 40 perches. . . . . . = 13ª,67
Donc 5 arp. et 40 perch. = 184ª,61

1397) *Convertir en ares 8 arpents de Paris et 60 perches.*

On a 8 arpents de Paris = 273ª,71
et 60 perches. . . . . . = 20ª,51
Donc 8 arp. et 60 perch. = 294ª,22

Convertir en ares :

	Résultats.
1398) 15 *arpents de Paris et 25 perches..*	521ª,38
1399) 24 *arpents de Paris et 36 perches..*	832ª,86
1400) 600 *arpents de Paris et 50 perches*	20530ª,09

1401) *Convertir en ares 6 arpents des eaux-et-forêts et 10 perches.*

On a 6 arpents des eaux-et-forêts = 306ª,43
et 10 perches. . . . . = 5ª,11
Donc 6 arpents et 10 perches = 311ª,54

1402) *Convertir en ares 9 arpents des eaux-et-forêts et 80 perches.*

On a 9 arp. des eaux-et-forêts = 459ª65
et 80 perches. . . . . . = 40ª,86
Donc 9 arp. et 80 perch. = 500ª,51

Convertir en ares

	Résultats.
1403) 50 *arp. des eaux-et-for. et* 20 *perches*	2563ª,81
1404) 75 *arp. des eaux-et-for. et* 50 *perches*	3855ª,90
1405) 360 *arp. des eaux-et-for. et* 75 *perches*	18424ª,60

3° MESURES DE POIDS.

TABLES DE RÉDUCTION DE CES MESURES EN NOUVELLES.

Livres.	Kilogr.	Onces.	Grammes.	Gros.	Grammes.	Grains.	Grammes.
1	0,489	1	30,59	1	3,82	1	0,053
2	0,979	2	61,19	2	7,65	2	0,106
3	1,468	3	91,78	3	11,47	3	0,159
4	1,958	4	122,38	4	15,30	4	0,212
5	2,447	5	152,97	5	19,12	5	0,265
6	2,937	6	183,56	6	22,94	6	0,319
7	3,426	7	214,16	7	26,77	7	0,372
8	3,916	8	244,75	8	30,59	8	0,425
9	4,405	9	275,35	9	34,42	9	0,478
10	4,895	10	305,94	10	38,24	10	0,531

1 quintal = $48^{k},951$, et 10 quintaux = $489^{k},506$.

1406) *Convertir en grammes 4 livres, 5 onces, 6 gros, 8 grains.*

On a 4 livres = 1958 g.
5 onces = $152^{g},97$
6 gros = $22^{g},94$
et 8 grains = $0^{g},42$
Donc 4 li., 5 onc., 5 gr., 8 gr. = $2134^{g},33$

1407) *Convertir en grammes 8 livres, 4 onces, 5 gros, 50 grains.*

On a 8 livres = 3916 g.
4 onces = $122^{g},38$
5 gros = $19^{g},12$
50 grains = $2^{g},65$
Donc 8 li., 4 onc., 5 gr., 50 gr. = $4060^{g},15$.

Convertir en grammes :

	Résultats.
1408) 12 *livres*, 3 *onces*, 4 *gros*, 24 *grains*	$5982^{g},35$
1409) 20 *livres*, 12 *onces*, 3 *gros*, 36 *grains*	$10170^{g},51$
1410) 32 *livres*, 8 *onces*, 7 *gros*, 64 *grains*	$15933^{g},92$

1411) *Convertir en kilogrammes un quintal et 12 livres.*

On trouve dans les tables un quintal $= 48^k,951$
10 livres $= 4^k,895$
et 2 livres $= 0^k,979$
Donc un quintal et 12 livres $= 54^k,825$

1412) *Convertir en kilogrammes 8 quintaux et 15 livres.*

On a 8 quintaux $= 391^k,608$
10 livres $= 4^k,895$
et 5 livres $= 2^k,447$
Donc 8 quint. et 15 livres $= 398^k,950$

Convertir en kilogrammes :

		Résultats.
1413)	*15 quintaux et 24 livres.*	$746^k,008$
1414)	*54 quintaux et 36 livres.*	$2660^k,951$
1415)	*164 quintaux et 50 livres.*	$8052^k,375$

4° UNITÉS DE MONNAIE.

1416) *Convertir en francs 12 livres tournois, 16 sous, 8 deniers.*

12 livres valent 12 fois 20 sous ou 240 sous ; 240 sous et 16 sous font 256 sous ; 256 sous valent 256 fois 12 deniers ou 3072 deniers ; 3072 deniers et 8 deniers font 3080 deniers. Or un denier vaut $\frac{1}{243}$ de franc; donc 3 080 deniers valent $\frac{3080}{243}$ de franc ou $12^f,67$ à moins d'un centime près.

1417) *Convertir en francs 25 livres tournois, 18 sous, 5 deniers.*

25 livres valent 25 fois 20 sous ou 500 sous ; 500 sous et 18 sous font 518 sous ; 518 sous valent 518 fois 12 deniers ou 6 216 deniers ; 6 216 deniers et 5 deniers font 6 221 deniers. Or un denier vaut $\frac{1}{243}$ de franc ; donc 6221 deniers valent $\frac{6221}{243}$ de franc ou $25^f,60$ à moins d'un centime près.

Convertir en francs :

		Résultats.
1418)	45 *livres*, 10 *sous*, 6 *deniers* . .	44^{f},96...
1419)	60 *livres*, 9 *sous*, 4 *deniers* . .	59^{f},72...
1420)	150 *livres*, 15 *sous*, 10 *deniers*. .	148^{f},93...

Exercices sur la conversion des principales mesures étrangères en mesures de France.

1° PRINCIPALES MESURES ANGLAISES,

ET RAPPORTS DE CES MESURES AUX MESURES DE FRANCE.

LONGUEURS, SURFACES ET CAPACITÉS.		POIDS.		MONNAIES.	
Mile. . .	1609^{m},315	Tonne. . .	1016^{k},04	Guinée. . . .	26^{f},47
Perche. .	5^{m},029	Quintal. . .	50^{k},80	Souverain }	. 25^{f},21
Yard. . .	0^{m},914	*Liv. avoir-*		*Liv. ster.* }	
Pied. . .	0^{m},305	*du poids.*	453^{g},56	Couronne *.	5^{f},81
Pouce.. .	0^{m},025	Once. . . .	28^{g},35	*Shilling* *. .	1^{f},16
		Drachme. .	1^{g},77	Penny, à peu près. . . .	0^{f},10
Acre.. . . .	40^{a},47				
Yard carré. .	0^{mq},84				
		Liv. troy. .	373^{g},258	* La couronne et le shilling frappés avant 1818 ont des valeurs un peu plus grandes.	
		Once. . . .	31^{g},103		
Bushel.. . . .	36^{l},35	Denier. . .	1^{g},555		
Gallon.. . . .	4^{l},54	Grain. . . .	0^{g},065		

1421) *Convertir en mètres 5 pieds, 8 pouces anglais.*

On a 5 pieds = 1^{m},525
et 8 pouces = 0^{m},200
Donc 5 pieds, 8 pouces = 1,725

Convertir en mètres :

		Résultats.
1422)	15 *yards*, 2 *pieds*, 6 *pouces*. . . .	14^{m},470
1423)	18 *perches*, 3 *pieds*, 10 *pouces*. . .	91^{m},687
1424)	32 *pieds*, 6 *pouces et* 0,4 *de pouce*. .	9^{m},920

Convertir en kilomètres :

		Résultats.
1425)	10 *miles*..	$16^k,09315$
	25 *miles*	$40^k,232875$
1426)	120 *miles*..	$193^k,1178$
	1800 *miles*..	$2896^k,767$

Convertir en ares :

1427)	15 *acres*.	$607^a,05$
	36 *acres*.	$1456^a,92$
1428)	24 *acres*.	$971^a,28$
	40 *acres et* 200 *yards carrés*.	$1620^a,48$

Convertir en hectares :

1429)	1500 *acres*.	$607^h,05$
	2400 *acres*.	$971^h,28$
1430)	2000 *acres*.	$809^h,40$
	3200 *acres*.	$1295^h,04$

Convertir en litres :

1431)	12 *bushels et* 5 *gallons*.	$458^l,70$
1432)	18 *bushels et* 4 *gallons*.	$672^l,46$

Convertir en hectolitres :

1433)	50 *bushels et* 3 *gallons*.	18 *h*. $+ 31^l,12$
1434)	120 *bushels et* 6 *gallons*.	43 *h*. $+ 89^l,24$

Convertir en grammes :

1435)	3 *liv. avoir du poids*, 4 *onc. et* 5 *drac*.	$1482^g,93$
1436)	5 *livres*, 6 *onces*, 8 *drachmes*.	$2452^g,06$
1437)	10 *livres*, 8 *onces*, 10 *drachmes*.	$4780^g,10$
1438)	25 *livres*, 10 *onces*, 5 *drachmes*.	$11631^g,35$

Convertir en kilogrammes :

Résultats.

1439) 3 *tonnes et 5 quintaux*. . . . . 3302^{k},12
1440) 12 *tonnes et 18 quintaux*. . . . 13106^{k},88

Convertir en grammes :

1441) *Une liv. troy, 4 onc., 10 den., 8 gr.* 513^{G},720
1442) 3 *livres, 5 onces, 5 den., 12 grains.* 1283^{G},784
1443) 5 *livres, 6 onces, 8 deniers, 5 grains.* 2065^{G},573
1444) 8 *livres, 10 onc., 15 den., 20 grains.* 3321^{G},559

Convertir en francs :

1445) 3 *shillings, et 1 penny*. . . . . 3^{f},58
1446) 4 *couronnes, 2 shillings, 10 pence.* 26^{f},56
1447) 10 *couronnes, 1 shilling, 6 pence.* . 59^{f},86
1448) 10 *livres sterlings, 8 shillings*. . . 261^{f},38
1449) 25 *souverains, et 10 shillings*. . . 641^{f},85
1450) 40 *guinées, 8 couronnes et 2 shillings* 1107^{f},60

2° PRINCIPALES MESURES DE PRUSSE

ET RAPPORTS DE CES MESURES AUX MESURES DE FRANCE.

LONGUEURS.	POIDS.	MONNAIES.
Mille. 7532 mètres.	Quintal. 46^{k},766	Frédéric. . . 20^{f},78
Perche. 3^{m},766	*Livre de*	Ducat. . . . 11^{f},85
Toise. . 1^{m},883	*Cologne* . . 467^{G},66	Rixdale }
PIED DU RHIN. 313^{mm},8	Marc. . . . 233^{G},83	Thaler } . . 3^{f},71
Pouce. . . . 26^{mm},2	Loth. . . . 14^{G},61	Silbergros, à
	Quintin. . . 3^{G},65	peu près. . 0^{f},12
Surfaces : Arpent. . . 25^{a},53.	Perche carrée. . . 14^{mq}16.	

Convertir en mètres :

1451) 3 *toises, 4 pieds du Rhin, 5 pouces.* 7^{m},0352
1452) 12 *toises, 3 pieds, 10 pouces*. . . 23^{m},7994

		Résultats.
1453)	15 *perches*, 1 *toise*, 8 *pieds*. . .	60^{m},8834
1454)	20 *perch.*, 1 *toise*, 5 *pieds*, 6 *pouces*.	78^{m},9292
1455)	*Convertir* 12 *milles en kilomètres*.	90^{k},384
1456)	*Conv. en ares* 5 *arp.*, 100 *perches c.*	141^{a},81
1457)	*Conv. en hect.* 160 *arp.*, 90 *perc. c.* 40*h*.+	97^{a},544

Convertir en grammes :

1458)	3 *liv. de Cologne*, 1 *marc*, 10 *loths*, 1 *quintin*.	1786^{g},56
1459)	5 *livres*, 1 *marc*, 12 *loths*, 2 *quintins*.	2754^{g},75
1460)	8 *livres*, 15 *loths*, 3 *quintins*. . .	3971^{g},38
1461)	10 *livres*, 1 *marc*, 8 *loths*, 2 *quintins*.	5034^{g},61
1462)	*Convertir en kilogrammes* 50 *quintaux*	2338^{k},3

Convertir en francs :

1463)	6 *thalers*, 8 *silbergros*.	23^{f},22
1464)	12 *thalers*, 25 *silbergros*.	47^{f},52
1465)	10 *ducats et* 2 *rixdales*.	125^{f},92
1466)	32 *frédérics et* 5 *thalers*.	683^{f},51

5° PRINCIPALES MONNAIES DES ÉTATS-UNIS.

ET RAPPORTS DE CES MONNAIES AUX MONNAIES DE FRANCE.

MONNAIES D'ARGENT.		MONNAIES D'OR.	
Dollar.	5^{f},34	Double aigle. . .	103^{f},64
Demi-dollar. . . .	2^{f},67	Aigle.	51^{f},82
Dime.	0^{f},57	Demi-aigle. . . .	25^{f},91

Convertir en francs :

1467)	12 *dollars*, 60 *cents*.	67^{f},28
1468)	5 *demi-dollars*, 4 *dimes*.	15^{f},63
1469)	15 *aigles*, 8 *dollars*.	820^{f},02
1470)	25 *demi-aigles*, 3 *dollars et* 25 *cents*. .	84^{f},10

CHAPITRE III.

PROBLÈMES DE GÉOMÉTRIE.

Problèmes sur la mesure des polygones.

1471) *Quelle est la surface d'un rectangle dont la base vaut 12 m. et la hauteur $4^{m},50$?*

Un rectangle a pour mesure le produit de la base par sa hauteur ; donc la surface du rectangle proposé égale $12 \times 4,50$ ou 54 mètres carrés.

1472) *Quelle est la hauteur d'un rectangle dont la base vaut 9 mètres et la surface $32^{mq},40$, c'est-à-dire 32 mètres carrés et 40 décimètres carrés ?*

La surface d'un rectangle est égale au produit de sa base par sa hauteur ; donc on obtiendra sa hauteur en divisant le nombre qui représente sa surface par celui qui représente sa base. Or le quotient de 32,40 par 9 est 3,60 ; donc la hauteur cherchée est $3^{m},60$.

1473) *Quelle est la surface d'un carré dont le côté vaut $4^{m},50$?*

Un carré a pour mesure le carré de son côté. Donc le carré de $4^{m},50$ de côté vaut $4,50 \times 4,50$ ou $20^{mq},25$, c'est-à-dire 20 mètres carrés et 25 décimètres carrés.

1474) *Quel est le côté d'un carré dont la surface vaut $40^{mq},96$, c'est-à-dire 40 mètres carrés et 96 décimètres carrés?*

La surface d'un carré est égale au carré de son côté; donc le côté d'un carré est égal à la racine carrée du nombre qui représente sa surface. Or la racine carrée de 40,96 est 6,40; donc le côté cherché = $6^{m},40$.

1475) *La surface d'un rectangle dont la base est quadruple de la hauteur vaut* 576 *mètres carrés. Quelles en sont les deux dimensions?*

La surface du rectangle est égale au produit de sa base par sa hauteur, c'est-à-dire au produit de sa base par 4 fois cette base ou à 4 fois le carré de la base; donc le carré de la base égale le quart de 576 m. q. ou 144 m. q.; la base égale la racine carrée de 144 ou 12 m., et la hauteur égale 4 fois 12 m. ou 48 m.

On peut vérifier : la surface du rectangle = 12 × 48 ou 576 m. q.

1476) *On a entouré de murs un terrain carré dont la surface vaut 400 mètres carrés. Quelle est la longueur totale des murs?*

Le côté du carré égale la racine carrée de 400 ou 20 m.; et la longueur totale des murs égale 4 fois 20 m. ou 80 m.

1477) *La surface de quatre terrains carrés égaux vaut 900 mètres carrés. Quel est le côté de chacun de ces terrains?*

La surface de ces terrains égale le quart de 900 ou 225 mètres carrés, et le côté d'un de ces terrains égale la racine carrée de 225 ou 15 m.

1478) *Quel est le côté d'un carré équivalent à la somme de deux autres carrés dont les côtés valent* $4^m,50$ *et 6 m.?*

La surface du premier carré $= 4,50 \times 4,50$ ou $20^{mq},25$; celle du deuxième $= 6 \times 6$ ou 36 mètres carrés. Donc la surface du carré équivalant à la somme de ces deux carrés $= 20^{mq},25 + 36$ m. q. $= 56^{mq},25$. Donc le côté de ce carré $= \sqrt{56,25} = 7^m,50$.

1479) *Quelle est la hauteur d'un rectangle dont la base vaut 15 mètres, et qui est équivalent à un autre rectangle dont la base vaut 8 mètres et la hauteur 6 mètres?*

La surface du deuxième rectangle $= 8 \times 6 = 48$ m. q. On a donc à trouver la hauteur d'un rectangle dont la surface vaut 48 m. q. et la base 15 m.; cette hauteur $= 48 : 15 = 3^m,20$.

1480) *Le côté d'un terrain carré vaut* $8^m,40$. *Quel est le prix de ce terrain à raison de* $6^f,50$ *le mètre carré?*

La surface du carré $= 8,40 \times 8,40 = 70^{mq},56$. Or chaque mètre carré vaut $6^f,50$; donc le terrain vaut $6^f,50 \times 70,56$ ou $458^f,64$.

1481) *On a payé* $687^f,96$ *un terrain carré à raison de* $9^f,75$ *le mètre carré. Quel est le côté de ce terrain?*

Le terrain a évidemment autant de mètres carrés que $687^f,96$ contiennent de fois $9^f,75$, c'est-à-dire $70^{mq},56$. Donc le côté de ce carré $= \sqrt{70,56} = 8^m,40$.

1482) *Quelle est la surface d'un parallélogramme dont la base vaut* $24^m,50$ *et la hauteur 10 mètres?*

Un parallélogramme a pour mesure le produit de sa base

par sa hauteur. Ainsi le parallélogramme dont la base vaut 24m,50 et la hauteur 10 mètres vaut 24,50 × 10 ou 245 mètres carrés.

1483) *Quelle est la base d'un parallélogramme dont la hauteur vaut 5m,40 et la surface 45mq,144, c'est-à-dire 45 mètres carrés, 14 décimètres carrés et 40 centimètres carrés ?*

La surface égale le produit de la base par la hauteur ; donc on obtiendra la base en divisant le nombre qui représente la surface par celui qui représente la hauteur. Or 45,144 : 5,40 = 8,36 ; donc la base cherchée = 8m,36.

1484) *Quelle est la surface d'un triangle dont la base vaut 8 mètres et la hauteur 5 mètres ?*

Un triangle a pour mesure le produit de sa base par la moitié de sa hauteur, ou le produit de sa hauteur par la moitié de sa base, ou encore la moitié du produit de sa base par sa hauteur. Donc pour avoir la surface du triangle dont la base vaut 8 mètres et la hauteur 5 mètres, on multiplie 8 par 2,50 ou 4 par 5 ; ou bien on multiplie 8 par 5 et on prend la moitié du produit. Le résultat est 20 ; donc la surface du triangle proposé vaut 20 mètres carrés.

1485) *Quelle est la hauteur d'un champ de forme triangulaire dont la base vaut 240 mètres et la surface 120 ares ?*

120 ares égalent 12 000 mètres carrés. Or la surface d'un triangle égale le produit la hauteur par la moitié de la base ; donc on obtiendra la hauteur en divisant le nombre qui représente la surface par celui qui représente la moitié de la base. Or 12 000 : 120 = 100 ; donc la hauteur = 100 m.

1486) *Quelle est la surface d'un losange dont les deux diagonales valent 15 mètres et 8 mètres ?*

Un losange a pour mesure le produit d'une de ses deux diagonales par la moitié de l'autre, ou la moitié du produit de ses deux diagonales ; donc le losange dont les deux diagonales valent 15 mètres et 8 mètres vaut 15×4 ou 60 mètres carrés.

1487) *Un pré a la forme d'un trapèze. Les deux bases valent* 360 *mètres et* 240 *mètres et la hauteur* 80 *mètres. Quelle est la surface de ce pré?*

Un trapèze a pour mesure le produit de la demi-somme de ses deux bases par sa hauteur, ou le produit de la somme de ses deux bases par la moitié de sa hauteur, ou encore la moitié du produit de la somme de ses deux bases par sa hauteur. Donc la surface du trapèze dont les deux bases valent 360 m. et 240 m. et la hauteur 80 m. $= \frac{360+240}{2} \times 80$ ou 24 000 mètres carrés.

1488) *Quelle est la surface d'un terrain décomposé en trois triangles dont les bases valent* 400 *mètres,* 500 *mètres et* 840 *mètres, et les hauteurs correspondantes* 150 *mètres,* 360 *mètres et* 400 *mètres?*

Le premier triangle vaut 400×75 ou 30 000 m. q.
Le deuxième triangle vaut 500×180 ou 90 000 m. q.
Et le troisième triangle vaut 840×200 ou 168 000 m. q.
Donc la surface totale du terrain égale 30 000 m. q. + 99 000 m. q. + 168 000 m. q. = 288000 m. q. ou 2 880 ares.

1489) *On a entouré de murs un terrain de forme rectangulaire dont la largeur vaut $\frac{4}{5}$ de la longueur et dont la surface vaut* 180 *mètres carrés. Quelle est la longueur totale des murs ?*

La surface de ce rectangle égale le produit de sa longueur par sa largeur ou le produit de sa longueur par $\frac{4}{5}$ de cette longueur, c'est-à-dire $\frac{4}{5}$ du carré de sa longueur ; donc le carré de sa longueur = 5 fois 180 ou 900 mètres carrés; sa longueur égale la racine carrée de 900 ou 30 m. et sa largeur égale $\frac{1}{5}$ de 30 ou 6 m. La longueur totale des murs égale donc 2 fois 30 ou 60 m. + 2 fois 6 ou 12 m., c'est-à-dire 72 m.

1490) *Quel est le côté d'un carré équivalant à un trapèze dont les bases valent* 15 *mètres et* 9 *mètres, et la hauteur* 12 *mètres ?*

La surface du trapèze $= \frac{15+9}{2} \times 12$ ou 144 m. q.; donc le côté du carré $= \sqrt{144}$ ou 12 m.

Problèmes sur la mesure du cercle et de la circonférence.

1491) *Combien une circonférence de cercle vaut-elle de minutes, de secondes? Combien un quart de cercle vaut-il de degrés, de minutes, de secondes ? Combien un degré vaut-il de secondes ?*

Toutes les circonférences de cercle se divisent en 360 parties égales nommées *degrés*, chaque degré se divise en 60 *minutes* et chaque minute en 60 *secondes*.

Donc une circonférence vaut 360 fois 60 minutes ou 21600′ et 21 600 fois 60 secondes ou 1 296 000″.

Un quart de cercle contient le quart de 360 degrés ou 90°; donc il contient 90 fois 60 minutes ou 5400′ et 5400 fois 60 secondes ou 324000″.

1 degré vaut 60 minutes; donc il vaut 60 fois 60 secondes ou 3600″.

1492) *Quelle est la longueur d'une circonférence de cercle dont le rayon vaut* 10 *mètres ?*

Une circonférence de cercle a pour mesure le produit du double de son rayon par 3,1416; c'est-à-dire qu'une circonférence de cercle contient autant de mètres et de parties égales du mètre que le produit de son diamètre, évalué en mètres, par 3,1416, contient d'unités et de parties égales de l'unité. Donc la circonférence de cercle dont le rayon vaut 10 mètres égale $20 \times 3,1416 = 62^m,832$.

1493) *Quel est le rayon d'une circonférence de cercle qui vaut* $125^m,664$?

La longueur d'une circonférence de cercle est égale au produit du double de son rayon par 3,1416. Connaissant la longueur d'une circonférence, on aura donc le rayon en divisant la longueur de la circonférence par 3,1416, et en prenant la moitié du quotient; or $125,664 : 3,1416 = 40$ et la moitié de 40 est 20 ; donc le rayon égale 20 mètres.

1494) *Quelle est la surface d'un cercle dont le rayon vaut 15 mètres ?*

Un cercle a pour mesure le produit du carré de son rayon par 3,1416, c'est-à-dire qu'un cercle contient autant de mètres carrés et de parties égales du mètre carré que le produit du carré de son rayon, évalué en mètres, par 3,1416, contient d'unités et de parties égales de l'unité. Donc la surface du cercle dont le rayon vaut 15 m. $= 225 \times 3,1416$ ou $706^{mq},86$.

1495) *Quel est le rayon d'un cercle dont la surface vaut* $706^{mq},86$, *c'est-à-dire 7 décamètres carrés, 6 mètres carrés et 86 décimètres carrés ?*

La surface d'un cercle égale le produit du carré de son rayon par 3,1416. Connaissant la surface d'un cercle, on aura donc le rayon en divisant la surface du cercle par 3,1416 et en extrayant la racine carrée du quotient. Or $706,86 : 3,1416 = 225$ et $\sqrt{225} = 15$. Donc le rayon cherché $= 15$ mètres.

1496) *Quelle est la surface d'un cercle dont la circonférence vaut $62^m,832$?*

Connaissant la longueur d'une circonférence, on peut d'abord calculer le rayon ; 62,832 : 3,1416 = 20 dont la moitié est 10 ; donc le rayon = 10 m. On peut alors calculer la surface ; le carré de 10 = 100 et $100 \times 3,1416 = 314,16$; donc la surface du cercle vaut $314^{mq},16$.

1497) *Quelle est la circonférence d'un cercle dont la surface vaut $1256^{mq},64$, c'est-à-dire 12 décamètres carrés, 56 mètres carrés et 64 décimètres carrés ?*

Connaissant la surface, on peut d'abord avoir le rayon ; 1256,64 : 3,1416 = 400 et $\sqrt{400} = 20$; donc le rayon = 20 mètres. On peut alors calculer la circonférence : $40 \times 3,1416 = 125,664$. Donc la circonférence vaut $125^m,664$.

1498) *Un bassin de forme circulaire a $15^m,708$ de circonférence. Quel en est le rayon ?*

15,708 : 3,1416 = 5 dont la moitié est 2,50 ; donc le rayon égale $2^m,50$.

1499) *Quel est le côté d'un carré équivalant à un cercle dont le rayon vaut 10 mètres ?*

Connaissant le rayon, on peut calculer la surface du cercle : $100 \times 3,1416 = 314,16$. Donc le carré équivalent au cercle $= 314^{mq},16$ et le côté de ce carré $= \sqrt{314,16} = 17^m,72...$

1500) *Quel est le rayon d'un cercle équivalant à un carré de 10 mètres de côté ?*

Le cercle équivalent à un carré de 10 m. de côté $= 10 \times 10$ ou 100 mètres carrés ; donc on peut calculer le rayon : 100 : 3,1416 = 31,83... et $\sqrt{31,80} = 5,64...$; donc le rayon cherché $= 5^m,64...$

Problèmes sur la mesure des polyèdres.

1501) *Quel est le volume d'un parallélipipède rectangle dont la hauteur vaut* 5 *mètres et la base* 12 *mètres carrés?*

Un parallélipipède rectangle a pour mesure le produit de sa base par sa hauteur, c'est-à-dire qu'un parallélipipède rectangle contient autant de mètres cubes et de parties égales du mètre cube que le produit de sa base évaluée en mètres carrés par sa hauteur évaluée en mètres contient d'unités et de parties égales de l'unité. Donc le volume du parallélipipède rectangle dont la hauteur vaut 5 m. et la base 12 mètres carrés $= 12 \times 5$ ou 60 mètres cubes.

1502) *Une pile de bois a la forme d'un parallélipipède rectangle : ses trois dimensions valent* 8 *mètres,* 6 *mètres et* 5 *mètres. Combien cette pile contient-elle de stères de bois, et quel en est le prix à* 15 *francs le stère?*

Les dimensions de la base sont 6 m. et 5 m.; donc la base vaut 6×5 ou 30 m. q. et le parallélipipède vaut $30 \times 8 = 240$ mètres cubes ou 240 stères. Or le stère vaut 15 f.; donc les 240 stères valent 240 fois 15 f. ou 3 600 f.

1503) *Quel est le volume d'un cube dont le côté vaut* 11 *mètres?*

Un cube a pour mesure le cube de son côté; donc le cube de 11 mètres de côté vaut $11 \times 11 \times 11$ ou 1331 mètres cubes.

1504) *Quel est le côté d'un cube dont le volume vaut* $34^{mc},328125$, *c'est-à-dire* 34 *mètres cubes* 328 *décimètres cubes et* 125 *centimètres cubes?*

Le côté égale la racine cubique de 34,328125, c'est-à-dire $3^{m},25$.

1505) *Quel est volume d'un cube dont chacune des six faces vaut 25 mètres carrés ?*

Chaque face du cube est un carré qui vaut 25 mètres carrés, donc le côté du cube vaut 5 m. et le cube vaut $5 \times 5 \times 5$ ou 125 mètres cubes.

1506) *Un réservoir qui a la forme d'un parallélipipède rectangle contient 1200 hectolitres d'eau quand il est plein. Sa base vaut 20 mètres carrés ; quelle est sa hauteur ?*

Le parallélipipède contient 1 200 hectolitres d'eau, donc son volume = 120 mètres cubes. Mais le volume d'un parallélipipède égale le produit de sa base par sa hauteur. Donc on obtient sa hauteur en divisant le nombre qui représente son volume par celui qui représente sa base. Or, 120 : 20 = 6 ; donc la hauteur = 6 mètres.

1507) *Quel est le volume d'un prisme dont la hauteur vaut 3 mètres et la base $4^{mq},50$, c'est-à-dire 4 mètres carrés et 50 décimètres carrés ?*

Un prisme quelconque a pour mesure le produit de sa base par sa hauteur. Donc le prisme dont la hauteur vaut 3 m. et la base $4^{mq},50$ vaut $3 \times 4,50$ ou $13^{mc},500$ c'est-à-dire 13 mètres cubes et 500 décimètres cubes.

1508) *Quel est le volume d'une pyramide dont la hauteur vaut $3^{m},60$ et la base $2^{mq},8125$ c'est-à-dire 2 mètres carrés 81 décimètres carrés et 25 centimètres carrés ?*

Une pyramide quelconque a pour mesure le produit de sa base par le tiers de sa hauteur. Donc le volume de la pyramide dont la base vaut $2^{mq},8125$ et la hauteur $3^{m},60 = 2,8125 \times 1,20$ ou $3^{mc},375$, c'est-à-dire 3 mètres cubes et 375 décimètres cubes.

1509) *Quel est le côté du cube équivalant à cette pyramide ?*

Le volume du cube vaut 3^{mc},375. Le côté égale donc la racine cubique de 3,375 ou 1^{m},50.

1510) *Quel est le côté du cube équivalant à la somme de trois autres cubes dont les côtés valent 3 mètres, 4 mètres et 5 mètres ?*

Le premier cube vaut 27 m. c. ; le deuxième, 64 m. c. et le troisième 125 m. c. Donc le cube équivalant à la somme de ces trois cubes vaut 27 m. c. + 64 m. c. + 125 m. c. ou 216 m. c., et son côté égale la racine cubique de 216 ou 6 mètres.

Problèmes sur la mesure de la surface et du volume du cylindre, du cône et de la sphère.

1511) *Quelle est la surface latérale d'une colonne de forme cylindrique dont la hauteur vaut 5 mètres et le rayon de la base 0^{m},30 ?*

La surface latérale d'un cylindre a pour mesure le produit de la circonférence de sa base par sa hauteur. Or le rayon de la base du cylindre donné vaut 0^{m},30 ; donc cette circonférence vaut 0^{m},60 $\times$ 3,1416 ou 1^{m},88496, et la surface latérale du cylindre vaut 1,88496$\times$5 ou 9^{mq},4248.

1512) *On a fait peindre cette colonne à raison de 2^{f},50 le mètre carré. Combien a-t-on payé ?*

Puisque la surface latérale = 9^{mq},4248 on a payé 2^{f},50 $\times$ 9,4248 ou 23^{f},56...

1513) *Un bassin de forme cylindrique a 15^{m},708 de circonférence et 0^{m},60 de profondeur. Combien contient-il de litres d'eau quand il est plein ?*

Le volume d'un cylindre a pour mesure le produit de la surface de sa base par sa hauteur. Or la circonférence de la base du bassin = 15^{m},708 et 15,708 : 3,1416 = 5, dont la moitié est 2,50; donc le rayon = 2^{m},50 et la surface de la base = 2,50^{2} × 3,1416 ou 19^{mq},635. Donc la capacité du bassin = 19,635 × 0,60 ou 11^{mc},781, c'est-à-dire 11781 litres.

1514) *Quelle est la surface latérale d'un cône dont le côté vaut 10 mètres et le rayon de la base 1 mètre?*

Le rayon de la base vaut 1 m., donc la circonférence de la base vaut 2 × 3,1416 ou 6^{mq},2832. Mais la surface latérale d'un cône a pour mesure le produit de la circonférence de sa base par la moitié de son côté; donc la surface latérale du cône dont le côté vaut 10 mètres et la circonférence de la base 6^{mq},2832 = 6,2832 × 5 ou 31^{mq},416.

1515) *Quel est le volume d'un cône dont la hauteur vaut 15 mètres et le rayon de la base 1 mètre?*

Le rayon de la base vaut 1 m., donc la surface de la base vaut 3^{mq},1416. Mais le volume d'un cône a pour mesure le produit de la surface de sa base par le tiers de sa hauteur; donc le cône dont la base vaut 3^{mq},1416 et la hauteur 15 mètres égale 3,1416 × 5 ou 15^{mc},708.

1516) *Combien de fois la surface d'une sphère contient-elle la surface d'un cercle qui a le même rayon* (n°s 467 et 488) ?

La surface d'une sphère a pour mesure le produit du carré de son rayon par quatre fois 3,1416, tandis que le cercle a pour mesure le produit du carré du rayon par une fois 3,1416. Donc la surface d'une sphère contient 4 fois la surface du cercle de même rayon.

1517) *Quelle est la surface d'une sphère dont le rayon vaut 10 mètres ?*

La surface d'une sphère a pour mesure le produit du carré de son rayon par 4 fois 3,1416 ou 12,5664. Donc une sphère dont le rayon vaut 10 m. égale $100 \times 12,5664$ ou $1256^{mq},64$.

1518) *Quel est le volume d'une sphère dont le rayon vaut 10 mètres?*

Le volume d'une sphère a pour mesure le produit du cube de son rayon par 4 fois le tiers de 3,1416 ou 4,1888. Donc le volume de la sphère dont le rayon vaut 10 mètres égale $1\,000 \times 4,1888$ ou $4\,188^{mc},800$.

1519) *Quel est le rayon d'une sphère dont la surface vaut 10 mètres carrés?*

La surface d'une sphère a pour mesure le produit du carré du rayon par 4 fois 3,1416 ou 12,5664, on aura donc le rayon en divisant la surface par 12,5664, et en extrayant la racine carrée du quotient. Or $10 : 12,5664 = 0,7957....$ et $\sqrt{0,7957} = 0,89......$; donc le rayon $= 0^{m},89....$

1520) *Quel est le rayon d'une sphère dont le volume vaut 10 mètres cubes?*

Le volume d'une sphère égale le produit du cube de son rayon par 4 fois le tiers de 3,1416 ou 4,1888, on aura donc le rayon en divisant le volume par 4,1888 et en extrayant la racine cubique du quotient. Or $10 : 4,1888 = 2,3873...$ et $\sqrt[3]{2,3873} = 1,33.....$; donc le rayon $= 1^{m},33$.

CHAPITRE IV.

PROBLÈMES D'AGRICULTURE.

1521) *Combien faut-il d'hectolitres de suie pour couvrir d'une couche de* $0^{m},002$ *d'épaisseur une prairie de* $324^{a},50$?

La couche de suie forme un prisme qui a pour base 32 450 mètres carrés, pour épaisseur $0^{m},002$, et par conséquent, pour volume de $32\,450 \times 0,002$ ou $64^{mc},900$. Or le litre vaut un décimètre cube, il faudra donc 64 900 litres ou 649 hectolitres de suie.

1522) *On demande combien il faut de quintaux de fumier pour couvrir d'une couche de* $0^{m},006$ *d'épaisseur un champ de* $276^{a},75$, *sachant que le mètre cube de fumier pèse 750 kilogrammes ?*

La couche de fumier aura 27 675 mètres carrés de surface et $0^{m},006$ d'épaisseur ; son volume égalera donc $27\,675 \times 0,006$ ou $166^{mc},050$. Or chaque mètre cube pèse 750 k., donc toute la couche pèsera 750 k. $\times$ 166,050 ou $124537^{k},50$, et comme le quintal vaut 100 k., il faudra 1 245 quintaux et 375 hectogrammes.

1523) *Un fermier achète chaque jour le fumier d'une écurie à raison de* $0^{f},10$ *par cheval. On demande le prix du mètre cube de ce fumier, sachant qu'il pèse 750 kilogrammes le mètre cube et qu'un cheval en produit par jour 25 kilogrammes.*

25 kilog. du fumier coûtent $0^f,10$, donc 750 kilog., c'est-à-dire 1 mètre cube, coûtent 30 fois plus ou 3 f.

1524) *Une prairie de 475 ares rapporte 4 500 kilog. de foin par hectare, au prix de 32 f. les 1 000 kilog. Les frais de culture, d'entretien et de récolte s'élèvent à 35 f. par hectare. On demande la valeur de cette prairie, en supposant que le revenu net d'une prairie se compte à 4 pour cent ou au denier 25 du capital foncier, c'est-à-dire en supposant que la valeur d'une prairie soit égale à 25 fois le produit net.*

La prairie rapporte 4 500 k. de foin par hectare ou 45 k. par are; or 1 000 k. valent 32 f., donc un kilog. vaut $0^f,032$ et 45 k. valent 45 fois $0^f,032$ ou $1^f,44$, sans les frais qui s'élèvent à 35 f. par hectare ou $0^f,35$ par are; donc chaque are rapporte net $1^f,44 - 0^f,35$ ou $1^f,09$, et 475 ares rapportent 475 fois $1^f,09$ ou $517^f,75$; donc la valeur de la prairie au denier 25 du capital foncier est 25 fois $517^f,75$ ou $12943^f,75$.

1525) *Que vaut une ferme qui rapporte 3 450 f. par an, en supposant que le revenu se compte à 4 pour cent du capital foncier ?*

Le revenu se compte à 4 pour cent du capital, c'est-à-dire qu'un revenu de 4 f. représente un capital de 100 f.; donc 1 f. de revenu représente 25 f. de capital, et 3 450 f. représentent un capital de 3 450 fois 25 f. ou de 86 250 f. La ferme vaut donc 86 250 f.

1526) *A quel taux place-t-on son argent en achetant 24 000 f. un bois qui rapporte 1 800 f. par an ?*

24 000 f. rapportent 1 800 f. par an; donc 100 f. rapportent 240 fois moins, ou $7^f,50$. Donc l'argent est placé à $7^f,50$ pour cent.

1527) *Une vigne de 250 ares rapporte 48 hectolitres de vin par hectare, au prix de 20 f. les 240 litres. Les frais de culture, d'engrais et de récolte s'élèvent à 225 f. par hectare. On demande la valeur de cette vigne, en supposant que le revenu net d'une vigne se compte à 3 $\frac{1}{3}$ pour cent ou au denier 30 du capital foncier, c'est-à-dire en supposant que la valeur d'une vigne soit égale à 30 fois le produit net ?*

La vigne rapporte 48 hectolitres de vin par hectare ou 48 l. par are ; or 240 l. valent 20 f., donc 24 l. valent 2 f. et 48 l. valent 4 f. ; donc chaque are rapporte 4 f. sans les frais, qui s'élèvent à 225 f. par hectare ou à 2f,25 par are ; donc chaque are rapporte net 4 f. — 2f,25 ou 1f,75, et 250 ares rapportent 250 fois 1f,75 ou 437f,50 ; donc la valeur de la vigne au denier 30 du capital foncier est 30 fois 437f,50 ou 13125 f.

1528) *On vend une prairie 3456 f. On demande combien elle produit de foin à 32 f. les 1000 kilogrammes, en supposant que le produit brut d'une prairie se compte à 4 $\frac{1}{2}$ pour cent du capital foncier ?*

Le produit brut se compte à 4 $\frac{1}{2}$ pour cent du capital foncier, c'est-à-dire que 100 f. rapportent 4f,50 ; donc 1 f. rapporte 0f,045 et 3 456 f. rapportent 3 456 fois 0f,045 ou 155f,52. Le produit brut égale donc 155f,52. Mais 1000 k. de foin valent 32 f., donc un kilogramme vaut 0f,032 et pour 155f,52 on aura autant de kilog. que 155f,52 contiennent de fois 0f,032, c'est-à-dire 4860 k. La prairie produit donc 4860 k. de foin.

1529) *Un fermier a une terre dont les frais de culture et de main-d'œuvre s'élèvent à 7846f,95 en 3 ans. Le produit brut vaut 4500 f. la première année, et il s'accroît de 10 pour cent par année. On demande quel est le produit net de cette terre en 3 ans ?*

Le produit brut s'accroît de 10 pour cent, c'est-à-dire d'un dixième par année; donc le produit brut de la deuxième année = 4500 f. + 450 f. ou 4950, et celui de la troisième année $=$ 4950 f. $+$ 495 f. ou 5445 f. Donc le produit brut des trois années$=$4500 f.$+$4950 f. $+$5445 f. ou 14895 f., et le produit net $=$ 14895 f. $-$ 7846^{f},95 ou 7048^{f},05.

1530) *On achète* 18000 *f. une propriété rurale près de laquelle doit passer un chemin de fer. Au bout de* 5 *ans, le chemin de fer est construit et le capital foncier s'est accru de* 2 *pour cent par année. Quelle est alors la valeur de cette propriété ?*

Elle vaut

au bout d'un an	18000 f.	$+$360	ou 18360 f.
au bout de 2 ans	18360 f.	$+$367^{f},20	ou 18727^{f},20
au bout de 3 ans	18727^{f},20	$+$374^{f},54...	ou 19101^{f},74...
au bout de 4 ans	19101^{f},74...	$+$382^{f},03...	ou 19483^{f},77...
et au bout de 5 ans	19483^{f},77...	$+$389^{f},67...	ou 19873^{f},45...

CHAPITRE V.

PROBLÈMES DE PHYSIQUE.

1° Sur la vitesse du son.

1531) *On tire un coup de canon à Villejuif; un observateur placé à Montlhéry à 18612 mètres du canon entend le coup* $54^s,6$ *après avoir vu l'inflammation de la poudre. On demande quel espace le son parcourt dans l'air par seconde, sachant que le bruit de l'explosion accompagne l'inflammation de la poudre, et que la vitesse de la lumière peut être regardée comme infiniment grande à la surface de la terre?*

En $54^s,6$ le son parcourt 18612 m., donc en 1 seconde il parcourt $\frac{18612 \text{ m.}}{54,6}$ ou 340 m. à moins d'un mètre près.

1532) *On entend un coup de tonnerre 12 secondes après avoir vu l'éclair. On demande à quelle distance on est du lieu de l'explosion, sachant que le coup de tonnerre accompagne toujours l'éclair, et que le son parcourt dans l'air 340 mètres par seconde?*

Le son parcourt 340 m. par seconde, donc en 12 s. il parcourt 12 fois 340 m. ou 4080 m. On est donc à 4080 m. du lieu de l'explosion.

1533) *On demande la longueur d'une île, sachant qu'un observateur ayant tiré un coup de canon à une extrémité de l'île, un autre observateur placé à l'extrémité opposée a entendu le coup 36 secondes après avoir vu l'inflammation de la poudre ?*

La distance des deux observateurs, et, par conséquent, la longueur de l'île égale évidemment 36 fois 340 m. ou 12 240 m.

1534) *On choque dans l'eau une grosse cloche avec un marteau dont le manche, hors de l'eau, porte une mèche allumée qui enflamme en même temps un petit amas de poudre. Des observateurs placés sur un bateau à 13 489 mètres de la cloche reçoivent le son (à l'extrémité d'un tube métallique dont la partie inférieure plonge dans l'eau) 9s,4 après avoir vu l'inflammation de la poudre. Quel espace le son parcourt-il dans l'eau par seconde ?*

En 9s,4 le son parcourt 13 489 m., donc en 1 seconde il parcourt $\frac{13489 \text{ m.}}{9,4}$ ou 1 435 m.

2° Sur la détermination des densités.

1535) *Un lingot d'or pèse 385 grammes, et un flacon plein d'eau pure pèse 225 grammes. On introduit le lingot d'or dans le flacon, il en chasse un volume d'eau égal au sien, et le flacon pèse alors 590 grammes. On demande le rapport du poids de l'or au poids d'un égal volume d'eau, c'est-à-dire la densité de l'or.*

La somme des poids du lingot et du flacon plein d'eau = 385 g. + 225 g. ou 610 g.; donc le poids de l'eau déplacée par le lingot = 610 g. — 590 g. ou 20 g , et la densité du lingot, c'est-à-dire le rapport du poids du lingot au poids d'un égal volume d'eau est le quotient de 385 par 20 ou 19,25.

1536) *Un flacon pèse vide 125 grammes; plein de mercure il pèse 1485 grammes, et plein d'eau pure il pèse*

225 *grammes. On demande le rapport du poids de mercure au poids d'un égal volume d'eau, c'est-à-dire la densité du mercure?*

Le poids du mercure = 1485 g. — 125 g. ou 1 360 g. et le poids d'un même volume d'eau = 225 g. — 125 g. ou 100 g. ; donc la densité du mercure est le quotient de 1360 par 100 ou 13,6.

1537) *Un flacon pèse vide* 57g,6; *plein d'huile d'olive il pèse* 75g,8, *et plein d'eau pure il pèse* 77g,6. *Quel est le rapport du poids de l'huile d'olive au poids d'un égal volume d'eau, c'est-à-dire la densité de l'huile d'olive?*

L'huile pèse 75g,8 — 57g,6 ou 18g,2, et un égal volume d'eau pèse 77g,6 — 57g,6 ou 20 g.; donc la densité de l'huile est le quotient de 18,2 par 20 ou 0,91.

1538) *Un ballon de verre pèse vide d'air* 540 *grammes; plein d'air sec et froid il pèse* 550 *grammes, et plein de gaz hydrogène il pèse* 540g,69. *On demande le rapport du poids du gaz hydrogène au poids d'un égal volume d'air, c'est-à-dire la densité du gaz hydrogène?*

L'air pèse 550 g. — 540 ou 10 g., et un égal volume de gaz hydrogène pèse 540g,69 — 540 g. ou 0g,69; donc la densité de l'hydrogène, c'est-à-dire le rapport du poids de l'hydrogène au poids d'un égal volume d'air, est le quotient de 0,69 par 10 ou 0,069.

3° Sur quelques mesures indirectes des hauteurs.

1539) *Si on s'élève dans l'atmosphère avec un baromètre, on voit la colonne barométrique diminuer d'un millimètre pour* 10m,50 *d'élévation. En supposant que la colonne barométrique ait* 4 *millimètres de plus au pied d'un édifice qu'au sommet, on demande quelle est la hauteur de l'édifice ?*

Elle égale évidemment 4 fois 10^{m},50 ou 42 m.

1540) *Deux bâtons verticaux exposés au soleil produisent des ombres dont les longueurs sont proportionnelles aux longueurs des deux bâtons, c'est-à-dire que si la longueur du premier bâton est double, triple, quadruple,... de la longueur du second, son ombre a une étendue double, triple, quadruple... de l'ombre du second. On demande quelle est la hauteur de la colonne de la Grande-Armée* (Place Vendôme, à Paris), *dont l'ombre a* 34^{m},40 *de longueur, sachant qu'en même temps une canne verticale d'un mètre produit une ombre de* 0^{m},80 ?

Si une ombre de 0^{m},80 provient d'un mètre, une ombre de 0^{m},01 provient de $\frac{1}{80}$ de mètre et une ombre de 34^{m},40 provient de $\frac{3440}{80}$ de mètre, c'est-à-dire de 43 m. ; donc la colonne a 43 m. de hauteur.

1541) *Les espaces parcourus par un corps qui tombe librement sont proportionnels aux carrés des temps employés à les parcourir ; de plus, l'espace parcouru par un corps pendant la première seconde de sa chute est* 4^{m},90. *En supposant qu'un corps abandonné à lui-même au sommet d'un édifice tombe au pied de l'édifice au bout de* 5 *secondes, on demande quelle est la hauteur de l'édifice ?*

Elle vaut évidemment 25 fois 4^{m},90 ou 122^{m},50.

1542) *On laisse tomber une pierre dans un puits, et l'on entend le bruit de la chute de cette pierre au bout de* 3 *secondes. Quelle est la profondeur du puits ?* (*On fera abstraction du temps que le son emploie à se transmettre du fond du puits à l'oreille de l'observateur.*)

Elle vaut évidemment 9 fois 4^{m},90 ou 44^{m},10.

4° Sur la comparaison des thermomètres.

1543) *Combien 16 degrés de Réaumur valent-ils de degrés centigrades ?*

80° de Réaumur valent 100° centigrades ; donc 1° de Réaumur vaut $\frac{100}{80}$ ou $\frac{5}{4}$ de degré centigrade et 16° de Réaumur valent 16 fois $\frac{5}{4}$ de degré centigrade ou 20° centigrades.

1544) *A quel degré centigrade correspond le 68e degré de Farenheit ?*

Le 68e degré de Farenheit correspond à 68°—32° ou à 36° de Farenheit au-dessus de la température de la glace fondante. Or 180° de Farenheit valent 100° centigrades, donc 1° de Farenheit vaut $\frac{100}{180}$ ou $\frac{5}{9}$ de degré centigrade et 36° de Farenheit valent 36 fois $\frac{5}{9}$ de degré centigrade ou 20° centigrades, de sorte que le 68e degré de Farenheit correspond au 20e degré centigrade.

1545) *A quel degré centigrade correspond le zéro de Farenheit ?*

Le zéro de Farenheit correspond à 32° de Farenheit au-dessous de la température de la glace fondante ; or 1° de Farenheit vaut $\frac{5}{9}$ de degré centigrade, donc 32° de Farenheit valent 32 fois $\frac{5}{9}$ de degré centigrade ou 17° $\frac{7}{9}$, de sorte que le zéro de Farenheit correspond à 17° centigrades $\frac{7}{9}$ au-dessous de 0°.

1546) *A quel degré de Farenheit correspond le 24e degré de Réaumur ?*

80° de Réaumur valent 180° de Farenheit, donc 1° de Réaumur vaut $\frac{180}{80}$ ou $\frac{9}{4}$ de degré de Farenheit et 24° de Réaumur valent 24 fois $\frac{9}{4}$ de degré de Farenheit ou 54° de Farenheit ; 54+32=86 ; donc le 24e degré de Réaumur correspond au 86e degré de Farenheit.

1547) *A quel degré de Réaumur correspond le 95e degré de Farenheit ?*

Le 95e degré de Farenheit correspond à 95° — 32° ou à 63° de Farenheit au-dessus de la température de la glace fondante; or 180° de Farenheit valent 80° de Réaumur, donc 1° de Farenheit vaut $\frac{80}{180}$ ou $\frac{4}{9}$ de degré de Réaumur et 63° de Farenheit valent 63 fois $\frac{4}{9}$ de degré de Réaumur ou 28° de Réaumur; donc le 95e degré de Farenheit correspond au 28e degré de Réaumur.

1548) *A quel degré de Farenheit correspond le 32e degré de Réaumur ?*

1° de Réaumur vaut $\frac{9}{4}$ de degré de Farenheit, donc 32° de Réaumur valent 32 fois $\frac{9}{4}$ de degré de Farenheit ou 72° de Farenheit; $72+32=104$; donc le 32e degré de Réaumur correspond au 104e degré de Farenheit.

1549) *A quel degré de Réaumur correspond le 80e degré de Farenheit ?*

Le 80e degré de Farenheit correspond à 80° — 32° ou à 48° de Farenheit au-dessus de la température de la glace fondante; or 1° de Farenheit vaut $\frac{4}{9}$ de degré de Réaumur, donc 48° de Farenheit valent 48 fois $\frac{4}{9}$ de degré de Réaumur ou 21° $\frac{1}{3}$; donc le 80e degré de Farenheit correspond à 21° $\frac{1}{3}$ de Réaumur.

1550) *Convertir en degrés centigrades les degrés de Réaumur de 25 en 25 depuis le 25e degré jusqu'au 100e.*

1° de Réaumur vaut $\frac{5}{4}$ de degré centigrade.

Donc 25° de Réaumur valent 25 fois $\frac{5}{4}$ ou 31°,25
50° de Réaumur valent 50 fois $\frac{5}{4}$ ou 62°,50
75° de Réaumur valent 75 fois $\frac{5}{4}$ ou 93°,75
et 100° de Réaumur valent 100 fois $\frac{5}{4}$ ou 125°.

1551) *Convertir en degrés centigrades à moins de 0,01 les degrés de Farenheit de 25 en 25 depuis le 25e degré jusqu'au 250e.*

Le 25e degré de Farenheit correspond à 32° — 25° ou à 7° de Farenheit au-dessous de la température de la glace fondante; or 1° de Farenheit vaut $\frac{5}{9}$ de degré centigrade, donc 7° de Farenheit valent 7 fois $\frac{5}{9}$ de degré centigrade ou 3°,88; donc le 25e degré de Farenheit correspond à 3°,88... au-dessous de 0°.

On trouve de même que le 50e degré de Farenheit correspond à 10° au-dessus de 0°,

le 75e à 23°,88...; le 100e à 37°,77...;
le 125e à 51°,66...; le 150e à 65°,55...;
le 175e à 79°,44...; le 200e à 93°,33...;
le 225e à 107°,22...; et le 250e à 121°,11...

5° Sur quelques propriétés de l'air atmosphérique.

1552) 100 *litres d'air sont un mélange de* 20l,9 *d'un gaz nommé oxygène, qui est le seul propre à entretenir la vie des animaux, et de* 79l,1 *d'un autre gaz nommé azote. (L'air contient encore une très-petite quantité d'un autre gaz nommé gaz acide carbonique, et une quantité variable de vapeur d'eau.) Combien 20 litres d'air contiennent-ils de gaz oxygène et de gaz azote?*

100 l. d'air contiennent 20l,9 d'oxygène et 79l,1 d'azote, donc 1 l. d'air contient 0l,209 d'oxygène et 0l791 d'azote et 20 l. d'air contiennent 20 fois 0l,209 ou 4l,18 d'oxygène et 20 fois 0l,791 ou 15l,82 d'azote.

1553) 100 *grammes d'air privé d'acide carbonique et desséché sont un mélange de* 23g,1 *de gaz oxygène et de* 76g,9 *de gaz azote. Combien 20 grammes d'air contiennent-ils de gaz oxygène et de gaz azote?*

100 g. d'air contiennent 23g,1 d'oxygène et 76g,9 d'azote, donc 1 g. d'air contient 0g,231 d'oxygène et 0g,769 d'azote

et 20 g. d'air contiennent 20 fois 0g,231 ou 4g,62 d'oxygène et 20 fois 0g,769 ou 15g,38 d'azote.

1554) *La pression de l'air atmosphérique sur un centimètre carré de surface est égale à la pression d'une colonne de mercure de 76 centimètres de hauteur, c'est-à-dire est égale au poids de 76 centimètres cubes de mercure. On demande quelle est en grammes la valeur de cette pression, sachant qu'un centimètre cube de mercure pèse 13g,6.*

Un centimètre cube de mercure pèse 13g,6; donc 76 centimètres cubes de mercure pèsent 76 fois 13g,6 ou 1 033,g6 ; donc la pression atmosphérique sur un centimètre carré égale 1 033 g. à moins d'un gramme près.

1555) *On demande quelle est la pression exercée par l'air atmosphérique sur le corps d'un homme de taille moyenne dont la surface peut être évaluée à 120 décimètres carrés, sachant que la pression atmosphérique vaut sensiblement 1033 grammes par centimètre carré.*

120 décimètres carrés valent 120 fois 100 ou 12 000 centimètres carrés ; or la pression atmosphérique sur un centimètre carré vaut 1 033 g. Donc la pression sur 12 000 centimètres carrés vaut 12 000 fois 1 033 g. ou 12 396 kilogrammes. Nous ne sentons pas l'influence d'une aussi grande pression parce que l'air qui pénètre nos organes exerce à l'intérieur une action qui contrebalance la pression extérieure.

FIN.

TABLE DES MATIÈRES.

CHAPITRE Ier.

Nombres entiers.

CHAPITRE II.

Nombres décimaux.

CHAPITRE III.

Des diviseurs des nombres.

CHAPITRE IV.

Fractions ordinaires.

CHAPITRE V.

Système métrique.

CHAPITRE VI.

Carrés et racines carrées.

CHAPITRE VII.

Cubes et racines cubiques.

CHAPITRE VIII.

Proportions.

CHAPITRE IX.

Règles de trois.

CHAPITRE X.

Progressions.

SUPPLÉMENT.

CHAPITRE Ier.

Numération des Romains.

CHAPITRE II.

Anciennes mesures de France. Principales mesures étrangères.

CHAPITRE III

Problèmes de Géométrie.

CHAPITRE IV.

Problèmes d'agriculture.

CHAPITRE V.

Problèmes de physique.

FIN DE LA TABLE.

COURS DE MATHÉMATIQUES
THÉORIQUE ET PRATIQUE

A l'usage des Ecoles primaires supérieures, des Ecoles normales primaires et des classes de philosophie des Collèges et des Lycées.

COMPLÉMENT DE LA Ire PARTIE.

RÉPONSES
AUX EXERCICES DE CALCUL ET AUX PROBLÈMES

Contenus dans le Traité d'Arithmétique

PAR

MM. J.-F.-A. DUMOUCHEL

Recteur de l'Académie de la Haute-Saône,
Chevalier de la Légion-d'Honneur,

ET

J. DUPUIS

Licencié ès sciences physiques de la Faculté de Paris,
Professeur de Mathématiques.

PARIS

DEZOBRY ET E. MAGDELEINE, LIBR.-ÉDITEURS,

1, rue des Maçons-Sorbonne.

1852

Toutes nos éditions sont revêtues de notre griffe.

Ch. Delagrave, E. Magdeleine & Cie

Paris.— Imp. Bonaventure et Ducessois, 55, quai des Gr.-Augustins.

RÉPONSES

AUX EXERCICES DE CALCUL ET AUX PROBLÈMES

Contenus dans le Traité d'Arithmétique théorique et pratique

DE MM. J.-F.-A. DUMOUCHEL ET C. DUPUIS.

Numéros.	Réponses.
De 1 à 50, *voyez* les SOLUTIONS RAISONNÉES.	
51)	37
52)	169
53)	326
54)	1 281
55)	1 059
56)	9 023
57)	16 128
58)	19 829
59)	14 347
60)	32 885
61)	163 087
62)	291 978
63)	194 065
64)	251 212
65)	1 395 058
66)	3 065 538
67)	3 577 459 646
68)	3 899 556 827
69)	46 579 704 313
70)	510 073 775 322
71)	81.
72)	47 ans.
73)	En 1846.
74)	102 f.
75)	1 500 f.
76)	1 390 f.
77)	1 513 f.
78)	De 365 ou de 366 jours.

Num.	Réponses.
79)	6 412 f.
80)	Le 2e a eu. . . 4 651 f. le 3e a eu. . . 5 497 f. et l'hérit. valait 14 124 f.
81)	29 900 f.
82)	Il a vendu 20 m. de drap. et il a reçu 405 f.
83)	4 575 f.
84)	185 f.
85)	720 m.
86)	32
87)	447
88)	865
89)	23 584
90)	4 789
91)	4 758
92)	17 909
93)	414 448
94)	589 227 566
95)	477 543 454
96)	3 672 455 247
97)	6 645 541 752
98)	38 793 078 544
99)	45 311 605 116
100)	221 537 472 795 574
101)	67 070 655
102)	26 246 084
103)	71 181 182
104)	94 386 268
105)	276 731 918
106)	388 682 164

Num.	Réponses.	Num.	Réponses.
107)	357 875 269	151)	14 760
108)	560 606 417	152)	218 680
109)	8 489 587 787	153)	434 850
110)	43 960 931 378	154)	873 450
111)	Une unité.	155)	21 285 600
112)	1 891 navires.	156)	60 676 800
113)	8 000 f.	157)	550 613 000
114)	54 f.	158)	615 776 000
115)	670 f.	159)	85 308 840 000
116)	20 000 f.	160)	38 372 820 000
117)	88 000 f.	161)	1 900
118)	380 g.	162)	36 144
119)	A 52 ans.	163)	94 752
120)	28 ans.	164)	312 704
121)	En 1885	165)	4 263 192
122)	2 700 f.	166)	5 137 664
123)	1 500 f.	167)	171 450 604
124)	2 715 f.	168)	500 258 463
125)	72 f.	169)	1 310 939 876
126)	486 f.	170)	7 612 323 600
127)	7 f.	171)	18 144
128)	4 950 f.	172)	45 525
129)	4 180 f.	173)	255 528
130)	785 f.	174)	728 373
		175)	26 201 252
131)	31 967	176)	64 291 356
132)	417 218	177)	3 322 764 092
133)	255 742	178)	3 139 971 845
134)	55 291 745	179)	541 058 592 714
135)	314 189	180)	815 844 462 942
136)	603 622	181)	5 760
137)	63 191	182)	32 900
138)	13 486 509	183)	616 200
139)	146 174 875	184)	4 543 200
140)	138 871 161	185)	206 850 000
		186)	208 200 000
141)	156	187)	5 965 240 000
142)	1 820	188)	4 331 570 000
143)	408	189)	245 484 000 000
144)	6 846	190)	757 440 000 000
145)	1 935		
146)	16 641	191)	36 f.
147)	2 712	192)	390 f.
148)	22 776	193)	120 f
149)	5 742	194)	3 500 f.
150)	779 364	195)	460 f.

Num.	Réponses.
196)	126 000 f.
197)	75 f.
198)	à 36 kilomètres.
199)	5 000 feuilles.
200)	1 200 f.
201)	713 725 secondes.
202)	1 555 f.
203)	9 900 f.
204)	72 f.
205)	1 800 f.
206)	810 f.
207)	166 400 f.
208)	28 000 f.
209)	108 000 cartouches.
210)	4 150 f.
211)	275
212)	720
213)	432
214)	1 472
215)	1 260
216)	2 304
217)	5 320
218)	3 400
219)	32 256
220)	74 480
221)	153 612
222)	198 810
223)	1 179 648
224)	1 248 642
225)	1 984 905
226)	1 270 624
227)	2 097 615
228)	2 638 416
229)	4 680 678
230)	7 180 336
231)	16 097 880
232)	119 203 392
233)	74 422 754
234)	156 036 048
235)	180 290 770
236)	382 497 216
237)	257 178 792
238)	591 974 004
239)	5 317 258 860
240)	7 998 372 750

Num.	Réponses. Quotients :	Restes :
241)	7	0
242)	5	0
243)	6	3
244)	7	4
245)	218	0
246)	157	0
247)	1 949	0
248)	1 440	3
249)	1 699	0
250)	1 394	0
251)	17 187	0
252)	9 080	7
253)	42 478	4
254)	94 544	8
255)	3	21
256)	7	29
257)	4	10
258)	5	124
259)	6	8
260)	4	356
261)	6	385
262)	4	357
263)	7	622
264)	3	3812
265)	288	0
266)	41	5
267)	436	9
268)	135	61
269)	1 577	4
270)	674	32
271)	2 917	11
272)	3 590	21
273)	15 243	2
274)	4 872	28
275)	37	16
276)	30	92
277)	147	183
278)	95	364
279)	2 862	264
280)	965	529
281)	14 349	66
282)	6 928	40
283)	21 773	387
284)	192 032	244
285)	545	1 075
286)	132	4 353

Num.	Réponses.	
287)	Quot. = 1 281	Rest. = 871.
288)	593	2 250
289)	7 041	852
290)	9 133	7 511

291) Chacune aura 636 f.
292) 25 personnes.
293) 25 f.
294) 11 ouvriers.
295) 3 f.
296) Le 1er. . 36 k. par jour.
et le 2e. . 35 k.
297) 8 m.
298) Le 1er gagne 5 f par jour.
et le 2e. . 3 f.
299) 8 jours.
Le 1er en reliera 480
le 2e. 400
et le 3e. 320
300) 15 m.
301) 695 pièces.
302) L'héritage vaut 13 640 f.
Le 1er héritier a 4 050 f.
le 2e. . . . . . 4 400 f.
et le 3e. . . . 5 190 f.
303) La 1re aura. . . 24 000 f.
la 2e. . . . . . . 12 000 f.
et la 3e. . . . . 4 000 f.
304) Ch. des deux 1res. 10 000 f.
et ch. des 8 aut. 2 000 f.
305) La 1re aura. . . 2 250 f.
et la 2e. . . . . . 900 f.
306) La 1re aura. . . 7 500 f.
et la 2e. . . . . 4 500 f.
307) La 1re aura. . . 455 f.
la 2e. . . . . . . 275 f.
et la 3e. . . . . 160 f.
308) La 1re aura. . . 2 800 f.
la 2e. . . . . . . 2 500 f.
la 3e. . . . . . . 2 250 f.
et la 4e. . . . . 2 050 f.
309) Le k. de thé coûte 32 f.
et le k. de café. . . 5 f.
310) A 28 f. le kilog.
311) 16 m. de chaque qualité.

Num.	Réponses.
312)	10 m.

313) Chaq. neveu a 6 250 f.
et chaq. nièce 11 250 f.
314) 8 f.
315) Dans 12 ans.
316) Le père gagne 4 f.
et le fils. . . 3 f.
317) Après 24 heures.
A 288 k. du 1er.
et à 192 k. du 2e.
318) Après 15 heures.
A 120 k. du 1er.
et à 300 k. du 2e.
319) Le lendemain à 8 h. du matin.
A 320 k. du 1er.
et à 180 k. du 2e.
320) Le lendemain à 4 h. du soir.
A 320 k. du 1er.
et à 420 k. du 2e.

De 321 à 360, *voyez* les SOLUTIONS RAISONNÉES.

361)	1,6676
362)	2,0495
363)	1,846
364)	0,9896
365)	78,597
366)	72,9248
367)	126,601
368)	44,493
369)	32,4659
370)	91,1428
371)	83,5047
372)	45,515
373)	3,86089
374)	50,8959
375)	93,02668

376) Il a acheté 79m,56 de toile.
il les a payés. . 191 f,45
et il les a vendus 237 f,45

Num.	Réponses.
377)	22 959 ^{f},05
378)	69 ^{f},55
379)	491^{m},15
380)	226 ^{f},50
381)	0,441
382)	0,176
383)	0,5351
384)	0,73511
385)	2,462
386)	20,551
387)	8,1346
388)	3,5609
389)	916,521655
390)	266,016096
391)	0,2337
392)	6,072
393)	0,22532
394)	309,2791
395)	0,133182
396)	44,8811
397)	0,4075
398)	3,2845
399)	0,3531
400)	7,986191
401)	16 ^{f},50
402)	658 ^{f},75
403)	288 ^{g},285
404)	1^{m},584
405)	7^{m},85
406)	1 516 ^{f},85
407)	81 ^{f},60
408)	63 ^{f},70
409)	26 ^{f},85
410)	539 ^{f},50
411)	32,805
412)	44,6082
413)	23,9793
414)	66,864
415)	52 805,568
416)	353 420,025
417)	1 377 681,1048

Num.	Réponses.	
418)	533 847,816	
419)	0,324	
420)	0,03648	
421)	0,17672	
422)	0,454328	
423)	0,62605	
424)	0,7880355	
425)	0,0000536	
426)	0,00000294	
427)	178,5	
428)	622,40139	
429)	1 311,42528	
430)	770,62746	
431)	11 246,03894	
432)	44 403,33183	
433)	371,52	
434)	55,2908	
435)	6 177,984	
436)	28,62895	
437)	40 189,817	
438)	5,7541583	
439)	487 404,777	
440)	18,8194601	
441)	Il fait. . . . 70 m.	
	et il gagne. 59^{f},50	
442)	33^{f},75	
443)	67^{f},08	
444)	432^{f},98	
445)	3 739^{f},80	
446)	4 800 f.	
447)	252^{f},79	
448)	195 g.	
449)	622^{g},50	
450)	418^{f},50	
451)	Quot. : 7,78	Res. 0,8
452)	26,260	0,016
453)	17,44	0,14
454)	15,20	0,28
455)	74,6	4
456)	72,159	0,032
457)	142,77	0,45
458)	140,13	1,04
459)	912	0

Num.	Réponses.	
460)	Quot. : 452 Rest. :	1,7
461)	5 067	0,27
462)	322,4	0,4
463)	13 533,6	0,18
464)	13 424	1
465)	162 320	0,1
466)	1 450 435	0,135
467)	738	0,4
468)	288	0,6
469)	8 851	0,11
470)	1 688	1,4
471)	118 589	0,116
472)	10 216	1,6
473)	883 074	0,362
474)	13 469	16,8
475)	12 577	0,17
476)	84 698	0,54
477)	1 764,2	0,12
478)	15 016,7	0,12
479)	76 794	0,254
480)	193 886	0,376
481)		$4^{f},25$
482)		240 f.
483)		$5^{f},75$
484)		$7^{f},20$
485)	De 50 volumes.	
486)		$18^{f},70$
487)	36 ouvriers.	
488)		$4^{f},80$
489)		$0^{f},85$
490)		$22^{f},50$
491)		$124^{f},50$
492)		$25^{m},32$
493)		$8^{m},60$
494)	Le 1er a gagné	$23^{f},50$
	le 2e.	41 f.
	et le 3e . . .	$48^{f},75$
495)	160 litres.	
496)		$38^{m},40$
497)	Le 1er gagne	$4^{f},50$
	et le 2e. . . .	$2^{f},25$
498)	La 1re aura .	550 f.
	la 2e.	$537^{f},50$
	et la 3e. . . .	$512^{f},50$

Num.	Réponses.	
499)		$4^{m},20$
500)	L'héritage =	$1\ 223^{f},75$
	le 1er héritier a	249 f.
	le 2e	$288^{f},50$
	le 3e	$327^{f},25$
	et le 4e	359 f.
501)	1	
502)	2	
503)	0	
504)	3	
505)	2	
506)	0	
507)	7	
508)	3	
509)	22	
510)	3	
511)	0	
512)	2	
513)	3	
514)	2	
515)	3	
516)	2	
517)	0	
518)	0	
519)	18	
520)	36	
521)	18	
522)	45	
523)	15	
524)	4	
525)	4	
526)	16	
527)	24	
528)	6	
529)	1	
530)	1	
531)	6	
532)	5	
533)	3	
534)	9	
535)	6	
536)	15	
537)	4	
538)	63	

Num.	Réponses.	
539)	15	
540)	9	

De 541 à 558, *voyez les* SOLUTIONS RAISONNÉES.

Num.	Réponses.	
559)	$\frac{10}{2}$	
560)	$\frac{48}{8}$	
561)	$\frac{28}{4}$	
562)	$\frac{108}{9}$	
563)	$\frac{40}{5}$	
564)	$\frac{130}{10}$	
565)	$\frac{54}{6}$	
566)	$\frac{134}{11}$	
567)	$\frac{70}{7}$	
568)	$\frac{180}{12}$	
569)	$\frac{11}{2}$	$\frac{20}{3}$
570)	$\frac{47}{5}$	$\frac{65}{6}$
571)	$\frac{59}{8}$	$\frac{103}{9}$
572)	$\frac{53}{12}$	$\frac{53}{15}$
573)	$\frac{53}{5}$	$\frac{77}{6}$
574)	$\frac{303}{20}$	$\frac{491}{24}$
575)	$\frac{295}{12}$	$\frac{245}{8}$
576)	$\frac{527}{16}$	$\frac{3201}{50}$
577)	$\frac{1457}{32}$	$\frac{4065}{56}$
578)	$\frac{4831}{60}$	$\frac{7808}{81}$
579)	$7\frac{1}{2}$	$8\frac{1}{3}$
580)	$3\frac{1}{4}$	$4\frac{1}{5}$
581)	$4\frac{3}{8}$	$4\frac{4}{9}$
582)	$4\frac{3}{11}$	$4\frac{1}{12}$
583)	$3\frac{1}{7}$	$3\frac{1}{8}$
584)	$3\frac{1}{9}$	3,7
585)	$4\frac{11}{16}$	$4\frac{4}{15}$
586)	$6\frac{3}{20}$	$3\frac{16}{113}$
587)	$30\frac{2}{17}$	$18\frac{18}{35}$

Num.	Réponses.		
588)	$39\frac{12}{19}$	$74\frac{2}{25}$	
589)	$74\frac{25}{49}$		
590)	$12\frac{478}{643}$		
591)	$\frac{1}{2}$		$\frac{1}{3}$
592)	$\frac{6}{7}$		$\frac{7}{9}$
593)	$\frac{3}{8}$		$\frac{3}{5}$
594)	$\frac{4}{5}$		$\frac{11}{12}$
595)	$\frac{5}{12}$		$\frac{8}{11}$
596)	$\frac{4}{9}$		$\frac{1}{8}$
597)	$\frac{5}{19}$		$\frac{8}{21}$
598)	$\frac{17}{23}$		$\frac{107}{1024}$
599)	$\frac{15}{77}$		$\frac{51}{235}$
600)	$\frac{1}{4}$		$\frac{103}{7716}$
601)	$\frac{21}{28}$		$\frac{16}{28}$
602)	$\frac{20}{24}$		$\frac{21}{24}$
603)	$\frac{10}{15}$		$\frac{12}{15}$
604)	$\frac{33}{88}$		$\frac{48}{88}$
605)	$\frac{168}{210}$	$\frac{175}{210}$	$\frac{120}{210}$
606)	$\frac{9}{36}$	$\frac{28}{36}$	$\frac{22}{36}$
607)	$\frac{6}{12}$	$\frac{9}{12}$	$\frac{11}{12}$
608)	$\frac{20}{30}$	$\frac{24}{30}$	$\frac{21}{30}$
609)	$\frac{30}{60}$		$\frac{40}{60}$
	$\frac{15}{60}$		$\frac{48}{60}$
610)	$\frac{90}{120}$		$\frac{96}{120}$
	$\frac{100}{120}$		$\frac{105}{120}$
611)	$\frac{1008}{2520}$		$\frac{1440}{2520}$
	$\frac{1575}{2520}$		$\frac{2240}{2520}$
612)	$\frac{60}{360}$		$\frac{315}{360}$
	$\frac{200}{360}$		$\frac{252}{360}$
613)	$\frac{1224}{1800}$		$\frac{270}{1800}$
	$\frac{855}{1800}$		$\frac{920}{1800}$

Num.	Réponses.		
614)	$\frac{42}{60}$	$\frac{25}{60}$	$\frac{10}{60}$
	$\frac{33}{60}$	$\frac{34}{60}$	
615)	$\frac{256}{480}$	$\frac{408}{480}$	$\frac{460}{480}$
	$\frac{272}{480}$	$\frac{165}{480}$	
616)	$\frac{16}{24}$	$\frac{18}{24}$	$\frac{20}{24}$
	$\frac{21}{24}$	$\frac{22}{24}$	$\frac{13}{24}$
617)	$\frac{144}{288}$	$\frac{72}{288}$	$\frac{180}{288}$
	$\frac{54}{288}$	$\frac{225}{288}$	$\frac{280}{288}$
	$\frac{102}{288}$	$\frac{147}{288}$	
618)	$\frac{640}{800}$	$\frac{700}{800}$	$\frac{720}{800}$
	$\frac{750}{800}$	$\frac{680}{800}$	$\frac{675}{800}$
	$\frac{740}{800}$	$\frac{784}{800}$	
619)	$\frac{432}{648}$	$\frac{540}{648}$	$\frac{504}{648}$
	$\frac{468}{648}$	$\frac{456}{648}$	$\frac{276}{648}$
	$\frac{512}{648}$	$\frac{452}{648}$	$\frac{250}{648}$
	$\frac{643}{648}$		
620)	$\frac{2250}{3000}$	$\frac{1200}{3000}$	$\frac{2106}{3000}$
	$\frac{1650}{3000}$	$\frac{1900}{3000}$	$\frac{2775}{3000}$
	$\frac{2160}{3000}$	$\frac{2150}{3000}$	$\frac{2730}{3000}$
	$\frac{2662}{3000}$		
621)	$\frac{59}{72}$		
622)	1	$\frac{43}{70}$	
623)	1	$\frac{19}{24}$	
624)	1	$\frac{14}{45}$	
625)	2	$\frac{47}{90}$	
626)	2	$\frac{19}{72}$	
627)	3	$\frac{89}{360}$	
628)	2	$\frac{49}{180}$	
629)	3	$\frac{89}{180}$	
630)	$\frac{211}{360}$		
631)	4	$\frac{17}{96}$	
632)	5	$\frac{61}{720}$	

Num.	Réponses.	
633)	5	$\frac{25}{72}$
634)	5	$\frac{67}{180}$
635)	8	$\frac{40069}{51840}$
636)	$\frac{18}{35}$	
637)	$\frac{1}{12}$	
638)	$\frac{1}{20}$	
639)	$\frac{28}{45}$	
640)	$\frac{11}{24}$	
641)	$\frac{71}{180}$	
642)	$\frac{1}{2}$	
643)	$\frac{19}{36}$	
644)	$\frac{47}{72}$	
645)	$\frac{33}{80}$	
646)	28 75	
647)	0,19	
648)	$\frac{13}{24}$	
649)	1	$\frac{7}{24}$
650)	1	$\frac{59}{360}$
651)	3	3 4
652)	5	$\frac{1}{7}$
653)	8	
654)	10	
655)	5	$\frac{5}{7}$
656)	5	$\frac{5}{8}$
657)	3	$\frac{1}{9}$
658)	4	$\frac{1}{5}$
659)	$\frac{18}{35}$	
660)	$\frac{8}{11}$	
661)	$\frac{7}{22}$	
662)	$\frac{1}{5}$	
663)	3	$\frac{14}{45}$
664)	$\frac{7}{24}$	

Num.	Réponses.
665)	4 $\frac{4}{9}$
666)	0,3
667)	$\frac{1}{2}$
668)	3 $\frac{3}{4}$
669)	$\frac{7}{50}$
670)	4 $\frac{1}{2}$
671)	$\frac{3}{20}$
672)	$\frac{3}{28}$
673)	$\frac{4}{55}$
674)	$\frac{1}{12}$
675)	17 $\frac{1}{2}$
676)	14 $\frac{2}{5}$
677)	15 $\frac{3}{4}$
678)	8 $\frac{4}{7}$
679)	$\frac{7}{8}$
680)	$\frac{22}{25}$
681)	1 $\frac{1}{6}$
682)	$\frac{2}{3}$
683)	$\frac{2}{45}$
684)	25
685)	12 $\frac{6}{7}$
686)	$\frac{7}{60}$
687)	$\frac{3}{4}$
688)	$\frac{1}{20}$
689)	40
690)	$\frac{2}{3}$
691)	27
692)	48
693	1 $\frac{1}{5}$
694)	$\frac{1891}{104}$
695)	$\frac{3}{38}$
696)	$\frac{171}{128}$
697)	189
698)	18 $\frac{3}{20}$
699)	175780 $\frac{1}{8}$
700)	9 $\frac{3}{5}$
701)	En 3 jours et 6 heures.
702)	En 8 jours.
703)	24
704)	96
705)	Les $\frac{5}{12}$ de l'ouvrage.
706)	20
707)	300
708)	De 2 400 hommes.
709)	120 000 f.
710)	Il a perdu 2 journ. et $\frac{1}{12}$. et il a gagné 23f,50
711)	Le quart de l'ouvrage.
712)	Les $\frac{9}{40}$ de l'ouvrage.
713)	48 000 f.
714)	Au 1er les $\frac{1}{15}$ du bien ; et au 2e les $\frac{2}{5}$.
715)	40
716)	50 f.
717)	Par $\frac{3}{5}$.
718)	4 heures.
719)	7 500 f.
720)	25f,60
721)	La 1re a coûté 40 000 f. et la 2e. . . 100 000 f.
722)	La 1re a dépensé 22f,50 et la 2e. . . . . . 60 f.
723)	54
724)	La 1re aura 3 200 f. et la 2e . . 2 400 f.
725)	La 1re aura 700 f. la 2e. . . . 525 f. et la 3e. . 375 f
726)	15 f.
727)	800 f.
728)	400 f.
729)	La 1re a 20 m. et la 2e 32 m.

Num.	Réponses.
730)	10 m.
731)	3 000 f.
732)	La somme est 36 000 f. et il y avait 8 personnes.
733)	27 200 f.
734)	16 000 f.
735)	20 f.
736)	32 élèves.
737)	60 moutons.
738)	60 000 f.
739)	La 1re aura 5 000 f. la 2e. . . . . 7 500 f. la 3e. . . . . 10 000 f. et la 4e. . . 12 500 f.
740)	293s,5
741)	0,5
742)	0,8
743)	0,65
744)	0,475
745)	0,75
746)	0,875
747)	0,72
748)	0,54
749)	0,66 . . .
750)	0,5714285714428 . . .
751)	0,9090 . . .
752)	0,846153846153. . . .
753)	0,833 . . .
754)	0,5833 . . .
755)	0,533 . . .
756)	0,277 . . .
757)	0,1 714 285 714 285...
758)	0,32 142 857 142 857...
759)	0,30 66....
760)	0,553 571 428 571 428
761)	0,25 0,4
762)	0,375 0,3 125
763)	0,42 0,40 625
764)	0,3 875 0,9 453 125
765)	0,714 285 714 285... 0,66....

Num.	Réponses.
766)	0,88 . . . 0,6 363....
767)	0,789 473 684 210 526 315 789 . . . 0,380 952 380 952...
768)	0,869 565 217 391 306 347 8260869... 0,806 451 612 903 225 806 . . .
769)	0,166 . . . 0,4166 . . .
770)	0,6 428 571 428 571 . . . 0,733. . .
771)	0,961 538 4615 384. . . 0,79166. . .
772)	0,32 142 857 142 857. . . 0,766. . .
773)	$\frac{9}{25}$ $\frac{64}{125}$
774)	$\frac{116}{625}$ $\frac{341}{25000}$
775)	$\frac{3}{4}$ $\frac{733}{2000}$
776)	$\frac{84}{125}$ $\frac{733}{3125}$
777)	$\frac{8}{9}$
778)	$\frac{5}{9}$
779)	$\frac{5}{11}$
780)	$\frac{8}{11}$
781)	$\frac{715}{999}$
782)	$\frac{22}{27}$
783)	$\frac{1789}{9999}$
784)	$\frac{610}{3333}$
785)	$\frac{41}{90}$
786)	$\frac{32}{55}$
787)	$\frac{229}{900}$
788)	$\frac{21409}{95000}$
789)	$\frac{428}{495}$
790)	$\frac{151}{275}$
791)	$\frac{16911}{33000}$
792)	$\frac{1247}{9990}$

Num.	Réponses.
793)	$\frac{18643}{24750}$
794)	$\frac{12239}{33300}$
795)	$\frac{2341}{2775}$
796)	$\frac{36037}{199800}$
797)	0,25
798)	0,9
799)	0,375
800)	0,15
801)	$32\ \frac{1}{4}$
802)	$72\ \frac{3}{8}$
803)	$132\ \frac{1}{24}$
804)	$98\ \frac{11}{12}$
805)	$57\ \frac{3}{4}$
806)	$132\ \frac{47}{48}$
807)	$277\ \frac{143}{120}$
808)	$445\ \frac{1}{6}$
809)	$17\ \frac{53}{60}$
810)	$65\ \frac{13}{32}$
811)	$4\ \frac{3}{4}$
812)	$3\ \frac{2}{5}$
813)	$9\ \frac{7}{12}$
814)	$6\ \frac{7}{12}$
815)	$3\ \frac{5}{8}$
816)	6,3
817)	$17\ \frac{1}{2}$
818)	$25\ \frac{5}{8}$
819)	$3\ \frac{3}{4}$
820)	$38\ \frac{13}{15}$
821)	$38\ \frac{1}{2}$
822)	$3\ \frac{7}{15}$
823)	$27\ \frac{1}{8}$

Num.	Réponses.
824)	$11\ \frac{2}{3}$
825)	$2\ \frac{1}{2}$
826)	$24\ \frac{3}{20}$
827)	26
828)	$2\ \frac{2}{15}$
829)	$3\ \frac{1}{2}$
830)	28
831)	$3\ \frac{39}{50}$
832)	$12\ \frac{2}{3}$
833)	64
834)	4,7
835)	$17\ \frac{1}{2}$
836)	$\frac{11}{14}$
837)	$16\ \frac{4}{5}$
838)	$2\ \frac{3}{14}$
839)	$\frac{7}{15}$
840)	$5\ \frac{5}{8}$
841)	$\frac{64}{115}$
842)	$\frac{13}{32}$
843)	6
844)	$\frac{9}{14}$
845)	$2\ \frac{2}{15}$
846)	$\frac{3}{14}$
847)	$2\ \frac{2}{19}$
848)	$3\ \frac{4}{7}$
849)	$\frac{18}{235}$
850)	$1\ \frac{23}{40}$

851)		12 000 f.
852)		8 000 f.
853)	La 1re a coûté.	920 f.
	et la 2e.	160 f.
854)	La 1re a dépensé	56 f.
	et la 2e. . . .	120 f.
855)	La 1re aura. . .	550 f.
	et la 2e.	300 f.

Num. Réponses.

856) 18 ans.
857) 24
858) En 3 heures.
859) Après 24 heures.
A 60 k. du 1er,
et à 64 k. du 2e.
860) A... $11^l + \frac{17}{24}$ de vin
et $6^l + \frac{7}{24}$ d'eau
et B... $15^l + \frac{7}{24}$ de vin
et $8^l + \frac{17}{24}$ d'eau.

De 861 à 905, *voyez* les SOLUTIONS RAISONNÉES.

906) 1 686 853 kilogrammes.
907) 9 527 hectares.
908) 31 500 f,
909) 238 f,70
910) 247 f,50
911) 1 101 f,75
912) 5 368 709 f,12
913) 419 430 f,40
914) 111 111m,111 à moins d'un millimètre près.
915) 4 444m,444... id.
916) 1/2 l. = 2 222m,222
1/4 de l. = 1 111m,111
et 3/4 de l. = 3 333m,333
917) 18 k. de sucre ou 10k,125 de café.
ou 6k,48 de sucre et 6k,48 de café.
918) 31 pièces.
919) 119 f,60
920) 1 825 k.
921) 40 pièces.
922) 21,5
923) 86 000 f.
924) Après 10 m., le renard aura fait 1 800 sauts, et le lévrier 1 200 id.
925) Le chat n'attrapera pas la souris, car il lui faut une h. un quart pour arriver à 1m,25 de la souris.

Num. Réponses.

926) 167f,31
927) 20 pièces.
928) 19 pièces.
929) 237g,50
930) 162 kilomètres.
931) 11 pièces.
932) 8 pièces.
933) 140 pièces.
934) A. 41^l de vin et 9^l d'eau.
Et B. 41^l d'eau et 9^l de vin.
935) Prix du terrain 4f,80
Le procès coûte au véritable propre 111f,35
et à son voisin 1091f,55

936) 625
937) 133 125
938) 262 144
939) 374 544
940) 524 176
941) 237 169
942) 910 116
943) 3 418 801
944) 6 492 304
945) 12 574 116
946) 42 889 401
947) 20 629 764
948) 91 470 096
949) 339 922 969
950) 1 085 373 025
951) 5 764 757 476
952) 2 100 938 896
953) 3 022 910 361
954) 4 192 303 504
955) 15 739 960 681

	Racines :	Restes :
956)	48	11
957)	58	92
958)	111	135
959)	314	169
960)	82	65
961)	43	41
962)	161	51

Num.	Réponses.		
963)	Rac.	671	Rest. 1 037
964)		189	70
965)		157	32
966)		738	383
967)		749	1 488
968)		496	789
969)		615	271
970)		2 342	1 387
971)		1 532	2 848
972)		2 669	1 228
973)		2 923	3 306
974)		8 576	17 151
975)		4 304	4 949

976)	$\frac{4}{9}$	$\frac{16}{25}$
977)	$\frac{9}{49}$	$\frac{16}{225}$
978)	$\frac{49}{64}$	0,64
979)	$\frac{121}{900}$	$\frac{49}{1600}$
980)	$\frac{9}{25}$	$\frac{25}{169}$
981)	$\frac{9}{256}$	$\frac{16}{625}$
982)	$\frac{64}{121}$	$\frac{49}{400}$
983)	$\frac{81}{2500}$	0,0576
984)	$\frac{3}{5}$	$\frac{4}{7}$
985)	$\frac{2}{9}$	$\frac{7}{8}$
986)	$\frac{6}{11}$	$\frac{5}{12}$
987)	0,4	$\frac{11}{15}$
988)	$\frac{2}{3}$ à moins de $\frac{1}{6}$	
	$\frac{5}{8}$ à moins de $\frac{1}{8}$	
989)	$\frac{6}{13}$ à moins de $\frac{1}{13}$	
	$\frac{1}{2}$ à moins de $\frac{1}{14}$	
990)	$\frac{4}{7}$ à moins de $\frac{1}{7}$	
	0,7 à moins de 0,1	
991)	$\frac{7}{16}$ à moins de $\frac{1}{16}$	
	0,35 à moins de 0,01	
992)	$\frac{3}{4}$ à moins de $\frac{1}{4}$	
	$\frac{5}{6}$ à moins de $\frac{1}{6}$	

Num.	Réponses.
993)	0,7 à moins de 0,1
	$\frac{4}{9}$ à moins de $\frac{1}{9}$
994)	$\frac{1}{2}$ à moins de 0,1
	$\frac{2}{3}$ à moins de $\frac{1}{15}$
995)	$\frac{1}{2}$ à moins de $\frac{1}{6}$
	$\frac{5}{8}$ à moins de $\frac{1}{8}$
996)	$1\ \frac{3}{5}$
997)	2
998)	3
999)	$2\ \frac{5}{8}$
1000)	2
1001)	$4\ \frac{8}{9}$
1002)	$3\ \frac{1}{3}$
1003)	$5\ \frac{5}{6}$
1004)	$4\ \frac{5}{12}$
1005)	$8\ \frac{3}{5}$
1006)	2,4
1007)	1,73
1008)	1,414
1009)	2,2360
1010)	3,16227
1011)	$\frac{1}{2}$
1012)	$\frac{3}{5}$
1013)	0,7
1014)	$\frac{3}{4}$
1015)	0,73
1016)	1
1017)	$1\ \frac{2}{\ }$
1018)	$2\ \frac{1}{2}$
1019)	3,227
1020)	$3\ \frac{1}{2}$
1021)	625

Num.	Réponses.
1022)	32
1023)	43
1024)	20
1025)	24
1026)	Il y a 25 personnes. Chacune reçoit 125 f.
1027)	36 et 16
1028)	56
1029)	33 et 32)
1030)	240
1031)	5 832
1032)	82 312 875
1033)	164 566 592
1034)	20 774 195 749
1035)	438 976
1036)	279 726 264
1037)	665 338 617
1038)	280 754 038 592
1039)	704 969
1040)	425 259 008
1041)	825 293 672
1042)	414 493 474 816
1043)	48 627 125
1044)	6 321 363 049
1045)	111 895 213 625
1046)	673 373 097 125
1047)	91 125 000
1048)	46 656 000 000
1049)	64 000 000 000
1050)	35 184 372 088 832

Num.	Rac.	Restes
1051)	17	832
1052)	28	2 413
1053)	53	2 087
1054)	65	1 723
1055)	26	876
1056)	41	3 566
1057)	83	14 085
1058)	86	5 780
1059)	31	2 757
1060)	53	1 765
1061)	92	13 742
1062)	99	17 355
1063)	232	8 200
1064)	536	382 292

Num.	Réponses.	
1065)	633	736 703
1066)	2 540	18 576 752
1067)	2 180	5 168 924
1068)	7 169	102 031 122
1069)	8 303	60 601 477
1070)	44 938	3 479 949 604
1071)	$\frac{1}{8}$	$\frac{27}{64}$
1072)	$\frac{8}{125}$	$\frac{343}{512}$
1073)	$\frac{64}{729}$	0,027
1074)	$\frac{1331}{1728}$	$\frac{729}{4096}$
1075)	$\frac{27}{512}$	$\frac{1}{2744}$
1076)	0,343	$\frac{729}{8000}$
1077)	$\frac{512}{3375}$	$\frac{729}{125000}$
1078)	0,015625	0,048627125
1079)	$\frac{2}{5}$	$\frac{3}{4}$
1080)	$\frac{5}{8}$	$\frac{1}{6}$
1081)	$\frac{3}{7}$	$\frac{8}{9}$
1082)	$\frac{7}{12}$	$\frac{15}{16}$

Num.	Réponses.
1083)	$\frac{3}{4}$ à moins de $\frac{1}{4}$
	$\frac{2}{5}$ à moins de $\frac{1}{5}$
1084)	$\frac{1}{2}$ à moins de $\frac{1}{6}$
	$\frac{1}{2}$ à moins de $\frac{1}{8}$
1085)	$\frac{2}{5}$ à moins de 0,1
	$\frac{3}{5}$ à moins de $\frac{1}{5}$
1086)	$\frac{4}{9}$ à moins de $\frac{1}{9}$
	$\frac{1}{5}$ à moins de $\frac{1}{15}$
1087)	$\frac{1}{3}$ à moins de $\frac{1}{3}$
	0,7 à moins de 0,1
1088)	$\frac{2}{3}$ à moins de $\frac{1}{6}$
	$\frac{11}{15}$ à moins de $\frac{1}{15}$
1089)	$\frac{4}{5}$ à moins de $\frac{1}{5}$
	$\frac{1}{2}$ à moins de 0,1
1090)	0,7 à moins de 0,1
	0,7 à moins de 0,1

Num.	Réponses.
1091)	$1 \frac{1}{5}$
1092)	$1 \frac{1}{4}$
1093)	$1 \frac{1}{2}$
1094)	$1 \frac{2}{3}$
1095)	$1 \frac{5}{7}$
1096)	$2 \frac{1}{16}$
1097)	$2 \frac{1}{8}$
1098)	2,7
1099)	$3 \frac{1}{3}$
1100)	$4 \frac{16}{25}$
1101)	1,4
1102)	2,46
1103)	1,70
1104)	2,08
1105)	2,924
1106)	$\frac{5}{6}$
1107)	$\frac{4}{5}$
1108)	$\frac{3}{4}$
1109)	0,7
1110)	$\frac{5}{8}$
1111)	$2 \frac{8}{9}$
1112)	$1 \frac{2}{3}$
1113)	$1 \frac{11}{13}$
1114)	2,33
1115)	$2 \frac{11}{15}$
1116)	3 375
1117)	24
1118)	12
1119)	25
1120)	50 et 40
1121)	4
1122)	3
1123)	$19 \frac{1}{5}$
1124)	5
1125)	3
1126)	60
1127)	20
1128)	35
1129)	72
1130)	15
1131)	40
1132)	5
1133)	$5 \frac{5}{6}$
1134)	5
1135)	$\frac{3}{4}$
1136)	64
1137)	72
1138)	60
1139)	$\frac{2}{5}$
1140)	$\frac{4}{9}$
1141)	2,15
1142)	10
1143)	12
1144)	22
1145)	12
1146)	28
1147)	60
1148)	$3 \frac{1}{3}$
1149)	$\frac{2}{3}$
1150)	$\frac{5}{8}$
1151)	En 20 jours.
1152)	$20^{m},90$
1153)	$102^{k},4$
1154)	En 8 jours.
1155)	A 250 grammes.
1156)	En 3 h. $7^{mi},5$
1157)	20 0/0
1158)	45
1159)	$6^{f},25$
1160)	$282^{f},50$
1161)	$140^{f},25$
1162)	A 384 grammes.
1163)	400 hommes.
1164)	En 6 jours.
1165)	12 ouvrières.
1166)	8 litres.
1167)	20 naufragés.
1168)	90 mètres.
1169)	Dans 37 ans 1/2.
1170)	De 75 hommes.

Num.	Réponses.
1171)	1 125 f.
1172)	1 687^{f},50
1173)	4 personnes.
1174)	180 kilomètres.
1175)	Ch. caisse pesait 150 k.
1176)	360 kilog.
1177)	9 heures.
1178)	5 ouvriers.
1179)	1^{m},25.
1180)	En 20 jours.
1181)	800 f.
1182)	6 heures.
1183)	En 10 jours.
1184)	216 hommes.
1185)	25 rouleaux.
1186)	240 f.
1187)	A 5 1/2 0/0
1188)	1 245 f.
1189)	En 48 jours.
1190)	5 471^{f},25
1191)	A 3^{f},60 0/0
1192)	3 000 f.
1193)	En 1 mois et 10 jours.
1194)	814^{f},40
1195)	Le 1er. . . 501 f. et le 2e. . . 388^{f},80
1196)	Au 1er. . . 3 560 f. et au 2e. . . 2 740 f.
1197)	72 f.
1198)	1 545 f.
1199)	Il vaut mieux en placer 1/4 à 4 0/0 et le reste à 5 3/4 0/0. On gagnera 81^{f},25 de plus.
1200)	On a eu tort d'attendre, on perd 37^{f},50.
1201)	2 875 f.
1202)	Le 1er recevra. 3 200 f. le 2e. . . . . . 6 000 f. et le 3e. . . . . . 9 600 f.
1203)	4 500 f.
1204)	750 f.
1205)	Cela revient au même; car l'intérêt est 120 f. dans les deux cas.

Num.	Réponses.
1206)	1 560^{f},80
1207)	8 620^{f},25
1208)	1 324^{f},05
1209)	2 208^{f},16 à moins de 0^{f},01 près.
1210)	9 283^{f},06 . . . id.
1211)	4 800 f.
1212)	250 f.
1213)	101^{f},25
1214)	960 f.
1215)	9 000 f.
1216)	4 000 f.
1217)	3 200 f.
1218)	1 200 f.
1219)	7 200 f.
1220)	A 6^{f},25 0/0
1221)	Il vaut mieux acheter de la rente.
1222)	Le 3 0/0
1223)	Cela revient au même.
1224)	De 0^{f},45
1225)	60 000 f. de dette.
1226)	72 f.
1227)	1 500 f.
1228)	7^{f},50
1229)	66 000 f.
1230)	45 000 f.
1231)	1^{f},20 par 1 000 f.
1232)	3 600 f.
1233)	12 000 f.
1234)	1^{f},25 par 1 000 f.
1235)	34 500 f.
1236)	513 000 f.
1237)	60 000 f.
1238)	A 1^{f},10 par 1 000 f.
1239)	3 000 f.
1240)	6^{f},60 0/0
1241)	60^{f},45
1242)	60 f.
1243)	5^{f},02
1244)	5 f.
1245)	3514^{f},50

Num.	Réponses.	
1246)	2 500 f.	
1247)	4 800 f.	
1248)	1 827 f.	
1249)	705 f.	
1250)	Dans 2 mois et 12 jours.	
1251)	6 400 f.	
1252)	518f,40	
1253)	A 6 0/0	
1254)	540 f.	
1255)	Dans 8 mois.	
1256)	A 4 1/2 0/0.	
1257)	A 5f,40 0/0.	
1258)	1800 f.	
1259)	18 0/0.	
1260)	120 kilog.	
1261)	Le 1er aura .	45 000 f.
	le 2e. . . .	70 000 f.
	le 3e. . . .	97 500 f.
	le 4e. . . .	126 000 f.
	et le 5e. . .	155 000 f.
1262)	Au 1er. . .	13 f.
	au 2e. . . .	16f,25.
	et au 3e . .	19f,50.
1263)	La 1re aura.	2 100 f.
	la 2e. . . .	2 625 f.
	et la 3e. . .	3 150 f.
1264)	Le 1er recevra	3 200 f.
	le 2e. . . .	6 000 f.
	et le 3e. . .	9 600 f.
1265)	Au 1er. . .	4f,80.
	au 2e . . .	6 f.
	et au 3e . .	7f,20.
1266)	L'ami aura.	15 000 f.
	le fils. . .	20 000 f.
	et la veuve.	22 500 f.
1267)	La 1re aura.	1 000 f.
	la 2e. . . .	1 250 f.
	et la 3e. . .	1 200 f.
1268)	Le 1er. . . .	21 f.
	et le 2e. . .	24 f.
1269)	La 1re aura.	600 f.
	la 2e. . . .	1 200 f.
	la 3e. . . .	1 600 f.
	et la 4e . .	1 920 f.
1270)	Les frais. =	540 f.
	Le 1er neveu aura. . .	2 106 f.
	le 2e. . . .	4 212 f.
	la 1re nièce.	6 318 f.
	et la 2e. . .	8 424 f.
1271)	Le 1er aura.	50 f.
	le 2e. . . .	100 f.
	et le 3e. . .	200 f.
1272)	Le 1er aura.	3 240 f.
	le 2e. . . .	4 860 f.
	le 3e. . . .	5 940 f.
	et le 4e. . .	7 560 f.
1273)	Le 1er aura.	375 f.
	le 2e. . . .	500 f.
	et le 3e. . .	625 f.
1274)	Au 1er . . .	1 920 f.
	et au 2e. . .	1 680 f.
1275)	A l'entrepr.	12 792 f.
	au 1er ass.	2 263f,20
	et au 2e. .	3 394f,80
1276)	Le 1er pour.	480 f.
	et le 2e pour	320 f.
1277)	Au 1er. . .	6 092f,50
	et au 2e. .	2 097f,50
1278)	Celle du 1er	5 000 f.
	celle du 2e.	6 000 f.
	et celle du 3e	7 000 f.
1279)		12 500 f.
1280)	Le 1er. . .	160 f.
	Le 2e. . . .	200 f.
	Et le 3e . .	240 f.
1281)	10 f.	
1282)	0f,80.	
1283)	32f,40.	
1284)	0f,60.	
1285)	3 l. du 1er.	
	3 l. du 2e.	
	Et 1 l. du 3e.	
1286)	30 l. du 1er.	
	15 l. du 2e.	
	Et 15 l. du 3e.	
1287)	3f,75.	
1288)	16 l. $\frac{2}{3}$ du 1er	
	16 l. $\frac{2}{3}$ du 2e	
	et 66 l. $\frac{2}{3}$ du 3e.	
1289)	1 l. de la 1re qualité.	

Num.	Réponses.
	1 l. de la 2e.
	2 l. de la 3e.
	et 3 l. de la 4e.
1290)	5 l. de vin.
	et 1 l. d'eau.
1291)	80 l. de vin.
	et 20 l. d'eau.
1292)	75 décagrammes du 1er.
	et 375 du 2e.
1293)	12 k. de la 1re.
	et 8 k. de la 2e.
1294)	67l,50 de vin.
	et 7l,50 d'eau.
1295)	18 l. de la 1re qualité.
	18 l. de la 2e.
	et 6 l. de la 3e.
1296)	1f,60.
1297)	1f,20.
1298)	1f,45.
1299)	0,900.
1300)	9 k. de cuivre.
	et 3 k. de zinc.
1301)	144 k. de cuivre.
	et 16 k. d'étain.
1302)	0,840.
1303)	1f,50.
1304)	15 g. du 1er.
	et 2 g. du 2e.
1305)	600 g. du 1er.
	et 400 g. du 2e.
1306)	5 g. du lingot.
	et 3 g. d'or pur.
1307)	250 g.
1308)	200 g. de cuivre.
	et 1600 g. du lingot.
1309)	1500 g.
1310)	360 g. du 1er.
	et 180 du 2e.
1311)	350 et 100.
1312)	Le chapeau vaut 7f,50.
	et le pantalon 13f,50.
1313)	La 1re a 10 000 f.
	et la 2e 14 000 f.
1314)	1 000 f. dans le 1er.
	et 800 f. dans le 2e.

Num.	Réponses.	
1315)	Le 1er de 1 800 hommes.	
	et le 2e de 2 250.	
1316)	L'héritage vaut	14 942 f.
	le 1er héritier a	2 109 f.
	le 2e.	4 568 f.
	et le 3e. . . .	8 265 f.
1317)	85.	
1318)	121.	
1319)	7 pièces de 5 f.	
	et 3 pièces de 20 f.	
1320)	4 billets de 500 f.	
	et 3 billets de 1 000 f.	
1321)	3 places à 2 f.	
	et 12 places à 1f,50	
1322)	50 000 f. à 5f,25 0/0.	
	et 30 000 f. à 4f,75 0/0.	
1323)	Il y a 10 ans.	
1324)	Le fils a 10 ans.	
	et le père 40 ans.	
1325)	40 hommes.	
	et 16 femmes.	
1326)	L'âne portait 50 k.	
	et le mulet 70 k.	
1327)	Le 1er avait. .	43f,75
	et le 2e. . . .	26f,25
1328)	Le 1er avait. .	15 f.
	et le 2e. . . .	12 f.
1329)	Le 1er avait. .	52 f.
	le 2e.	28 f.
	et le 3e. . . .	16 f.
1330)	Le 1er avait. .	29f,50
	le 2e.	16f,50
	et le 3e. . . .	10 f.
1331)	Le 1er avait. .	99 f.
	le 2e.	51 f.
	le 3e.	27 f.
	et le 4e. . . .	15 f.
1232)	Le 1er avait. .	79 f.
	le 2e.	41 f.
	le 3e.	22f,50
	et le 4e. . . .	13f,50
1333)	3f,75	
1334)	55.	
1335)	Il peut se passer d'eux pour faire les omelettes.	

Num.	Réponses.
1336)	Elle en avait 295, et elle en a laissé 148 dans le 1er, 74 dans le 2e et 37 dans le 3e.
1337)	Elle en avait 103, et elle en a laissé 52 dans le 1er, 26 dans le 2e et 13 dans le 3e.
1338)	Chaque enfant à 900 f. Ils sont 9 enfants, et le bien du père est 8 100 f.
1339)	Chaque enfant a 3 500 f. Ils sont 7 enfants, et le bien du père est 24 500 f.
1340)	Voy. les *Solutions raisonnées*.
1341)	60
1342)	702
1343)	125
1344)	870
1345)	1 275
1346)	78 lampions. Ils coûtent 11f,70
1347)	325
1348)	Le 20e est 39 et la somme 400
1349)	Le dernier est. 205 f. et elle devait. 1 470 f.
1350)	Le 1er a été. . 5 f. et elle devait. 1 380 f.
1351)	26 lieues le 10e jour. et 170 lieues en 10 jours.
1352)	238 m.
1353)	150 f. le 12e mois. et 1 140 f. en 12 mois.
1354)	80 f. le 1er mois. et 3 300 f. en 15 mois.
1355)	314m,24.
1356)	Le 6e est 3 072 et la somme 4 095
1357)	Le 8e est 10 935 et la somme 16 400
1358)	Le 5e est $1 + \frac{7}{25}$ et la somme $82 + \frac{12}{25}$

Num.	Réponses.
1359)	838 862 f.
1360)	10 737 443f,23
1361)	XXXI XLII
1362)	LIII LXIV
1363)	LXXV LXXXVI
1364)	XCVII CVIII
1365)	CCXV CCCXXVI
1366)	CDXXXVII DXLVIII
1367)	DCLIX DCCXVIII
1368)	DCCCXXI CMXXXII
1369)	CMLXXVI MXXIV
1370)	MCCXLVIII MCCCXV
1371)	MDLXXII MDCCCLII
1372)	MMCCCXLV MMCDLVI
1373)	MMDLXVII MMMCDLVI
1374)	MMMDLXXVIII MMMMDCLXXX
1375)	MMMMDCCXXXIV MMMMCMXCIX

Num.		
1376)	35	54
1377)	46	72
1378)	98	98
1379)	154	227
1380)	356	467
1381)	581	596
1382)	628	685
1383)	742	884
1384)	890	959
1385)	1 111	2341

Num.	Réponses.	
1386)	1 546	2 804
1387)	1 948	2 759
1388)	2 345	3 467
1389)	2 886	3 698
1390)	3 996	4 884
1391)	9^{m},600	
1392)	11^{m},130	
1393)	20^{m},596	
1394)	49^{m},657	
1395)	109^{m},618	
1396)	184^{a},61	
1397)	294^{a},22	
1398)	521^{a},38	
1399)	832^{a},86	
1400)	20 530^{a},09	
1401)	311^{a},54	
1402)	500^{a},51	
1403)	2 563^{a},81	
1404)	3 855^{a},90	
1405)	18 124^{a},60	
1406)	2 134^{g},33	
1407)	4 060^{g},15	
1408)	6 982^{g},35	
1409)	10 170^{g},51	
1410)	15 933^{g},92	
1411)	54^{k},825	
1412)	398^{k},950	
1413)	746^{k},008	
1414)	2 660^{k},951	
1415)	8 052^{k},375	
1416)	12^{f},67...	
1417)	25^{f},60...	
1418)	44^{f},96...	
1419)	59^{f},72...	
1420)	148^{f},93	
1421)	1^{m},725	
1422)	14^{m},470	
1423)	91^{m},687	
1424)	9^{m},920	
1425)	16^{k},093 15	
	40^{k},232 875	
1426)	193^{k},117 8	
	2 896^{k},767	

Num.	Réponses.
1427)	607^{a},05
	1 456^{a},92
1428)	971^{a},28
	1 620^{a},48
1429)	607^{h},05
	971^{h},28
1430)	809^{h},40
	1 295^{h},04
1431)	458^{l},70
1432)	672^{l},46
1433)	18^{h},3 112
1434)	43^{g},8 924
1435)	1 482^{g},93
1436)	2 452^{g},06
1437)	4 780^{g},10
1438)	11 631^{g},35
1439)	3 302^{k},12
1440)	13 106^{k},88
1441)	513^{g},720
1442)	1 283^{g},784
1443)	2 065^{g},573
1444)	3 321^{g},559
1445)	3^{f},58
1446)	26^{f},56
1447)	59^{f},86
1448)	261^{f},38
1449)	641^{f},85
1450)	1 107^{f},60
1451)	7^{m},0 352
1452)	23^{m},7 994
1453)	60^{m},8 834
1454)	78^{m},9 292
1455)	90^{k},384
1456)	141^{k},81
1457)	40^{h},97 514
1458)	1 786^{g},56
1459)	2 754^{g},75
1460)	3 971^{g},38
1461)	5 034^{g},61
1462)	2 338^{k},3
1463)	23^{f},22
1464)	47^{f},52
1465)	425^{f},92
1466)	683^{f},51
1467)	67^{f},28...
1468)	15^{f},63

Num.	Réponses.
1469)	$820^{f},02$
1470)	$84^{f},40$...
1471)	54 m. q.
1472)	$3^{m},60$.
1473)	$20^{mq},25$.
1474)	$6^{m},40$.
1475)	48 m. et 12 m.
1476)	80 m.
1477)	15 m.
1478)	$7^{m},50$.
1479)	$3^{m},20$.
1480)	$458^{f},64$.
1481)	$8^{m},40$.
1482)	245 m. q.
1483)	$8^{m},36$.
1484)	20 m. q.
1485)	100 m.
1486)	60 m. q.
1487)	240 ares.
1488)	2 880 ares.
1489)	72 m.
1490)	12 m.
1491)	$360^{o} = 21\,600' = 1\,296\,000''$. $90^{o} = 5400' = 324\,000''$. $1^{o} = 60' = 3\,600''$.
1492)	$62^{m},832$.
1493)	20 m.
1494)	$706^{mq},86$.
1495)	15 m.
1496)	$314^{mq},16$.
1497)	$125^{m},664$.
1498)	$2^{m},50$.
1499)	$17^{m},72$...
1500)	$5^{m},64$...
1501)	60 m. c.
1502)	240 stères qui coûtent 3 600 f.
1503)	1 331 m. c.
1504)	$3^{m},25$.
1505)	125 m. c.
1506)	6 m.
1507)	$13^{mc},500$.
1508)	$3^{mc},375$.
1509)	$4^{m},50$.
1510)	6 m.
1511)	$9^{mq},4\,248$.
1512)	$23^{f},56$...
1513)	11 784 litres.
1514)	$31^{mq},4\,160$.
1515)	$15^{mc},708$.
1516)	4 fois.
1517)	$1\,256^{mq},64$....
1518)	$4\,188^{mc},800$...
1519)	$0^{m},89$....
1520)	$1^{m},33$....
1521)	649 hectolitres.
1522)	1 245 quintaux et 375 hectogrammes.
1523)	3 f.
1524)	$12\,943^{f},75$.
1525)	86 250 f.
1526)	A 7 1/2 0/0.
1527)	13 125 f.
1528)	4 860 k.
1529)	$7\,048^{f},05$.
1530)	$19\,873^{f},45$ à moins de $0^{f},01$.
1531)	340 m. à moins de 1 m. près.
1532)	A 4 080 m.
1533)	12 240 m.
1534)	1 435 m.
1535)	19,25.
1536)	13,6.
1537)	0,91.
1538)	0,069.
1539)	42 m.
1540)	43 m.
1541)	$122^{m},75$.
1542)	$44^{m},19$

Num.	Réponses.
1543)	20°.
1544)	Au 20e.
1545)	A 17° 7/9 au-dessous de 0°.
1546)	Au 86e.
1547)	Au 28e.
1548)	Au 104e.
1549)	A 21° 1/3.
1550)	Le 25e correspond à 31°,25; le 50e à 62°,50; le 75e à 93°,75, et le 100e à 125°.
1551)	Le 25e correspond à 3°,88 au-dessous de 0°; le 50e . . à 10° au-dessus. le 75e. . . à 23°,88 le 100e. . à 37°,77 le 125e. . à 51°,66 le 150e . . à 65°,55 le 175e . . à 79°,44 le 200e. . à 93°,33 le 225e . à 107°,22 et le 250e à 121°,11
1552)	4l,18 d'oxygène. et 15l,82 d'azote.
1553)	4g,62 d'oxygène. et 15g,38 d'azote.
1554)	1 033 g. à moins d'un g. près.
1555)	12396 kilogrammes. Cette pression est énorme. Nous n'en sentons pas l'influence parce que l'air qui pénètre dans nos organes exerce à l'intérieur une action qui contrebalance la pression extérieure.

FIN.

Imprimerie Bonaventure et Ducessois, 55, quai des Augustins.

www.ingramcontent.com/pod-product-compliance
Lightning Source LLC
LaVergne TN
LVHW012330060726
842524LV00017B/491